Optionsscheine auf Frachtraten

Maritime Logistik

Herausgegeben von
Frank Arendt, Hans-Dietrich Haasis
und Burkhard Lemper

Band 7

PL ACADEMIC RESEARCH

Philip M. Blumenthal

Optionsscheine auf Frachtraten

Modellierung und empirische Überprüfung für den Container-Seeverkehr

PL ACADEMIC RESEARCH

Bibliografische Information der Deutschen Nationalbibliothek
Die Deutsche Nationalbibliothek verzeichnet diese Publikation in der Deutschen Nationalbibliografie; detaillierte bibliografische Daten sind im Internet über http://dnb.d-nb.de abrufbar.

Zugl.: Bremen, Univ., Diss., 2012

Gedruckt auf alterungsbeständigem,
säurefreiem Papier.

D 46
ISSN 1868-369X
ISBN 978-3-631-64050-0

PL Academic Research ist ein Imprint der Peter Lang GmbH

www.peterlang.de

Widmung

Diese Arbeit wurde im Wintersemester 2012/ 2013 von der der Universität Bremen als Dissertation angenommen. Die Erstellung erfolgte als externer Doktorand am Institut für Seeverkehrswirtschaft und Logistik in Bremen. Ich bin zuallererst meinem Doktorvater, Professor Dr. Manfred Zachical, zu großem Dank verpflichtet. Seine Betreuung, mit zahlreichen konstruktiven Anmerkungen hat die Anfertigung dieser Arbeit in hohem Maße unterstützt. Auch Professor Dr. Hans-Dietrich Haasis danke ich für die zügige Erstellung des Zweitgutachtens.

Den Gesprächspartnern der Experteninterviews, möchte ich für die interessanten Diskussionen danken, in denen sie sich gedanklich in eine Modellwelt versetzen mussten. Besonders hervorheben möchte ich Dr. Wolfgang Dräger, ehemaliger Leiter Seefracht der Schenker AG, der mich bei der empirischen Datenerhebung unterstützt hat. Auch zahlreiche weitere Bekannte und Freunde haben ihren Anteil an dieser Arbeit, indem sie sich mit Hinweisen und Ratschlägen an der Umsetzung dieses Projekts beteiligt haben.

Persönlicher Dank gilt meinem damaligen Vorgesetzten Dr. Thomas C. Lieb. Als Vorsitzender des Vorstandes der Schenker AG hat er mich auch in Phasen hoher Arbeitsbelastung wegweisend gefördert.

Mein herzlichster Dank gebührt jedoch meiner Familie, deren unermüdliche Unterstützung für mich ein ständiger Wegbegleiter ist. Daher sei diese Arbeit ihnen gewidmet.

Philip M. Blumenthal

Vorwort

Mit dieser Dissertation, die in den Jahren 2007 bis 2012 am Institut für Seeverkehrswirtschaft und Logistik in Bremen unter meiner Betreuung entstand, wird erstmals eine umfassende Untersuchung erarbeitet, die Lösungsmöglichkeiten zur Absicherung von schwankenden Frachtraten im Container Seeverkehr mittels eines Optionsscheinmodells aufzeigt. Erfahrungsgemäß haben volatile Frachtraten, die maßgeblich durch Änderungen von Angebot und Nachfrage bestimmt sind, erhebliche Risiken bei der Preiskalkulation von Verladern, Spediteuren und Reedereien zur Folge. Planungsunsicherheiten hiervon abhängiger Branchen liegen auf der Hand. Investitionen in den Geschäftsausbau, Ausbildung von Mitarbeitern oder Entwicklung von modernen Software-Lösungen werden mit hohen Risikofaktoren bewertet. Dadurch wird das Wachstum betroffener Wirtschaftszweige gelähmt.

Vor dem Hintergrund der sich hieraus ergebenden Forderung der verladenden Wirtschaft sowie der Verkehrswirtschaft nach einem praktikablen Risikomanagement, stellt diese Arbeit einen wichtigen Beitrag nicht nur für die wissenschaftliche Weiterentwicklung des Verkehrs- und des Finanzsektors dar. Sie bildet darüber hinaus eine gewisse Ergänzung zu bestehenden Untersuchungen über die Prognosen künftiger Frachtraten.

Neben dem Aufzeigen der Ursachen schwankender Frachtraten wird eine Lösung für die hiermit verbundenen Risiken angeboten. Dabei bedient sich der Autor des Optionsscheinmodells nach Black-Scholes, das bereits in anderen Wirtschaftszweigen erfolgreich praktiziert wird. Es wird aufgezeigt, welche Parameter für das Modell anzusetzen sind, um es im interkontinentalen Container-Seeverkehr anzuwenden. Als Ergebnis kann festgehalten werden, dass weder eine Saisonkomponente noch ein Bestimmungsfaktor zur Wettbewerbsintensität einbezogen werden müssen. Wesentliche Einflussgröße für die Bewertung des Modells ist vielmehr die ex ante Bestimmung der Volatilität. Hierzu werden Einsatz-Möglichkeiten der impliziten und historischen Volatilität erläutert.

Das Modell selbst wird mittels vorliegender Frachtraten einer führenden Spedition aus den Jahren 1993 bis 2007 überprüft. Die Krisenjahre 2009/ 2010 des Container-Seeverkehrs beeinflussen daher das Modell nicht, schränken jedoch dessen generelle Anwendbarkeit ein.

In der Arbeit wird weiterhin mittels einer Monte-Carlo-Simulation aufgezeigt, wie faire Optionspreise zur Absicherung von volatilen Frachtraten berechnet werden können. Nach Anpassung der Parameter kann festgestellt werden, dass das Modell für den Einsatz gut konditioniert ist. Bei Experteninterviews zeigt sich zudem, dass bei namhaften Repräsentanten der für die potenzielle Anwendung dieses Modells infrage kommenden Wirtschaftszweige durchaus Interesse besteht.

Die Umsetzung des Modells setzt jedoch eine sorgfältige Klärung des hierfür erforderlichen Rahmens voraus.

Universtiätsprofesssor Dr. Manfred Zachcial

Inhaltsverzeichnis

Abbildungsverzeichnis

Tabellenverzeichnis

Abkürzungsverzeichnis

a	Konstante, die im jeweiligen Zusammenhang erläutert wird
b	Konstante, die im jeweiligen Zusammenhang erläutert wird
B/L	Bill of lading
BAF	Bunker Adjustment Factor
BCI	Baltic Capesize-Index
BDI	Baltic Dry-Index
BFI	Baltic Freight-Index
BHSI	Baltic Handysize-Index
BIFFEX	Baltic International Freight Future Exchange
BPI	Baltic Panamax-Index
BSI	Baltic Supramax-Index
BUC	Bunker Charge
C, c	Wert einer Call-Option
CAF	Currency Adjustment Factor
CBOE	Chicago Board Options Exchange
CCFI	China Containerized Freight-Index
CI	Containerisation International
ConTex	Container Ship Time Charter Assessment-Index
CP	Commercial Paper
ISL	Institut für Seeverkehrswirtschaft und Logistik, Bremen
ISPS	International Ship and Port Facility Security
k	Konstante, die im jeweiligen Zusammenhang erläutert wird
KonTraG	Gesetz zur Kontrolle und Transparenz im Unternehmensbereich
L/L	long length
LCL	Less-than-container-load
LIBOR	London Interbank Offered Rate
MATLAB	kommerzielle, plattformunabhängige Software des Unternehmens The MathWorks, Inc.
mod.	modifiziert nach
N	Anzahl der Stichproben
N(d)	Verteilungsfunktion einer normalverteilten Zufallsvariablen
NOS	Norwegian Options and Futures Clearing-House
NYMEX	New York Mercantile Exchange
o.O.	ohne Ortsangabe
o.V.	ohne Verfasserangabe
OSRA	Ocean Shipping Reform Act of 1998
OTC	Over-the-Counter
P, p	Wert einer Put-Option
r	Zins, hier: risikolos

d, q	Dividende	**RMX**	Risk Management Exchange
D	Day Time Convention (Tageszählweise)	**S**	Basiswert bspw. einer Aktie oder Seefrachtraten-Index
E	Erwartungswert	**T**	Gesamt-Laufzeit
e	Eulersche Zahl	**Tab.**	Tabelle
EEX	European Energy Exchange	**TACA**	Transatlantic Conference Agreement
EGV	Vertrag zur Gründung der Europäischen Gemeinschaft	**TEU**	Twenty Feet Equivalent Unit
ELAA	European Liner Affairs Association	**THC**	Terminal Handling Charge
et al.	et alii (weitere Verfasser)	**t-T**	Restlaufzeit
EU/ EG	Europäische Union/ Europäische Gemeinschaft	**U.S.C.**	United States Code
F	Wert eines Futures	**V, v**	Wert eines Derivats
FAK	Freight All Kind	**vgl.**	Vergleiche
FAZ	Frankfurter Allgemeine Zeitung	**VHSS**	Vereinigung Hamburger Schiffsmakler und Schiffsagenten
FCL	Full-container-load	**WpHG**	Wertpapierhandelsgesetz
FFA	Forward Freight Agreement	**X, x**	Ausübungspreis/ Strike (in Kapitel 7.3.2.3.1 Nachfrage)
FMC	Federal Maritime Commission	**Y, y**	Angebot am Markt
FRA	Forward Rate Agreement	**Γ**	Gamma, in Kapitel 5.2.1 zweite partielle Ableitung des Preises eines derivativen Produktes nach dessen Underlying (Basiswert)
H	Konzentrationsgrad, in Bezug auf HHI	**Δ**	Delta, in Kapitel 5.2.1 erste partielle Ableitung des Preises eines derivativen Produktes nach dessen Underlying (Basiswert)
H/L	Heavy Lifts	**Θ**	Theta, in Kapitel 5.2.1 Änderungsrate des Portfolios
HGB	Handelsgesetzbuch	**λ**	Level für die BFI-Raten
HHI	Herfindahl-Hirschmann-Index	**μ**	erwartete Rendite, bspw. einer Aktie
IFO	IMAREX Freight-Option	**σ**	Standardabweichung/Volatilität

IMA REX	International Maritime Exchange	σ^2	Varianz
ISDA	International Swaps and Derivatives Association	Λ	Vega (Lambda), in Abschnitt C erste partielle Ableitung des Preises eines derivativen Produktes nach dessen Volatilität

1 Einleitung

Seit Jahrzehnten schwanken Raten für containerisierte Fracht, deren Veränderungen Verlader, Reedereien und Spediteure ausgesetzt sind. Da diese als Vertragspartner im Ein- bzw. Verkauf Verpflichtungen eingehen, die einen längeren Zeitraum umfassen als die Bindung der Frachtraten, entsteht ein Risiko.

Ziel dieser Arbeit ist, eine Lösung für das Risiko aus volatilen Frachtraten zu finden. Die Lösung orientiert sich an vergleichbaren Situationen in allerdings anderen Märkten, wie beispielsweise Rohstoffen oder Aktien. Mit Hilfe eines Optionsscheinmodells soll ermöglicht werden, Frachtraten abzusichern.

Im zweiten Kapitel werden die Grundlagen für dieses Modell beschrieben. Da jeder Markt seine eigenen Spezifika hat, findet eine Einordnung des Problems im ersten Unterkapitel statt. Es wird sowohl der interkontinentale Seeverkehrsmarkt entlang der horizontalen Wertschöpfungskette dargestellt als auch die regionalen Untermärkte erläutert. Grundlegend für das Verständnis über die Funktionalität von Optionsscheinen ist ebenfalls die Kenntnis über die Enstehung der Marktpreise. In den Unterkapiteln 2.2. und 2.3 werden zuerst auf theoretischer Basis und dann mit Bezug auf den Containerverkehr die Rahmenbedingungen von Frachtraten erläutert. Besonders wird hier auf die Struktur der Frachtraten eingegangen, da eine Abgrenzung wichtig ist, welche Bestandteile in das Absicherungsmodell aufgenommen werden. Den Abschluss des zweiten Kapitels über Marktpreise bildet die Auflistung derjenigen Faktoren, die Einfluss auf die Frachtraten haben. Durch sie können Veränderungen im zeitlichen Verlauf eintreten, wodurch Risiken entstehen.

Nachdem die Ursache der Bildung von Risiken untersucht wurde, wird im dritten Kapitel erläutert, wie mit Risiken umgegangen werden kann. Neben grundlegenden Steuerungselementen werden zuerst Risiken in ihre Arten unterteilt. Im Weiteren wird dann erläutert, wie die Gruppe der Finanzrisiken abgesichert werden kann. Dazu erfolgt ein Überblick über Finanzinstrumente, aus denen die Optionsscheine näher beleuchtet werden. Hier wird der theoretische Rahmen für das spätere Optionsscheinmodell gelegt, in dem die Optionspositionen, die Preisbildung und weitere Elemente beschrieben werden. Im Abschluss des Kapitels über Risikomanagement, werden Instrumente untersucht, die bereits heute im Seeverkehrsmarkt auf Charterraten angewandt werden, allerdings nicht auf containerisierte Frachtraten.

Mit dem Verständnis über die Bildung von Frachtraten und den Instrumenten zum Risikomanagement, wird im vierten Kapitel das konkrete Modell erstellt, anhand dessen Schwankungen aus Frachtraten abgesichert werden können. Zuerst werden dazu die Grundparamter des Modells bestimmt, die das Instrument umgeben. Basiswert, Liquidiät, Grenzwerte sowie die Bewertung der Zuschläge von Frachtraten sind elementare Bestandteile zur Modellierung von Optionsscheinen. Das Modell wird im Anschluss um die Spezifika des containerisierten Seefrachtmarktes erweitert. Die Bestimmung der Volatilität und die Einbettung in die Marktgegebenheiten spielen hierbei eine elementare Rolle.

Nach der Konstruktion wird das Modell auf seine potenzielle Einsatzmöglichkeit überprüft. Eine quantiative Simulation findet im fünften Kapitel statt. Hier werden die Risikokennzahlen mit historischen Frachtraten bestimmt und Grenzwerte betrachtet. Durch eine Veränderung der Einflussfaktoren (Zinsen, Laufzeit und Volatilität) findet eine Sensitivitätsanalyse statt.

Nachdem sich das Modell als theoretisch einsetzbar erwiesen hat, bewerten Experten in Interviews die Praktikabilität. Im sechsten Kapitel werden dazu die Grundannahmen, die zuvor getroffen wurden, mit den Experten besprochen und verifiziert. Im Anschluss schätzen die Gesprächspartner die Umsetzung im Markt, auf Basis der getroffenen Annahmen, ein.

Es stellt sich heraus, dass ein Optionsscheinmodell einsetzbar und sogar erwünscht ist, vorerst jedoch Voraussetzungen erfüllt werden müssen, die einen Einsatz zum jetzigen Zeitpunkt verhindern.

1.1 Problemstellung

Die kurzfristigen Schwankungen der Frachtraten[1] lassen sich nur ungenau prognostizieren.[2] Zusätzlich wirkt die Unpaarigkeit der Transportströme auf den Weltmärkten verstärkend auf die Schwankungen der Frachtpreise. Eine geringere Nachfrage nach europäischen Produkten in Asien, z.B. durch gesteigerte Eigenproduktion oder starken EURO, führt zu einer Überkapazität auf Europa-Asien-Routen. Die dadurch ungedeckten Fixkosten der Reedereien werden nur teilweise durch Erträge auf der gegensätzlichen Route kompensiert. Gleiches gilt umgekehrt für zusätzliche Nachfrage nach asiatischen Produkten in Europa. Dies kann unter bestimmten Rahmenbedingungen zu einer positiven oder negativen und eventuell unvorhergesehenen Bewegung von Frachtraten führen. Besonders vor dem Hintergrund der Abschaffung der Freistellung vom EG-

1 Die Seefrachtrate ist der Preis für die Beförderung von Gütern über See, (vgl. Kapitel 2.3). Zu unterscheiden ist diese von der Charterrate, die der Betrag für die Vermietung eines Schiffes für eine Reise oder eine bestimmte Zeit (mit bzw. ohne Personal) ist, (vgl. Zachcial (2001), S. 18.).

2 Predöhl (1957), S. 259f.; Zachcial/Fitter/Solzbacher (1975), S. 273; vgl. Kapitel 2.3.2.

Kartellverbot für Linienkonferenzen im Oktober 2008 sind Preisverläufe auch weiterhin nicht kontinuierlich vorhersehbar.

Durch die kurzfristigen Marktpreisveränderungen, die fast im wöchentlichen Rhythmus auftreten, konzentrieren sich die Versender immer mehr auf Ad-hoc-Anfragen, um stets den für diesen Moment günstigsten Spot-Preis zu erhalten. Bei großen Transportvolumina werden dazu im jährlichen Turnus Ausschreibungen aufgelegt. Eine langfristige Planung der Marktteilnehmer, aber auch eine organisationsübergreifende Zusammenarbeit und Entwicklung werden durch diese Ausprägung erschwert. Eine Lösung kann eine über einen längeren Zeitraum gültige Garantie für eine Frachtrate sein.

Diese Problematik ist auch in anderen Branchen bekannt. Hier konnten sich allerdings in der Vergangenheit Instrumente etablieren[3], die eine Lösung dieser Herausforderung ermöglichen. Einst in der Agrarindustrie entstanden, werden für unsichere zukünftige Preise Forward-Agreements bilateral vereinbart.[4] Dabei veräußert der Produzent oder Inhaber eine festgelegte Warenmenge an einen Abnehmer zu einem bereits vorher vereinbarten Preis. Er verlagert somit das Risiko des zum Handelszeitpunkt gültigen Tagespreises des jeweiligen Produktes auf den Käufer.

Neben diesen unstandardisierten „Over-the-counter"-Kontrakten (individuell ausgehandelte Vereinbarungen) bestehen auch standardisierte Instrumente.[5] Besonders im Kapitalmarkt wurden seit den 1980er-Jahren zahlreiche Finanzinstrumente (Derivate) entwickelt. Durch gezielte Absicherung (Hedging [6]) minimieren bereits heute große Abnehmer ihr Risiko aus schwankenden Preisen.[7] Die zentrale ökonomische Funktion von Derivaten besteht vornehmlich in der Trennung vom Risiko eines zu Grunde liegenden (Finanz-) Titels und seiner Bestandhaltung, also z.B. dem Risiko der Wertentwicklung einer Aktie und dem Wert der Aktie selbst. Die Aufteilung ermöglicht erst eine isolierte Bewertung, Bündelung und eventuelle Weitergabe von Risiken. Der Hauptnutzen von Derivaten ist also die Allokation systematischer Risiken, die

3 Hull (2009), S. 24.

4 Szczesny (2005), S. 10.

5 Perridon/Steiner (2007), S. 301.

6 Der Begriff Hedging oder Hedgegeschäft bezeichnet ein Finanzgeschäft zur Absicherung einer Transaktion gegen Risiken, wie beispielsweise Wechselkursschwankungen oder Veränderungen in den Rohstoffpreisen. Vgl. Gablers Wirtschaftslexikon, 13., vollst. überarb. Aufl., Wiesbaden 1993. Im allgemeinen Sprachgebrauch wird unter Hedging auch Spekulation verstanden, was in dieser Arbeit allerdings nicht gemeint ist.

7 Kniese (1997), S. 5.

oben beschrieben wurden. Nur dadurch ist es möglich, Risiken durch Bewertung transparent werden zu lassen und schließlich zu handeln.[8]

Die ersten Derivate im Chartermarkt wurden 1985 durch Einrichtung der Baltic International Freight Future Exchange (BIFFEX) gehandelt, der sich allerdings auf den Schüttgut-Sektor (Bulk [9]) bezieht. Auf Basis dieses Index wurden so genannte Freight Future-Vereinbarungen geschlossen, die mit den bedingten Futures aus dem Finanzmarkt vergleichbar sind. Als Basiswert (Underlying) für die Kontrakte galt der Baltic Freight-Index (BFI) der noch heute unter dem Namen Baltic Dry-Index (BDI) besteht.[10] Angesichts der Erkenntnis, dass sich der Bulk-Sektor in diverse Submärkte mit unterschiedlichen Einflussfaktoren aufteilt, wurden mit der Zeit Sub-Indizes des BDI gebildet.

Als erstes wurde 1998 der Baltic Panamax-Index (BPI) erstellt, auf den 1999 der Baltic Capesize-Index (BCI), im Jahr 2000 der Baltic Handysize-Index (BHSI) und schließlich in 2005 der Baltic Supramax-Index (BSI) folgten. An den Bezeichnungen erkennt man, dass die Indizes sich in Bezug auf verschiedene Größenklassen im Chartermarkt unterscheiden.[11] Die Indizes selbst setzen sich aus einzelnen Schiffsgrößen und Routen zusammen, die anteilig gemäß dem Markt gewichtet sind. Mit weiteren Marktveränderungen werden die Gewichtungen bzw. Segmente angepasst.

Die Indizes beziehen sich jedoch nicht auf den containerisierten Seefrachten-Markt, mit dem sich diese Arbeit befasst. Für diesen Teilmarkt existieren derzeit keine vergleichbaren Modelle aus dem Chartermarkt, die werktäglich veröffentlicht werden. Allerdings ist die Struktur des Underlyings (Basiswert) sehr ähnlich. Daher können die im Forschungsstand genannten Instrumente als Ausgangspunkt für das in dieser Arbeit behandelte Modell genutzt werden.

---

8 Röhl/Heussinger (2003), S. 232f.

9 Zu unterscheiden ist im Bereich der Bulk-Schifffahrt zwischen Time- und Spot-Charter. Erstere sind entgeltliche Überlassungen von ganzen Schiffen. Vergleichbar mit einem Mietwagen, wird ein Preis pro Zeit erhoben. Im Spot-Charter-Geschäft wird nur der Laderaum verkauft bzw. verchartert und somit ein Preis pro Tonne verlangt.

10 www.balticexchange.com, download vom 16.02.2010.

11 Eine Übersicht der Größenklassen im Charter-Sektor gibt z.B. Kavussanos/Nomikos (2000b), S. 784f.

1.2 Forschungsstand

Die grundlegenden Ursachen für Preisschwankungen in der interkontinentalen Seeschifffahrt werden u.a. von ZACHCIAL[12] oder KAVUSSANOS[13] beschrieben. Ergänzend weisen KOEKKEBAKER, ÅDLAND, SØDAL[14] nach, dass sich die Volatilität der Preise im Chartermarkt auch in jüngerer Zeit nicht verringert, vielmehr verstärkt.

Die Forschung über Finanzmarktinstrumente zur Absicherung von Charterraten hat mit der Einführung des Baltic Freight-Index begonnen. Erste Sicherungsinstrumente, die im Chartermarkt in Form von Futures implementiert wurden und auf dem Baltic Freight-Index (BIFFEX) basieren, werden von WOLF[15] dargestellt. Die Forschungsschwerpunkte lagen in den 90er-Jahren in der Absicherungseffizienz (Hedge Performance) von Standardinstrumenten. TUONG/VISSCHER können zwar die Hypothese bestätigen, dass bestimmte Seefrachten-Märkte über Futures Hedging abgesichert werden können, jedoch stellen sie auch fest, dass dieser spezifische Derivatemarkt noch zu wenig bekannt bzw. liquide ist, um valide empirische Ergebnisse zu liefern.[16] Im Verlauf des Marktwachstums haben schließlich 1999 KAVUSSANOS/NOMIKOS nachweisen können, dass die Basiswerte der Futures-Kontrakte, die auf dem Baltic Dry-Index basieren, maximal zwei Monate vor dem Ausübungstag eine erwartungstreue Vorhersage über Spot-Preise am Ausübungstag des Futures geben können. [17] In einem längeren Zeitraum musste diese Hypothese teilweise verworfen werden.

Anfang des 21. Jahrhunderts ging der Forschungsschwerpunkt auf die Anpassung der Instrumente bzw. des Underlyings über, um die Absicherungseffizienz zu erhöhen. KAVUSSANOS/NOMIKOS schlussfolgern nach Variation von Routen und Größenklassen im Baltic Dry-Index, dass die Hedge Performance (Absicherungseffizienz) steigt, wenn man Routen bündelt, deren beeinflussende operative Parameter miteinander korrelieren, deren volkswirtschaftliche Einflussgrößen sich ähneln und bestimmte Größenklassen bewusst nicht berücksichtigt werden.[18] TVEDT sieht auch die Wirkung der Wechselkursschwankungen auf das Underlying (Basiswert) als Ursache für eine geringere Absicherungseffizienz. In einer Untersuchung basierte er die

12 Zachcial (1999), S. 82.
13 Kavussanos (1996), S. 68f.
14 Koekebakker/Ådland/Sødal (2006), S. 465.
15 Wolf (1986), S. 72f.
16 Thuong/Visscher (1990), S. 65.
17 Kavussanos/Nomikos (1999), S. 372f.
18 Kavussanos/Nomikos (2000b), S. 798f.

bisherigen Daten des Baltic Dry-Index, also aus 15 Jahren, auf verschiedenen Währungen, u.a. dem japanischen YEN anstatt des US-Dollars. Im Ergebnis konnte TVEDT zeigen, dass sich der Index langfristig dem Erwartungswert einer fallenden Funktion bei sinkenden Raten anpasst. [19] Das lässt die Schlussfolgerung zu, dass die um externe Einflüsse bereinigte Entwicklung der Raten einer Brown'schen Bewegung[20] folgt. Das Vorhandensein von Brown'schen Bewegungen bei Raten ist ein wichtiger Bestandteil zur Herleitung eines späteren Optionspreismodells nach Black-Scholes[21].

Die zum heutigen Zeitpunkt bekannten Finanzinstrumente im Seefrachten-Markt sind zum einen die bedingten Forward Freight Agreements von KAVUSSANOS[22] oder die darauf basierenden standardisierten Freight Futures von KAVUSSANOS/VISVIKIS[23], die in dieser Arbeit kurz vorgestellt werden. Alle Instrumente haben den Baltic Dry-Index oder einen der Sub-Indizes als Underlying (Basiswert).

Da sich die Arbeit mit einem Optionsscheinmodell für den containerisierten Seefrachten-Markt beschäftigt, sind besonders die unbedingten Finanzmarktinstrumente in dieser Branche interessant.

1.3 Gegenstand und Fragestellung der Arbeit

In Anlehnung an die Sicherungsinstrumente aus dem Finanzmarktsystem wird der Frage nachgegangen, inwieweit eine Konstruktion und eine Anwendung für den containerisierten Seeverkehr möglich sind. Es soll modellartig eine europäische Plain-Vanilla (Standard) Index-Option für den interkontinentalen Container-Seeverkehrsmarkt entwickelt werden, deren Underlying (Basiswert) ein Index ist, der aus Frachtraten für Tradelanes (Handelsrouten) aus einer Region gebildet wird. Beispiele solcher Indizes werden regelmäßig unter anderem vom INSTITUT FÜR SEEVERKEHRSWIRTSCHAFT UND LOGISTIK (Bremen), DREWRY SHIPPING CONSULTANTS LTD. (London) oder LLOYD'S LTD./ CONTAINERISATION INTERNATIONAL (London) veröffentlicht.

An die im Forschungsstand gezeigten bestehenden Modelle wird das Optionspreismodell für die containerisierte Seefracht angelehnt und mit den

---

19 Tvedt (2003), S. 228.

20 Eine Brown'sche Bewegung ist ein reellwertiger, stetiger stochastischer Prozess mit unabhängigen und stationären Zuwächsen.

21 Die Black-Scholes-Formel ist ein Finanz-Mathematisches Modell zur Bewertung von Finanzoptionen und wird in Kapitel 3.3.4.2.3 erläutert.

22 Kavussanos (2002), S. 661ff.

23 Kavussanos/Visvikis (2004), S. 2015ff.

spezifischen Gegebenheiten des Marktes überprüft und angepasst. Hieraus bilden sich weitere Forschungshypothesen und -fragen, die in Kapitel 4.2f. behandelt werden:

1. Der relevante Markt muss zu jeder Zeit liquide sein (vgl. Kapitel 4.2.1.1)
2. Ein Optionsscheinmodell für den containerisierten Seefrachten-Markt kann gebildet werden, indem ein Index aus Seefrachtraten als Underlying gewählt wird. Der als Basiswert zu Grunde liegende Index ist so zu wählen, dass die Hedge Performance in Form der Korrelation von Frachtraten und Optionspreisen maximiert wird.[24, 25] In Kapitel 4.2.1.3 findet eine Herleitung zur Anzahl der notwendigen Instrumente für die Erreichung einer optimalen Hedge Performance (Absicherungs-Effizienz) statt. In Kapitel 4.2.1.2 werden sowohl die technischen als auch juristischen Umstände des zu Grunde liegenden Index diskutiert.
3. Mehrere Untersuchungen der vergangenen Jahre zum Baltic Dry-Index haben ergeben, dass eine Saisonkomponente in die Modelle mit aufgenommen werden sollte, um die jährlich wiederkehrende „Peak Season“ realitätsnah abzubilden.[26] In Kapitel 4.3.2.2 wird geklärt, ob eine Saisonkomponente in das Modell mit aufgenommen werden muss.
4. Die im Optionspreismodell von TVEDT beschriebene nominale Untergrenze einer Charterrate ist auch auf das Modell für den containerisierten Seefrachten-Markt zu übertragen.[27] Eine Obergrenze für Frachtraten ist zu verwerfen. Die einzubeziehenden Wertgrenzen des Modells werden in Kapitel 4.2.2 beschrieben. Hier wird auch die Wirkung auf das Modell durch Veränderung des Index während des Betrachtungszeitraums untersucht.
5. Die ebenfalls von TVEDT festgestellten Einflüsse von Zuschlägen auf die Absicherungseffizienz sind zu berücksichtigen und ggf. zu eliminieren[28] (vgl. Kapitel 4.2.1.4).
6. Es ist eine Volatilität im Modell zu wählen, die als Risikokennziffer für die zukünftige Entwicklung der darauf bezogenen Frachtraten gültig ist. Eine Abwägung aus historischer und impliziter Volatilität soll als Zwischenschritt genutzt werden. In Kapitel 4.3.2 wird diese Entscheidung erläutert.
7. Die Wettbewerbsintensität im Markt ist zu berücksichtigen (vgl. Kapitel 0).

---

24 Thuong/Visscher (1990), S. 63.

25 Die Hedge-Performance wird im Rahmen des Delta-Hedgings in Kapitel 5.2.1 behandelt.

26 Die Feststellungen wurden u.a. erwähnt von: Koekebakker/Ådland (2004), S. 334; Denning/Riley/Delooze (1994), S. 423.

27 Tvedt (1998), S. 168.

28 Tvedt (2003), S. 228.

Die Bildung des Optionspreises erfolgt durch Lösung einer Black-Scholes-Differenzialgleichung[29]. Der dabei am schwierigsten zu bestimmende Parameter ist die Volatilität. Da derzeit kein liquider Optionsscheinmarkt für containerisierte Seefrachten existiert, kann eine Bestimmung der impliziten Volatilität über den Bid-Ask-Spread[30] (Unterschied von Angebot und Nachfrage nach dem Basiswert) nicht erfolgen. Eine Lösung könnte die Diskussion der Einflussfaktoren auf Grundlage der Erkenntnisse über die Preisbildung im Seeverkehr aus dem ersten Teil der Dissertation sein. ZACHICAL[31] benennt vier bedeutende Einflussgrößen für den containerisierten Seefrachten-Markt. Mittels einfacher linearer Regression weist er nach, dass mit hohem Bestimmtheitsmaß diese Parameter mit der Frachtrate positiv oder negativ korrelieren und somit über diese Faktoren Frachtraten prognostizierbar sind. Informationen sowohl über die Nachfrage in Form von Wirtschaftsklima-Indikatoren als auch über das Angebot in Form von Schiffsneubauten, Abwrackungen, Auflegungen und Langsamfahrten, also über Angebot und Nachfrage, sind verfügbar. Aus diesen Daten wurden Mittelwerte gebildet, die als Schätzer der Erwartungswerte zu einer impliziten Volatilität führen können. Alternativ kann auch die historische Volatilität aus den oben erwähnten Indizes zur Optionspreisberechnung verwendet werden.

Im Anschluss werden die Gleichung sowie die Genauigkeit der Parameter über eine Monte-Carlo-Simulation durch Veränderung einzelner Parameter getestet. Abschließend werden mit historischen Daten die Sensitivitäten des Modells über die griechischen Hedge-Ratios (Absicherungsgrad)[32] simuliert. Die Datenbasis für die empirische Untersuchung bilden Frachtraten, die die SCHENKER AG in den jeweiligen Zeiträumen als Quotierungen von Reedereien für die entsprechende Fahrtroute erhalten hat.

Eine weitere Hypothese bezieht sich auf die Marktfähigkeit eines solchen Modells. In der Arbeit wird empirisch untersucht, ob eine Absicherung von Kontrakten mit Optionsscheinen im internationalen Seefrachtgeschäft von den Marktteilnehmern angenommen wird. Hierzu wurde mit Repräsentanten folgender Unternehmen und Institutionen Experteninterviews durchgeführt, die nahezu die maßgeblichen interagierenden Teilnehmer im Markt repräsentieren:

---

29 Die Black-Scholes-Gleichung ist ein Finanz-Mathematisches Modell zur Bewertung von Finanzoptionen wird in Kapitel 3.3.4.2.3 erläutert.

30 Hull (2009), S. 242.

31 Zachcial (2001a), S. 19ff.

32 In Kapitel 4.2.1.3 wird die Hedge-Ratio genauer erläutert.

- Reederei: Hapag-Lloyd AG
- Reederei: The Containership Company AS/ BOX TON AS
- Spedition: Schenker AG
- Verlader: Zwei Unternehmen mit Aufkommen über 10.000 TEU/ p.a.
- Bank: NORD/LB AöR
- Bank: HSH Nordbank AG
- Beratung Algeny
- Verband: Verband Deutscher Reeder e.V.

Die gesamte Untersuchung beschränkt sich auf den Markt mit Vollcontainer-Transporten (Full Container Load, FCL). Hiervon zu unterscheiden sind Sammelguttransporte (Less than Container Load, LCL). In Bezug auf die Wertschöpfungskette beschränkt sich diese Arbeit auf den Markt zwischen Reedereien und industriellen Endkunden bzw. Speditionen und industriellen Endkunden.

2 Marktpreise im interkontinentalen Seeverkehr

Ziel dieses Kapitels ist es, die Grundlagen des Seeverkehrs und den Marktgegebenheiten zu erläutern. Dazu werden nach der Einordnung in den relevanten Markt die Entstehung des Marktes und grundlegende Preismodelle beschrieben. Es soll in diesem Abschnitt ein Verständnis über die Entstehung der Preise und absatzpolitischen Überlegungen im containisierten Seeverkehr vermittelt werden.

2.1 Einordnung des interkontinentalen Containerverkehrs über See

2.1.1 Das Containerschiff

Im Seehandelsrecht wird ein Schiff als ein „schwimmfähiger Hohlkörper von nicht ganz unbedeutender Größe bezeichnet, der fähig und bestimmt ist, auf und unter dem Wasser fortbewegt zu werden und Personen oder Sachen zu tragen“[33]. Ein Handelsschiff ist von einem Nichterwerbsschiff abzugrenzen. Unter Erstgenanntem sind solche Schiffe zu subsumieren, welche die Seefahrt zu Erwerbszwecken betreiben. Sie grenzen sich dadurch von Nichterwerbsschiffen wie privaten, Forschungsschiffen oder staatseigenen Schiffen ab.[34]

Ferner sind die Begriffe Seeschiff und Binnenschiff zu unterscheiden. Eine Differenzierung lässt sich hinsichtlich der Einsatzgebiete und der Rechtsvorschriften hinsichtlich Bau, Betrieb, Ausrüstung und Besatzung vornehmen. Der wesentliche Unterschied besteht darin, dass Seeschiffe anders als Binnenschiffe regelmäßig in hoheitsfreiem Raum (auf hoher See, in interkontinentalen Gewässern) seewärts von Landesgrenzen verkehren.[35]

Im Gegensatz zur Hochseeschifffahrt wird in der Küstenschifffahrt die Ladung zwar in internationalen Gewässern, jedoch stets über kurze Distanzen transportiert. Neben der kurzen Entfernung zwischen Quelle und Senke der Fracht führen auch logistische Systeme in der containerisierten Linienschifffahrt zum vermehrten Aufkommen der Küstenschifffahrt. Bei so genannten Hubfeedersystemen kann es notwendig sein, die Güter erst mit einem

---

33 Herber (1999), S. 83.

34 Herber (1999), S. 86.

35 Beckert/Breuer (1991), S. 155; Prause (1979) S. 77; Abraham (1974), S. 4.

Küstenmotorschiff (Feederschiff) an einen Hafen zu bringen, der logistisch und technisch in der Lage ist, Hochseeschiffe zu be- und entladen.[36]

Zur Eingrenzung des Problems wird in dieser Arbeit lediglich der Bereich von Hochseeschiffen behandelt, die als Bestimmungsgrund den Transport von Gütern haben.

Im Weiteren wird nur auf den Transport von Gütern mit Containerschiffen eingegangen. Für eine vollständige Auflistung der Hauptschiffstypen und ihrer zahlreichen Untergruppierungen wird auf Anlage 1 verwiesen.

Ein Containerschiff ist ein Schiff, das auf den Transport von Seecontainern ausgelegt ist.[37] Während sich in der ersten Hälfte des 20. Jahrhunderts Schiffskonstruktionen auf vielen Gebieten weiterentwickelten und Handelsschiffe speziell auf den Transport von z.B. Kohle, Getreide oder Öl ausgelegt wurden, blieben die Stückgutschiffe weitgehend unverändert. Dies änderte sich mit der Erfindung der Containerbox durch McLean im Jahre 1955, was den Stückguttransport revolutionierte.

Durch die Verpackung von Stückgütern in Container (vor ihrer Verschiffung) können Schiffe schneller be- und entladen werden. Außerdem ermöglicht die Nutzung des Containers, dass verschiedene Verkehrsträger (Schifffahrt, Schienen- und Straßenverkehr) miteinander verbunden werden, so dass ein schnellerer, durchgängiger Gütertransport von und in die Häfen erreicht wird.[38] Demzufolge wurden kürzere Hafenzeiten durch bessere Nutzung des Ladungsraums sowie zügigeren Ladungsumschlag erreicht, wodurch erhebliche Effizienzsteigerungen in der Handelsschifffahrt erzielt werden. Drewry Shipping Consultants gehen davon aus, dass sich im weltweiten Durchschnitt der Containerisierungsgrad[39] auf maximal 75 % steigern lässt. In verschiedenen Fahrtgebieten wurden allerdings die prognostizierten Obergrenzen inzwischen übertroffen. GÖBEL/ SCHUMANN geben bereits einen Marktanteil von 85,3 % an.[40]

In der Norm DIN ISO 668 sind die Eigenschaften eines Containers definiert. Ein Container ist ein „genormter Transportbehälter, der von dauerhafter Beschaffenheit und zum wiederholten Gebrauch geeignet ist, den Transport von Gütern auf verschiedenen Transportmitteln, ohne Umpacken der Ladung ermöglicht, leicht be- und entladen werden kann und für den mechanischen Umschlag geeignet ist sowie einen Rauminhalt von mindestens einem Kubikmeter hat.“ [41]

36 Pawlik (1999), S. 4.

37 Holst (2007a), S. 48.

38 Göbel/Schumann (2007), S. 722.

39 Anteil der Ladungen, die in einem Container transportiert werden.

40 Göbel/Schumann (2007), S. 720.

41 O.V. DIN (1999); Seidelmann (2004), S. C3–13.

Bei einem Containertransport kommt es im Prinzip nicht darauf an, welche Ladung transportiert wird, da der Container als Transportbehältnis vom Grundsatz her unabhängig von seinem Inhalt wie ein standardisiertes homogenes Ladungsgut behandelt werden kann.

Breite, Höhe, Länge von Standardcontainern sind weltweit normiert. Die am stärksten verbreiteten Überseecontainer haben eine Länge von 20 oder 40 Fuß – wodurch die Bezeichnung *Twenty Feet Equivilant Unit* (TEU) entstand – sowie eine Breite von 8 Fuß.[42] Die Größe von Containerschiffen wird somit in der Zähleinheit TEU gemessen.[43] Heute dominieren bereits 40 Fuß-Container. Gleichwohl ist bislang die Recheneinheit TEU beibehalten worden.

Die erste Generation von Containerschiffen war bis 1970 im Einsatz und hatte ein Stellvolumen von circa 1.000 TEU. Sie wurde von der zweiten und dritten Generation mit einem Fassungsvermögen von 2.000 bis 3.000 TEU abgelöst. Die 90er-Jahre brachten die vierte Generation mit einer Transportkapazität von mehr als 4.000 TEU hervor.[44] Mit der *Hamburg E.* mit einer Kapazität von 7.500 TEU wurde 2001 die fünfte Generation eingeläutet.[45] Mit Stapellauf der CMS Emma Mærsk im August 2006 existieren Schiffe mit einer Ladekapazität von über 10.000 TEU. Der Anteil der großen Schiffe an der Gesamtkapazität nimmt stetig zu, wie in Abb. 1.1 dargestellt.

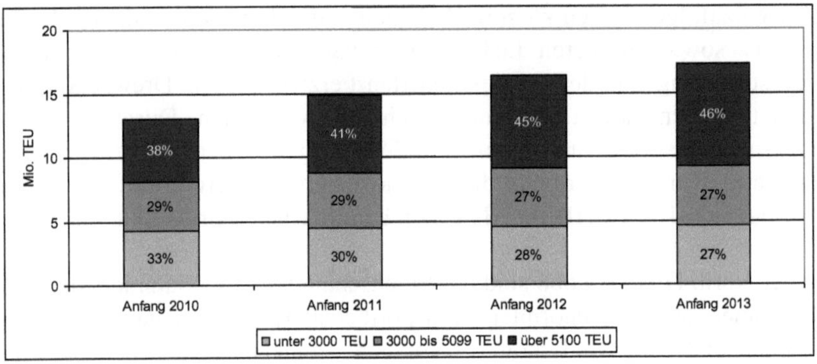

Abb. 1.1: Die Zunahme der Schiffsgrößen im containerisierten Seeverkehr (Quelle: o.V. Alphaliner (2010), S. 4)

42 Exler (1996), S. 43.

43 Rushton/Oxley/Coucher (2000), S. 353.

44 Pawlik (1999), S. 34.

45 O.V. (2006), S. 45.

Nach einer Studie von Global Insight („Trends in World Economics and Trade“, Volume 1/June 2007) ist der weltweite Containerhandel, gemessen in TEU, von 2004 bis 2006 mit einer Rate von 9,7 % gewachsen. Beim langfristigen Wachstum rechnet das Institut mit einer durchschnittlichen Rate von 5 % bis 2024. Damit ist die Containerlinienfahrt nach wie vor der am schnellsten wachsende Sektor in der Handelsschifffahrt.[46] Dieses Wachstum wurde vor allem durch die chinesische Wirtschaft angetrieben, die allein in 2006 fast dreimal so viele Container exportierte wie die USA. Neben China und den USA sind Japan, Südkorea und Taiwan die Länder mit dem weltweit höchsten Containerexport.[47] AXS Alphaliner hatte am 1. Januar 2010 4,7 Mio. TEU an neu bestellter Transportkapazität in Form von 770 Schiffen erfasst.[48] Dies ist mehr als ein Drittel der zu dem Zeitpunkt bestehenden Kapazität. Hauptgrund ist die starke Zunahme bei großen Schiffstypen in den vergangenen Jahren. Im Januar 2010 hatten die Schiffswerften 163 Bestellungen der Post-Panamax Klasse in ihren Orderbüchern[49], was einem Gesamtvolumen von 2,1 Mio. TEU (ca. 44 % der Kapazität der Neubestellungen) entspricht.

2.1.2 Interkontinentale Seeverkehrsmärkte

Der Begriff Markt bezeichnet im engeren Sinne den Ort, an dem Waren regelmäßig gehandelt oder getauscht werden (Handelsplatz). Im weiteren Sinne bezeichnet der Begriff heute das geregelte Zusammenführen von Angebot und Nachfrage von Waren, Dienstleistungen und Rechten.[50]

Seeverkehr ist der Transport von Personen oder Waren (Fracht) über den Seeweg. Ein Seeverkehrsmarkt ist demnach der Ort, an dem sich Angebot von und Nachfrage nach Transportdienstleistungen über den Seeweg treffen.51 Im

---

46 Im Hamburger Hafen stieg der Anteil an containerisierter Ladung von 68,6 % (1990) auf 97,2 % (2007).

47 Institute of Shipping Economics and Logistics (Hrsg.) (2007), S. 13.

48 O.V. Alphaliner (Hrsg.) (2010), S. 2.

49 O.V. Alphaliner (Hrsg.) (2010), S. 2.

50 Samuelson/Nordhaus (2007), S. 12.

51 Die Beförderung von Frachtbehältern (Containern) zur See wurde in mehreren Entscheidungen der Kommission und der EU-Gerichte als sachlich relevanter Markt identifiziert. Andere Verkehrsträger wurden nicht demselben Dienstleistungsmarkt zugerechnet, obwohl diese Dienstleistungen in einigen Fällen in marginalem Umfang untereinander austauschbar sein können. Die meisten der in Containern beförderten Güter können nämlich nicht von anderen Verkehrsträgern (z.B. im Luftverkehr) befördert werden. Vgl. Entscheidung 1999/485/EG der Kommission vom 30. April 1999 (Sache IV/34.250 – Europe Asia Trades Agreement), ABl. L 193 vom 26.7.1999,

Weiteren wird auch von Tradelanes (Handelsrouten) gesprochen, womit eine Handelsroute zwischen zwei Häfen, industriellen Gebieten oder Regionen gemeint ist.[52] Ca. 95 % des interkontinentalen Warenaustausches werden über den Seeweg abgewickelt. Der geringe restliche Anteil verteilt sich auf Luft-, Schienen- und Straßentransport sowie Pipelines.[53, 54] Diese Arbeit beschränkt sich auf seeseitige Beförderung von Gütern in Containern. Die gesamte aktive Flotte, die zum Transport von Seecontainern bestimmt ist, umfasste zum 01. Januar 2010 5.891 Schiffe, die eine Bruttokapazität von 13,64 Millionen TEU hatten.[55]

Interkontinentale Seeverkehrsmärkte kann man nach den Güterarten unterteilen, auf die die Schiffe, die sie transportieren, ausgelegt sind. Eine hinreichende Klassifizierung ist eine Unterteilung in Stückgut, Massengut, Passagiere, Flüssigkeiten, Container und Gase. Entsprechend der Transportanforderungen der verschiedenen Ladungsarten existieren Untergruppierungen. Tanker können z.B. darauf ausgelegt sein, Mineralölprodukte, pflanzliche Öle, Fruchtsäfte, Wein oder Trinkwasser zu transportieren.[56] Aus Anlage 1 ist eine Auflistung der Hauptschiffsgruppen mit deren Untergruppierungen zu entnehmen.

2.1.2.1 Märkte entlang der Wertschöpfungskette

Eine weitere Unterteilung kann nach der Art der Verträge vorgenommen werden, die zwischen den Marktteilnehmern in den einzelnen Stufen der Wertschöpfungskette geschlossen werden. In den Stufen der Dienstleistung finden sich der Schiffseigner, Reeder, Spediteur und der Kunde wieder, welche im Folgenden definiert und beschrieben werden.

2.1.2.1.1 Marktbeteiligte

Ein **Schiffseigner** ist nach dem § 1 Bundesschifffahrtsgesetz „der Eigentümer eines zur Schifffahrt auf Flüssen oder sonstigen Binnengewässern bestimmten und hierzu von ihm verwendeten Schiffes".[57] Das im HGB geregelte deutsche

S. 23. Die Marktabgrenzung wurde vom Gericht erster Instanz in seinem Urteil in den verbundenen Rs. T-191/98, T-212/98 bis 214/98, Atlantic Container Line AB u. a./ Kommission, Slg. 2003, II-3275, (nachstehend TACA-Urteil), Rdnrn. 781 bis 883, bestätigt.

52 Long (2004), S. 40.

53 Lemper (2007), S. 118.

54 Im internationalen Verkehr innerhalb der Kontinente ist dagegen der Anteil des Schiffes als Transportmittel deutlich geringer. Vgl. Lemper (2007), S. 118.

55 O.V. Alphaliner (Hrsg.) (2010), S.1.

56 HSH Nordbank AG (Hrsg.) (2004), S. 12.

57 Vgl. § 1 Bundesschifffahrtsgesetz (2008).

Seehandelsrecht definiert diese Begrifflichkeiten nicht. Dennoch gilt die für die Binnengewässer definierte Funktion des Schiffseigners auch für interkontinentale Märkte.

Der **Reeder** ist ein Unternehmer, der Seeschiffe ausrüstet und bemannt, „bereedet". Er ist der Betreiber und mit der technischen und kaufmännischen Betreuung des Schiffes beauftragt. Ferner kann er für das Chartermanagement verantwortlich sein, wenn er das Schiff z.B. an Ölgesellschaften vermietet, die es dann auf ihren Routen einsetzen. In der Containerschifffahrt vermarktet der Reeder die Containerstellplätze auf den Schiffen für die entsprechenden Abfahrten bzw. Reisen.[58]

Die weltweit größte Reederei ist Mærsk Line, die zur dänischen Unternehmensgruppe A.P. Møller-Mærsk mit Hauptsitz in Kopenhagen gehört. Insgesamt 538 Schiffen (davon 211 eigene und 327 gechartert) bilden eine Flottenkapazität von ca. 2,0 Mio. TEU. Auf den Rängen zwei und drei nach Containerkapazitäten folgen die ebenfalls europäischen Gesellschaften MSC mit ca. 1,5 Mio. TEU und CMA-CGM mit ca. 1,0 Mio. TEU[59]. Gemeinsam decken die drei größten Containerreedereien knapp ein Drittel des Weltmarktes ab. Die führenden fünf Reedereien im containerisierten Seeverkehr summieren ihre Kapazitäten zu einem Markanteil von ca. 41 %, die 20 größten Reedereien zu 80 %.[60] Bei Betrachtung der Kapazitätsverteilung wird deutlich, dass im Markt oligopolistische Strukturen herrschen.[61] Neben starkem organischen Wachstum ist dies die Folge der großen Fusionen und Übernahmen der vergangenen Jahre.[62,63]

Der Begriff des **Spediteurs** wird durch § 453 HGB bestimmt. Durch den Speditionsvertrag wird der Spediteur verpflichtet, die Versendung von Gütern gewerbsmäßig zu besorgen. Mit der Reform des Transportrechts zum 1. Juli 1998 hat der Gesetzgeber die veränderte Speditionspraxis aufgenommen. Heutzutage ist die Aufgabe der Spedition selten nur noch der Einkauf bzw. die Vermittlung von Transportdienstleistungen. Die Disposition i.S. der Organisation komplexer logistischer Systeme aus Transport, Umschlag, Lagerung und kundenindividueller Zusatzleistungen steht im Mittelpunkt des Geschäfts einer mo-

---

58 Kummerow (2005), S. 40.

59 O.V. Alphaliner (Hrsg.) (2010), S. 2.

60 Bei einer Größe des Gesamtmarktes von 13,7 Mio. TEU.

61 Hautau (2002), S. 175.

62 P&O Nedlloyd wurde 2005 durch Maersk, CP Ships 2005 durch Hapag Lloyd übernommen.

63 Eine ähnliche Eingrenzung der Marktanteile wurde in den Leitlinien für die Anwendung von Artikel 81 des EG-Vertrags auf Seeverkehrsdienstleistungen unter Ziffer 2.3.2 geregelt. Vgl. Europäische Kommission (2007).

dernen Spedition.[64] IHDE bemängelt, dass diese Definition dennoch nicht hinreichend genug ist[65] und verweist auf die Typologisierung von ISERMANN in speditionelle Kernleistungen, logistische Kern- und Zusatzleistungen, logistische Informationsleistungen sowie nichtlogistische Zusatzleistungen.[66,67] Da allerdings in dieser Arbeit die Kernaufgabe des Spediteurs als Einkäufer und Vermarkter von Schiffsraum mit Kundenkontakt im Vordergrund steht, genügt die gesetzliche Begriffsbestimmung.

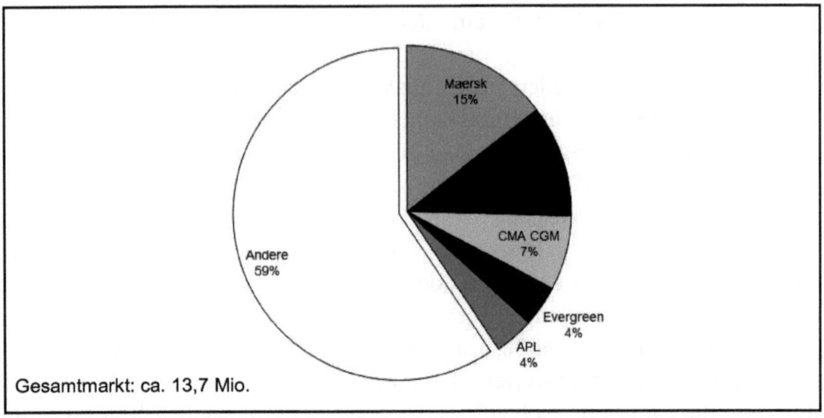

Abb. 2.2: Die Verteilung der Kapazitäten in der Containerschifffahrt (Quelle: Alphaliner, Februar 2010)

Die weltweit größte Spedition nach Containervolumen für Containerschifffahrt ist das Geschäftsfeld DHL Global Forwarding der Deutschen Post AG. Mit ca. 2,75 Mio. TEU in 2008 erreichte das Unternehmen einen Marktanteil von 9,0 %.[68] Auf den Rängen zwei und drei folgen Kühne + Nagel AG mit 2,67 Mio. TEU und Schenker AG mit 1,43 Mio. TEU.[69] Das weltweite relevante[70] Containeraufkommen bei Speditionen belief sich rechnerisch im Jahr 2008 auf 30,6 Mio. TEU. Zwar decken die vier führenden

64 Ihde (2001), S. 228.
65 Ihde (2001), S. 229.
66 Isermann (1999), S. 35ff.
67 Drewry (Hrsg.) (2010), S. 17ff.
68 Deutsche Post AG (2008), S. 66.
69 Kühne + Nagel, Inc. (2008), S. 29; Deutsche Bahn AG (2008), S. 9.
70 Nur ca. ein Drittel des gesamten Containeraufkommens wird durch Speditionen bedient und ist somit relevanter Markt, vgl. Anlage 6, Interview mit Dräger; Näheres wird in Kapitel 2.1.2.2 behandelt.

Speditionen über 25 % des relevanten Volumens ab, jedoch sind die Marktanteile der darunter folgenden Unternehmen stark abnehmend. Somit lässt sich hier von einer polypolistischen Marktform sprechen. Aufgrund der oben beschriebenen Funktion unterscheiden sich die angebotenen Dienstleistungen kaum, was zu einer fast vollkommenen Markttransparenz führt. Genauer ist der Speditionsmarkt also ein homogenes Polypol.

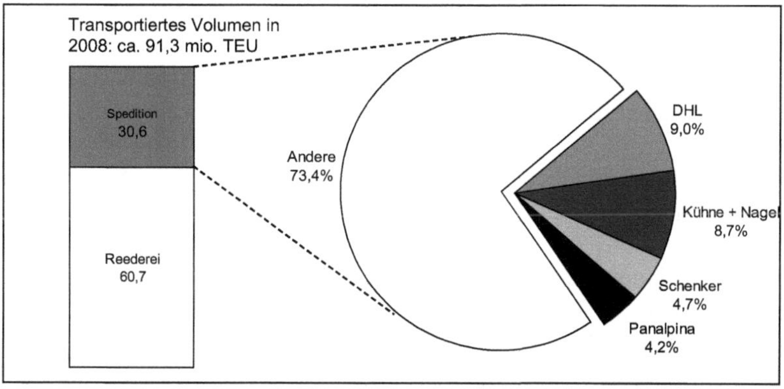

Abb. 2. 3: Die Verteilung der transportierten Volumina in der Containerschifffahrt (Quelle: Geschäftsberichte der Unternehmen 2008)

Das Segment der **Kunden** in der interkontinentalen Containerschifffahrt ist sehr heterogen. Generell lassen sich die Kundengruppen, die in der Branchensprache auch Verlader genannt werden, in drei Bereiche von Nachfragern unterscheiden. Unternehmen, staatliche Einrichtungen und private Haushalte können Versender und/oder Empfänger sein.[71] In Relation zum Aufkommen sind die Unternehmen die bedeutendste Kundengruppe. Das transportierte Volumen von privaten und staatlichen Verladern ist daher zu vernachlässigen.[72] Unternehmen, die Bedarf an interkontinentalem Seeverkehr haben, sind Produktions- und Handelsunternehmen. Während der containerisierte Transport bei Handelsunternehmen meist die physische Abwicklung eines Im- oder Exportgeschäftes darstellt, wird das Aufkommen der Industrieunternehmen durch globale Produktionsnetzwerke bedeutender. Durch ihr umfangreiches Ladungsaufkommen besitzen diese Kunden in der Regel eine nicht

71 Pawlik (1999), S. 101.

72 Geuther (1990), S. 36.

unbedeutende Markt- und Verhandlungsmacht. Dieses Kundensegment wird daher häufig direkt von den Reedereien bedient.[73]

2.1.2.1.2 Vertragsformen zwischen den Beteiligten

Neben dem Eigenschiffsbetrieb, bei dem die Reederei die Mannschaft und das Equipment stellt, kann das Containerschiff auch von einem Schiffseigener gechartert werden. Dabei ist grundsätzlich die Bareboat Charter von der konventionellen Charter zu unterscheiden. Bei Erstgenannter wird das Schiff ohne Equipment und Besatzung vom Schiffseigner zur Verfügung gestellt. Das Schiff gehört im Prinzip aber zur Flotte der Reederei und verbleibt daher sehr lange in deren Dienst.

Bei einer konventionellen Charter wird das Schiff vom Schiffseigner inklusive Equipment und Mannschaft bereitgestellt. Zwischen der Reederei und dem Schiffseigner wird ein Vertrag vereinbart, der von einer Fahrt bis zu mehreren Jahren dauern kann. Diese Chartermodelle werden von Reedereien häufig dazu genutzt, die Flottenkapazitäten flexibel zu halten und kurzfristige Nachfrageschwankungen auszugleichen.[74]

Bei beiden Betriebsmodellen wird der Betrag, zu dem das Schiff zur Verfügung gestellt wird, als Charterrate bezeichnet. Mit der Charterrate wird also die Überlassung eines Schiffes mit evtl. zusätzlichen Leistungen beglichen.[75]

Zu den Kunden der Reedereien zählen Spediteure und die produzierenden oder handelnden Unternehmen. Reedereien und Spediteure stehen demnach in direkter Konkurrenz bei der Akquisition von Kunden zueinander. Durch die oben beschriebenen Dienstleistungen eines Spediteurs, die weit über den reinen Seefrachttransport hinausgehen, hat sich im Laufe der Zeit eine Abgrenzung gebildet. Besonders Kunden mit einem jährlichen Transportaufkommen von bis zu 10.000 TEU nehmen die Dienstleistungen von Speditionen in Anspruch. Verlader mit einem größeren Volumen stehen häufig im direkten Geschäftsverhältnis mit den Reedereien. Dies führt dazu, dass zwar Spediteure einen größeren Kundenkreis bedienen, jedoch nur ca. ein Drittel des weltweiten Aufkommens am containerisierten Seeverkehr ausmachen.[76] Zwischen dem Reeder und einem Spediteur oder dem Reeder und einem Kunden wird als Vergütung für den Transport eines Containers eine Frachtrate vereinbart.

---

73 Geuther (1990), S. 78ff.

74 Höpfner (2007), S. 6ff.

75 Holst (2007a), S. 67.

76 Vgl. Anlage 6, Interview mit Dräger; Drewry (Hrsg.) (2010), S. 20.

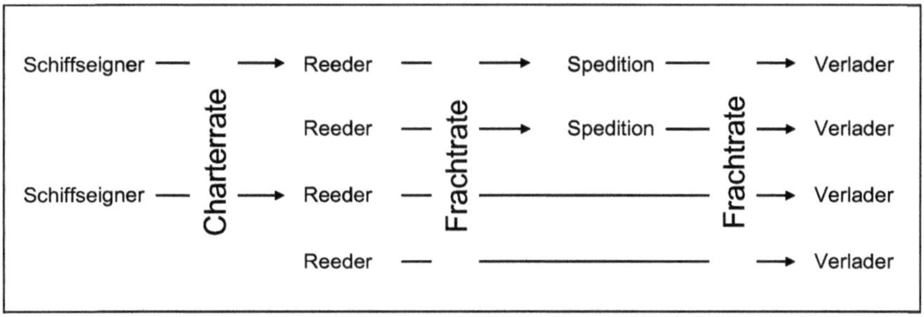

Abb. 2.4: Die Vertragsstufen im interkontinentalen Containerseeverkehr (Quelle: eigene Darstellung)

2.1.2.2 Regionale Märktc

Eine weitere Möglichkeit zur Unterteilung von interkontinentalen Schifffahrtsmärkten lässt sich geografisch vornehmen. In der Natur eines Seefrachttransportes liegt die physische Überwindung von Gütern. Daraus folgernd muss man von Handelsrouten und weniger von regionalen Transportmärkten sprechen[77].

HAUTAU gliedert den Weltmarkt in acht Hauptgebiete: Nordamerika, Südamerika (mit Süd- und Mittelamerika sowie den karibischen Inseln), Europa-Mittelmeer (mit allen europäischen Staaten sowie den afrikanischen und asiatischen Mittelmeeranrainerstaaten), Afrika (exklusive zuvor genannter Länder), Mittlerer Osten, indischer Subkontinent, Ferner Osten (mit allen asiatischen Küstenstaaten östlich von Bangladesch) und Australien-Neuseeland.[78] Andere Autoren wählen eine ähnliche Aufteilung, wobei dort in der Regel eine Darstellung nach Fahrtgebieten gewählt wird.[79] Abhängig von der Fragestellung betehen weitere Einteilungen der Fahrtgebiete.

Die wichtigsten Containerhandelsrouten liegen zwischen Europa, Nordamerika und Asien. Von diesen Handelsrouten besitzen die asiatischen Exporte den größten Anteil, also die Transpazifikdienste Eastbound (e/b) und die Fernost Westbound (w/b) Dienste nach Europa. **Error! Reference source not found.**1 gibt einen Überblick über die Hauptverkehre in 2007.

77 Long (2004), S. 40.

78 Hautau (2002), S. 36f.

79 Containerisation International, Llyods List.

Tab. 2.1: Die wichtigsten Tradelanes 2007 in ' 000 TEU (Quelle: Clarkson 2008)

Transpazifik		**Fern-Ost/ Europa**		**Transatlantik**	
Ostwärts	westwärts	Ostwärts	westwärts	ostwärts	westwärts
14.426	6.711	4.393	12.476	3.277	3.212
32%	15%	10%	28%	7%	7%

Die Optimierung der Fahrtrouten ist ein kontinuierlicher Prozess. Während die Hauptrouten seit vielen Jahre konstant bleiben, unterliegen die Nebenrouten einer ständigen Optimierung. Das Aufstellen der Fahrpläne und die Koordination eines möglichen Zubringerverkehres (Feeder) ist hingegen weitgehend unproblematisch. Ein derzeit kritischer Faktor ist die Optimierung der Pünktlichkeit der Schiffe, die ein solches System bedingt. Im ersten Quartal 2008 waren weniger als 50% aller Schiffe pünktlich.[80] In der Containerschifffahrt hat sich das Liniensystem durchgesetzt, welches Just-In-Time Charakter besitzt. Das größte Problem stellt derzeit der Transport von Leercontainern zu den Verladestationen dar. Hierfür ist die hohe Imbalanz auf manchen Strecken verantwortlich. Beispielsweise sind 50% der Container auf der Route von Europa nach Asien leer. Der Ausgleich zwischen Termineinhaltung und optimaler Kapazitätsauslastung ist ein kritischer Erfolgsfaktor des Gesamtsystems. Dieser beeinflusst letztendlich wesentlich die Preisgestaltung und deren Entwicklung.

2.2 Grundmodelle der Preiskalkulation

Um die Preisentstehung und -gestaltung im containerisierten Seefrachten-Markt zu verstehen, ist es notwendig, die generellen marktwirtschaftlich möglichen Formen einer Preiskalkulation zu kennen. Diese sollen nachfolgend kurz erläutert werden.[81]

In der betriebswirtschaftlichen Forschung zur Preispolitik kann das „magische Dreieck" als Basis herangezogen werden, das die drei möglichen Ansatzpunkte (Kosten, Nachfrager, Wettbewerber) beschreibt.

80 23 % der Schiffe hatten eine Verspätung von einem Tag, 29 % von zwei oder mehr Tagen, vgl. Drewry Shipping Consultants Ltd. (Hrsg.) (2008), S. 61ff.

81 In der Vergangenheit wurde bereits auf andere Art und Weise die Preisbildung im Seeverkehr beschrieben. Vgl. Zachcial/Fitter/Solzbacher (1975), S. 254ff.

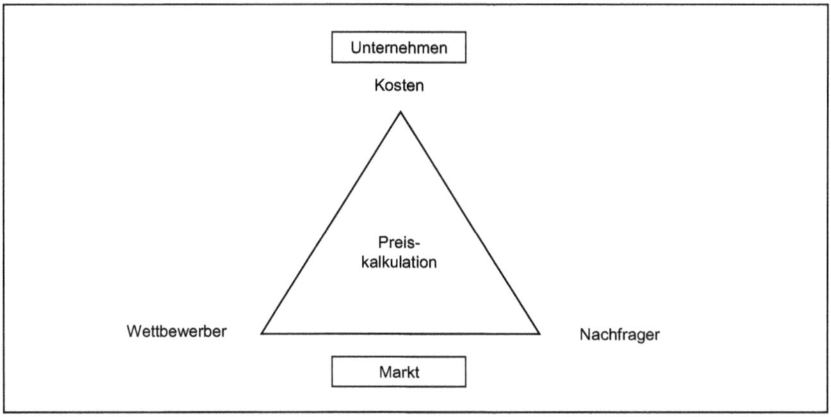

Abb. 2.5: Das magische Dreieck der Preispolitik (Quelle: vgl. Pechtl (2005), S. 75)

Die **kostenorientierte Preispolitik** setzt beim Leistungserstellungsprozess an.[82] Durch Analyse der Aufwendungen für den Produktionsprozess bzw. der gesamten Wertschöpfung kann eine Quantifizierung der Stückkosten erfolgen. Somit kann der Anbieter einer bestimmten Leistungseinheit den dafür entstandenen Kostenbeitrag zuordnen. Dies ist die Basis für die Festlegung eines Stückpreises, mit dem der Anbieter am Markt auftreten kann. In dieser vergleichsweise einfachen Preiskalkulation findet zwar eine detaillierte, aber dennoch einseitige Berechnung der angebotenen Leistung statt. Die Kundenreaktion bzw. der Wirkungszusammenhang in der Preisabsatzfunktion wird vollständig ignoriert.[83] Daher lässt sich sagen, dass in Bezug auf die oben beschriebene Marktsituation eine solche Preiskalkulation in der interkontinentalen Seefracht nicht angewendet wird.

In jüngerer Zeit treten weitere Preisbildungsmodelle innerhalb der Preistheorie auf wie z.B. das **Target Costing**. Bei diesem vermeintlich neuen Zugangsweg zur Preisbestimmung bildet die Preis-Absatz-Funktion den Ursprung für eine retrograde anstelle einer progressiven Kostenbestimmung.[84] Da im Mittelpunkt dieses Kalkulationsparadigmas weiterhin die Kosten der Leistungserstellung stehen, soll das Target Costing als Ausdruck der kostenorientierten Preispolitik verstanden werden.

82 Pechtl (2005), S. 76ff.; Diller (2008), S. 310ff.

83 Moog (1999), S. 120.

84 Seidenschwarz (2003), S. 440.

Die **nachfrageorientierte Preispolitik** hingegen berücksichtigt die Mengenreaktion der Nachfrager.[85] Die Kostenseite wird dabei allerdings nicht außer Acht gelassen. Unter Beachtung der Preis-Absatz-Funktion wird ein rechnerischer Erfolgsvergleich bzw. eine Erfolgsbeurteilung zuvor gefundener Angebotspreisalternativen vorgenommen. Das Gewinnkalkül führt also zu einer simultanen Betrachtung von Absatz- bzw. Umsatz und Kostenwirkung eines spezifischen Preises. Auch hier sind neuere Abwandlungen entstanden, die sich **Value Pricing** oder **Target Pricing** nennen.[86] Zwar werden bei dieser wertorientierten Preisbestimmung mehr Komponenten als lediglich die Preisabsatzfunktion berücksichtigt, jedoch steht die Fokussierung auf den Kunden weiterhin im Vordergrund und kann somit als Weiterentwicklung in der Gruppe der nachfrageorientierten Preispolitik verstanden werden. Diese Form der Preiskalkulation berücksichtigt allerdings eine statische Preis-Absatz-Funktion. Die Reaktion des Wettbewerbs wird ausgeklammert.

Da besonders der Faktor Wettbewerb im hart umkämpften Seefrachten-Markt von Bedeutung ist, kann nur die **konkurrenzorientierte Preispolitik** als Grundlage zur Preisbestimmung gelten.[87] In diesem Modell werden die spezifischen preispolitischen Aktionen und Reaktionen von Konkurrenten zur einer bedeutenden Determinante der Bestimmung des eigenen Preises.[88] Im Gegensatz zu den vorherigen Modellen sind die Anbieter, deren Leistungserstellung einer solchen Preispolitik zu Grunde liegt, reine Preisnehmer.

Methodisch betrachtet stellt die gleichzeitige Beachtung aller drei Komponenten des „magischen Dreiecks" die optimale Grundlage zur Preisbestimmung dar, da alle relevanten Faktoren berücksichtigt werden. Wie im kommenden Kapitel dargestellt, ist diese Vorgehensweise in der Praxis jedoch nicht immer möglich. Die Preisbildung von Frachtraten im interkontinentalen Kontext soll im folgenden Kapitel näher erläutert werden.

2.3 Frachtraten im containerisierten Seeverkehr

Wie bei jeder Unternehmung in einem freien Markt ist die oberste Maxime des Handelns die Gewinnmaximierung. Auch im containerisierten Seeverkehr ist dies nicht anders. Wie oben beschrieben, kann die Preisbildung auf drei unterschiedliche Arten erfolgen. Bei feststehenden Kosten müssen die Preise maxi-

85 Pechtl (2005), S. 88ff.; Diller (2008), S. 319ff.

86 Horváth/Möller (2003), S. 457f.

87 Vgl. Anlage 6, Interview Nöll am 14.10.2009, Frage 1.2.

88 Pechtl (2005), S. 128ff.

miert werden, um dieser Prämisse zu folgen oder bei Preisen, die durch den Markt gegeben sind, sind die Kosten zu minimieren.

Der Betrag, der für die Vermietung eines Schiffes für eine Reise oder eine bestimmte Zeit (mit bzw. ohne Personal) verlangt wird, heißt Charterrate. Der Betrag, der für den Transport eines bestimmten Gutes (z.B. Container) mit einem Schiff verlangt wird, nennt sich Frachtrate.[89] Neben der Beförderung der Ladung in einem Container kann die Frachtrate weitere Bestandteile umfassen. Je nach Vereinbarung mit dem Kunden können diese auch einzeln abgerechnet werden.[90] Hauptelemente der Frachtrate sind Kosten und Gewinn.[91] In der Containerlinienschifffahrt soll die Grundfracht den Deckungsbeitrag der Reederei und deren Gewinn erwirtschaften, die Zuschläge lediglich kostendeckend an die Kunden weitergegeben werden. Theorie und Praxis weichen hier allerdings häufig voneinander ab, wie später noch deutlich wird.[92] In dieser Arbeit wird lediglich die Grundfracht, ohne Zuschläge betrachet.

2.3.1 Struktur von Frachtraten

In der Containerlinienschifffahrt ist es üblich, dass Preise in Tarifform vereinbart werden. Bei diesen Tarifen wird in erheblichem Maße Preisdifferenzierung beziehungsweise Preisdiskriminierung betrieben. „Preisdifferenzierung liegt immer dann vor, wenn ein Unternehmen Güter gleicher Art zu verschiedenen Preisen verkauft."[93] Die Verlader werden nicht alle nach dem gleichen Tarif behandelt. Abhängig von der Regelmäßigkeit und der Höhe des Ladungsvolumens sowie auch von Art und Gewicht der transportierten Güter erhalten sie individuelle Tarife für die gleiche Leistung.[94] Geringwertige Massengüter wie etwa Metallabfall werden zu günstigen Tarifen befördert, die die Schiffsauslastung verbessern und zur Fixkostendeckung beitragen (Basisladung). Die Mitnahme solcher niedrigtarifierter Ladungen soll mit dem Transport hochwertiger Güter ausgeglichen werden, zum Beispiel durch elektronische Fertigteile, deren Raten deutlich über den Durchschnittskosten liegen. Dieses Prinzip wird als Kreuzpreis-Subventionierung bezeichnet.[95] Es funktioniert aufgrund der unterschiedlichen Preiselastizitäten. Hochwertige Güter reagieren

89 Zachcial (2001), S. 18.
90 Pawlik (1999), S. 9.
91 Biebig et al. (2004), S. 155.
92 Hautau (2002), S. 127.
93 Wöhe (2008), S. 679.
94 Pozdnakova (2008), S. 52f.
95 Biebig et al. (2004), S. 229.

relativ unelastisch, geringwertige Güter relativ elastisch auf Preisveränderungen. Der Anteil der Transportkosten im Verhältnis zum Warenwert ist bei geringwertigen Gütern deutlich höher.

2.3.1.1 Freight-All-Kind-Raten

Freight-All-Kind (FAK)-Raten sind ladungsunabhängige Pauschalfrachtraten, bei denen es nicht darauf ankommt, welchen Inhalt der Container hat.[96] Diese Raten sind grundsätzlich die höchsten, die eine Reederei ihren Kunden anbietet. Diese Raten erhalten in der Regel nur Kunden mit sehr kleinen und unregelmäßigen Ladungsvolumina. Die FAK-Raten entsprechen auch den Raten, die die Reedereien gemäß OSRA Section 8 (c)(1) online veröffentlichen müssen (siehe Abschnitt 2.3.2.5). Da solche Kleinverlader selten direkt bei einer Reederei buchen, erhalten die wenigsten Kunden diese Raten. Ein Transparenzgewinn durch die Onlinetarife ist daher kaum vorhanden. Die meisten Kunden erhalten spezielle Raten, die im Folgenden näher beschrieben werden.

2.3.1.2 Spezialraten

Wie zu Beginn dieses Abschnittes erwähnt, betreiben Reedereien in erheblichem Maße Preisdifferenzierung bei ihren Kunden. Ein Kriterium für vergünstigte Raten ist zunächst die zu verschiffende Menge. Große Ladungsmengen bringen sichere Erträge und tragen zur Auslastung der Schiffe bei. Die Größe der Ladung ist dabei sehr relativ zu betrachten. Ein Transport mit zehn Containern pro Woche im Export aus China erhielte keine oder nur eine geringe Vergünstigung, während dieselbe Ladung zwischen Europa und Südamerika ein hart umkämpftes Geschäft wäre und der Verlader mit sehr günstigen Raten rechnen könnte.

Die größten Transportvolumina werden von Spediteuren und großen Industrieunternehmen generiert. Im Rahmen des Customer Relationship Managements werden sie häufig als Key Account (regional) oder als Global Account (weltweit) gesondert behandelt.

Spediteure haben traditionell vor allem im deutschen Transportmarkt eine starke Position. Die Transportmengen, die sie bündeln, führen zu Reduzierungen, so genannten Spediteursraten. Teilt der Spediteur dem Reeder mit, für wen er den Transport organisiert (Named Account), so erhält er für bestimmte, regelmäßige Geschäfte eine weitere, noch größere Ratenreduzierung. Der Reeder erhält dadurch wichtige Marktinformationen für zukünftige Geschäfte. Die Höhe der Rabatte ist abhängig vom Fahrtgebiet, dem Grad der Kundenbeziehung und

---

96 Pawlik (1999), S. 64f.; Lorenz (2005), S. 459.

der jeweiligen Marktlage. Eine feste Mengenrabattstaffel existiert zumindest bei großen Reedereien nicht. Die Laufzeit für Spediteursraten liegt im Durchschnitt bei drei Monaten, bei starken Marktveränderungen kommt es aber regelmäßig zu Nachverhandlungen.

Große Handels- und Industrieunternehmen können es sich vom Organisationsaufwand her leisten, eigene Transportabteilungen zu beschäftigen. Im Rahmen einer weltweiten Offerte werden große Ladungspakete ausgeschrieben (Global Tendering), die möglicherweise für eine Reederei auch unattraktive Ladung beinhalten können. Hier ist aber wie auch bei den Spediteuren eine globale Betrachtungsweise wichtig. Ein unattraktives Geschäft auf einem Trade ermöglicht mitunter lukrative Geschäfte mit demselben Kunden auf anderen Routen. Die Reduzierungen für große Direktverlader sind in etwa so groß wie die für Named Accounts der Spediteure. Die Laufzeit der Raten beläuft sich hier allerdings in der Regel auf ein Jahr. Den Großunternehmen ist die Planungssicherheit für die eigene Preiskalkulation wichtiger als die Chance, von möglicherweise fallenden Raten profitieren zu können.[97]

Spezialraten sind ferner möglich, wenn der Verlader den genauen Inhalt der Container nennt (Commodity Rates). Für den Reeder birgt diese Information bessere Möglichkeiten der Imbalance-Steuerung. Weiß er zum Beispiel, dass ein bestimmtes Geschäft von Hamburg nach Rio de Janeiro unbedenkliche Textilien beinhaltet, kann er dafür untemperierte (non-operated) Reefer benutzen, die in Südamerika dringend für den dortigen Lebensmittelexport benötigt werden. Die durch die Ladungskenntnis erzielte Kostenreduktion entlohnt der Reeder durch vergünstigte Raten. Bei bestimmten Ladungsarten wie Kaffee, Trockenfrüchten, Wein und weiteren massenhaft transportierten Gütern, vor allem aus dem Lebensmittelbereich, gibt es ebenfalls vergünstigte Spezialraten. Diese Güter sind besonders preiselastisch und die Ratenverhandlungen sind stärker als in anderen Branchen von persönlichen Kundenbeziehungen geprägt. Im USA-Verkehr ist es gesetzlich vorgeschrieben, den Ladungsinhalt genau zu spezifizieren. Die Federal Maritime Commission (FMC) verspricht sich dadurch mehr Sicherheit und Wettbewerbskontrolle. Eine Ratenreduzierung ergibt sich per se hieraus allerdings nicht.

Die Vielfalt der unterschiedlichen Spezialraten ist so groß wie die Vielzahl der absatzpolitischen Überlegungen, aus der sie entsteht. Da die meisten Kunden individuell ausgehandelte Raten erhalten, ist es schwer, die absolute Höhe einer Rate auf einer bestimmten Strecke für einen bestimmten Containertyp zu beziffern. Aussagen lassen sich allerdings über Veränderungen im Ratenniveau treffen.

---

97 Vgl. Pawlik (1999), S. 67.

Da im Seefrachten-Markt der Preis durch die Abnehmer „diktiert" wird, ist eine gewinnmaximierende Preisbildung nur selten möglich. Die Untergrenze bildet bei besonders umworbenen Kunden der Rohertrag. Durch den fehlenden Gewinnpuffer und gleichzeitig fehlendem Einfluss auf den Marktpreis unterliegen die Anbieter den Volatilitäten des Marktes und geben häufig diese Schwankungen direkt oder in Form von Aufschlägen an den Kunden weiter, die im folgenden Kapitel erläutert werden.

2.3.1.3 Zuschläge

Die Hauptwährung in der Seeschifffahrt ist der US-Dollar. Chartergebühren sowie Betriebs- und Reparaturkosten fallen i.d.R. in dieser Währung an.[98] Auch die Abrechnung an die Kunden erfolgt in US-Dollar. Allerdings haben die drei größten Reedereien wie auch die drei führenden Spediteure im Markt ihren Hauptsitz in Europa und bilanzieren daher in EURO oder in Schweizer FRANKEN. Durch längere Zahlungsziele entstehen z.B. kurzfristige Wechselkursrisiken bzw. durch die Asset-Bindung der Schiffe langfristige Risiken.[99] Der Umschlag in den Häfen hat sich zum Beispiel seit 2002 um 27 % verteuert.[100]

Die gleiche Volatilität gilt für den Treibstoff. Bunker-Öl ist einer der Hauptkostentreiber im Betrieb eines Schiffes. Bei Betrachtung der „Öl-Preis-Ralley" ist der Rohstoffpreis Januar 2007 und Mai 2008 um fast 270 % angestiegen, zum Dezember 2008 um 70% gefallen und bis zum Sommer 2010 wieder um 110% gestiegen.[101] Diese Entwicklungen haben dazu geführt, dass inzwischen die beiden maßgeblichen Risiken an den Kunden weitergegeben werden, sowohl bei steigenden, als auch fallenden Zuschlägen.

Neben den gerade beschriebenen Transportfrachten gibt es daher in der Containerlinienschifffahrt eine Reihe von Frachtzuschlägen, die prozentual auf die Transportfrachten gerechnet werden oder unabhängig davon gelten. Diese Zuschläge haben – anders als die Tarife – keine bestimmte Gültigkeitsdauer, sondern enthalten immer den Zusatz „valid at time of shipment (vatos)". Die Art der Zuschläge unterscheidet sich nach Fahrtgebiet, Reederei und auch nach Konferenz oder etwaiger Kooperationsform, der der Reeder in dem jeweiligen

---

98 Schelp (2007), S. 422f.

99 Im Frühjahr 2008 ist der Kurs des US-Dollars gegenüber dem EURO innerhalb von zwei Monaten um mehr als 7 % gefallen. EUR/USD-Kurs: 25.02.2008 1,4833; 22.04.2008 1,5974 und bis zum Sommer 2010 wieder gefallen EUR/USD-Kurs: 07.06.2010 1,1921.

100 Wörnlein (2008a), S. 12.

101 Brent Cruide Oil Spot: 12.01.2007 49.52 USD/Barrel; 22.05.2008 132,38 USD/Barrel; 24.12.2008 36,49 USD/Barrel; 12.07.2008 74,90 USD/Barrel.

Dienst angehört. Bei Lorenz findet sich eine Auflistung der häufigsten Zuschlagsarten:

1. „Währungszuschläge/currency adjustment factor (CAF) – in Prozenten je nach Verkehrsrichtung unterschiedlich (gelegentlich auch negative CAFs = Abschläge), sollen starke Wechselkursschwankungen zu den jeweiligen Tarifwährungen ausgleichen
2. Bunkerölzuschläge/bunker adjustment factor (BAF) – in Prozent oder per Frt. [(Frachttonne)] (...). Bei Containerverladungen unterschiedliche BAF je 20'/40' Container
3. Schwergewichtszuschläge/heavy lifts (H/L) – heute meistens ab 20 tons Stückgewicht (Keine Abrechnung im Haus/Haus-Containerverkehr, bei Haus/Pier und Pier/Haus werden nur halbe heavy lifts berechnet)
4. Längenzuschläge/long lengths (L/L) – meistens ab 12m Kollolänge [(Ladungsstück)]
5. Verkehrswege-Belastungszuschläge/congestions surcharge/port delay charge – je nach Verkehrsrichtung unterschiedlich
6. Optionszuschläge bei optionaler Stauung für verschiedene benannte Bestimmungshäfen
7. Kanalzuschläge (z.B. Panama Canal Transit Charge)
8. Administrativer Aufwand für die Aufbereitung der B/L-Daten für den Canadischen-Zoll und US-Zoll (ACI bzw. AMS) [(Documentation Fee)]
9. ISPS – Zuschlag (International Ship and Port Facility Security-Code) (Zahlung einer Sicherheitsgebühr an die Schifffahrtslinien)
10. Winter- und Eiszuschläge (z.B. nach Finnland oder St. Petersburg/ Russland)
11. Notstands- /Kriegszuschläge: Contingency- /War-Clauses"[102]
12. Gefahrgutzuschläge
13. Peak Season Zuschläge.

Das Containerhandling an den Terminals wird durch die Terminal Handling Charge (THC) abgegolten. Zu den Hafenkosten gehören außerdem Wharfage Charges oder Kaigelder, falls die Hafenbecken der Tide unterliegen und die Schiffe zum Laden und Löschen auf einer Höhe gehalten werden müssen.[103] Fahrtgebietsabhängig gibt es noch weitere Zuschläge wie etwa den Low Sulphur Fuel Surcharge für die gesetzlich vorgeschriebene Nutzung schwefelarmer Treibstoffe im EU-Raum oder den River Plate Toll für die regelmäßige Frei-

102 Lorenz (2005), S. 459f.

103 Pawlik (1999), S. 66; Lorenz (2005), S. 460.

baggerung der Hafeneinfahrt von Buenos Aires. Die Art solcher Zuschläge ist sehr vielfältig und unterliegt ständiger Veränderung.

Eine besonders wichtige Rolle bei der Seefrachtberechnung spielt der BAF. Dieser Zuschlag wurde erstmals nach dem Ölpreisschock Anfang der 70er-Jahre eingeführt und dient der Kompensation von erhöhten Bunkerölkosten.[104] Zum Teil kann der BAF fast die Hälfte der gesamten Frachtkosten inklusive aller Zuschläge ausmachen. Der Fall von 648 US-Dollar im Oktober auf 518 US-Dollar im November 2008 verdeutlicht zudem die Volatilität dieses Zuschlags.

Durch die Zuschläge versuchen sich die Reeder, weitestgehend gegenüber Preis- und Währungsrisiken des freien Marktes zu immunisieren, indem sie Kostensteigerungen an die Kunden weitergeben. Verlader kritisieren, dass Reedereien diese normalen Marktrisiken nicht komplett selbst tragen, wie es in anderen Branchen üblich sei.[105] Ein weiterer Vorwurf seitens der Verlader ist, dass die tatsächlichen Kosten der Reeder unterhalb der von ihnen an die Kunden weitergegebenen Zuschläge lägen.[106]

Als Konsequenz veröffentlicht eine Reihe von Reedereien nun die Formeln, nach denen sie einige Zuschläge berechnen. Hapag-Lloyd hat in Fahrtgebieten ohne Konferenzen den BAF in den BUC (Bunker Charge) geändert, dessen Berechnungsgrundlage auf Anfrage offengelegt wird. Die Reederei Mærsk geht noch einen Schritt weiter, indem sie auf ihrer Website nicht nur die Berechnung des BAF offenlegt, sondern auch die des CAF und die THCs, die bei Mærsk nur noch einmal im Jahr geändert werden.[107]

Wie beschrieben, bildet der Wettbewerb die Grundlage für die Preisstrategie in diesem Markt. Die Frachtraten werden selten auf einer Cost-Plus Methode offeriert, sondern nach den im Markt gültigen Raten gerichtet. Durch die Kreuzsubventionierung der Raten wird im Durchschnitt der Rohertrag erzielt.

Ein weiterer Faktor, der zur wettbewerbsorientierten Preisbildung führt, ist das Global Tendering, mit dem großen Verladern mit entsprechend hohem Aufkommen z.T. niedrigere Frachtraten offeriert werden, als die Basis der gesamten Durchschnittkosten zulässt. Dies hat in der Vergangenheit zu einer auf Dauer sinkenden Frachtrate geführt.

Diese Arbeit konzentriert sich lediglich auf die Grundfracht. Daher werden Zuschläge im Folgenden außer Acht gelassen.

---

104 Biebig et al. (2004) S. 237.

105 Blanco (2007), S. 335.

106 Hautau (2002), S. 127.

107 [http://www.maerskline.com/link/?page=brochure&path=/our_services/maersk_Line_CAF] (download am 13.11.08).

2.3.2 Marktentwicklung

2.3.2.1 Überblick

In einer Untersuchung von KUMMER wurde festgestellt, dass seit 1835 die seeseitigen Transportkosten durchschnittlich um 3,4% pro Jahr gefallen sind.[108] Ähnliches lässt sich auch für einen kürzeren Horizont feststellen. In dem Zeitraum, der in dieser Arbeit betrachtet wird, lässt sich zumindest für die Jahre 1996 bis 2002 ein Verfall der Frachtraten von bis zu 50% auf allen Routen feststellen. Innerhalb kürzerer Zeiträume verläuft diese Entwicklung nicht linear. Von 2002 bis Anfang/Mitte 2008 stiegen die Raten auf Rekordniveaus, was größtenteils durch die Nachfrage induzierende Entwicklung des Außenhandels getrieben war. Lag die Frachtrate auf der Route Shanghai-Hamburg im ersten Quartal 2008 bei ca. 1.300 USD/TEU ohne Zuschläge, bezahlten die Verlader und Speditionen im Folgejahr lediglich ca. 400 USD/TEU. Im Frühjahr des Jahres 2009 stellten sich Tiefpunkte ein, bei denen die Reedereien teilweise nur noch die Zuschläge verlangten. Ab Sommer 2009 begann eine umgekehrte Preis-Entwicklung, bei der sich die Anbieter in knappen Zeiträumen gegenseitig überbieten konnten.[109]

Diese Entwicklung zeigt, dass Frachtraten in der containerisierten Seeschifffahrt sehr volatil sind und innerhalb weniger Jahre um mehrere hundert Prozent schwanken können. In der Literatur wird allgemein von Schifffahrtszyklen gesprochen[110], mit denen diese Entwicklung der Charter- oder Frachtraten bezeichnet wird. Ein Schifffahrtszyklus stellt einen Mechanismus dar, der Angebot und Nachfrage nach Transportleistung im Seefrachten-Markt koordiniert.

Ein vollständiger Schifffahrtszyklus kann in vier Phasen eingeteilt werden: Auf ein Markt-Tief (Phase 1) folgt eine Erholungsphase (Phase 2), die zu Höchstständen (Phase 3) führen kann, bis der Markt wieder zusammenbricht (Phase 4). Ein Marktzusammenbruch kann einerseits lediglich eine kurzfristige Konsolidierung darstellen. Die Daten aus Anlage 3 lassen vermuten, dass dies im zweiten Quartal 2002 auf der Route Europa-Nord Amerika der Fall war, wo ein kurzfristiger Abwärtstrend gestoppt wurde und sich die Frachtraten seitdem wieder erholten. Andererseits kann diese Abwärtsbewegung zu lange andauernden Tiefstpunkten führen, wie dies auf der gegensätzlichen Route von Nord-Amerika nach Europa der Fall war. Ausprägung und Dauer von

108 Kummer (2007), S. 23.

109 Daten der Schenker AG, vgl. Anlage 3.

110 Goulielmos/Psifia (2006), S. 301ff.; Stopford (1997), S. 43ff.

Schifffahrtszyklen haben kein typisches Muster und lassen sich daher nur schwer prognostizieren.[111]

Auch wenn sich alle Schifffahrtsmärkte durch diese Zyklen auszeichnen, kann auch weiterhin nicht von einem einheitlichen Markt ausgegangen werden. Die einzelnen oben beschriebenen Segmente weisen unterschiedliche Volatilitäten auf. Selbst innerhalb z.B. regionaler Segmente, vor allem aufgrund der Faktorspezifität der eingesetzten Schiffe, gibt es Unterschiede.[112] Zu einem Ausweg findet das System auch deshalb nicht, weil alle Marktbeteiligten mit ähnlichen Strategien agieren.[113]

2.3.2.2 Jüngste Entwicklungen

Wie einleitend beschrieben, werden in dieser Arbeit historische Daten der Schenker AG bis zum Jahr 2007 verwendet. Hintergrund ist die Bereinigung um die Effekte der außergewöhnlichen Entwicklung der Seefrachtmärkte von Mitte 2007 bis Mitte 2010. Ziel dieses Absatzes ist es dennoch, die aktuelle Entwicklung der Märkte zu beleuchten und einen Ausblick für das Jahr der Fertigstellung dieser Arbeit zu geben.

Bis in den Herbst 2007 hinein haben sowohl Ratenniveaus als auch Rohstoffpreise ein Allzeithoch erreicht.[114] Mit dem ersten Quartal 2008 begann die Wirtschafts- und Finanzkrise mit starken Auswirkungen auch auf den Welthandel und somit den Seeverkehr.

Der hohe Rückgang der Produktions- und Nachfragemengen infolge der weltweiten Wirtschaftskrise hatte besonders im ersten Halbjahr 2009 erhebliche Auswirkungen auf die globale Seefracht insbesondere auf den Haupthandelsrouten mit einer Reduktion der Handelsvolumina von 15% bis zu 30%.[115] Der Rückgang des weltweiten Seefrachtaufkommens hatte sich in den Folge-Quartalen wieder abgeschwächt. Die Angaben über die Marktentwicklung wesentlicher Banken und Institute für das Gesamtjahr 2009 variieren zwischen einem Minus von 8% bis zu 18%. Die Entwicklung der Exporte aus Asien wiesen auch für das Gesamtjahr 2009 negative Wachstumsraten aus, allerdings mit ersten Anzeichen einer Nachfrageverbesserung. Auf den Relationen nach Nordamerika sind in 2009 Rückgänge von 20% und auf den Relationen nach Europa von 17% zu verzeichnen.[116] Eine negative Wachstumsrate in Höhe von

---

111 Stopford (1997), S. 43f.

112 Kropp (2007), S. 778ff.; Dikos/Papapostolou (2002), S. 181.

113 Aberle (1992), S. 64.

114 Containerisation International (Hrsg.) (2010), S. 31f.

115 Containerisation International (Hrsg.) (2010), S. 4f.

116 Containerisation International (Hrsg.) (2010), S. 31ff.

10% wiesen ebenfalls die innerasiatischen Verkehre aus. Alle Relationen verzeichneten jedoch gegen Ende des Jahres 2009 eine leichte Verbesserung der Nachfragesituation. Die in den Vorjahren ebenfalls boomenden Relationen ex Nordamerika nach Asien sowie die Relationen ex Europa nach Asien verzeichnen jeweils Volumenrückgänge von bis zu 12% in 2009 gegenüber Vorjahr. Innerhalb des Jahres waren die Volumenrückgänge noch höher.[117] Das hohe Angebot an Laderaumkapazität bei gleichzeitig stark rückläufiger Transportnachfrage hat zu einem extrem niedrigen und dauerhaft nicht aufrecht zu erhaltenen Ratenniveau geführt. Die Reedereien, von denen fast alle auch nachhaltig hohe Verluste ausweisen, passten daher in 2009 ihre Kapazitäten an die veränderten Marktbedingungen an. In 2009 wurde die weltweite Laderaumkapazität um mehr als 10% reduziert. Darüber hinaus hatten die Kostensenkungsprogramme der Reedereien ein deutlich sinkendes Serviceangebot zur Folge. Aufgrund der gegen Ende 2009 erfolgten Kapazitätsanpassungen sowie der sich langsam abzeichnenden leichten Nachfrageerholung hatten die Reedereien, insbesondere auf den Relationen Asien – Europa begonnen, die Frachtraten wieder zu erhöhen und zudem Bunkerzuschläge zu erheben. Diese aus Sicht des Gesamtjahres 2009 überraschenden Preiserhöhungen konnten nur teilweise an die Verladerschaft weitergereicht werden, so dass 2010 der Druck auf die Ergebnis-Margen auf Seiten der Anbieter wächst.[118]

Die große Mehrheit der Branchenanalysten und Forschungsinstitute prognostiziert für 2010 wieder ein Wachstum des globalen Seeverkehrsaufkommens. Auch die Entwicklung der Frachtraten bzw. weiterer umsatzrelevanten Einnahmequellen der Reedereien wird in 2010 einem positiven Trend folgen, die, wie angemerkt, nicht ohne Weiteres in der Verladerschaft umzusetzen sind.[119] Daher ist besonders das erste Halbjahr 2010 für viele Reederein, deren finanzielle Stabilität durch die Krise beeinträchtigt ist, zum entscheidenden Zeitraum geworden. Der Druck, die Frachtraten zu erhöhen, ist besonders hoch, um die beeinträchtigte Cashflow-Situation kurzfristig zu verbessern. Unterstützt wird diese Entwicklung von einem ausgeglichenen Angebot-Nachfrage-Verhältnis auf fast allen Handelsrouten. Die Entwicklung der Rohstoffpreise im letzten Quartal 2009 lässt auch im Jahr 2010 die Bunkerzuschläge ansteigen.[120] Besonders Verlader, die sich in Zeiten niedriger Raten jene für einen längeren

117 Tasto, M. (2009), S. 5.

118 Lemper (2009), S. 1f.

119 Dynamar (Hrsg.) (2010), S. 2f.

120 Containerisation International (Hrsg.) (2010), S. 6.

Zeitraum sichern konnten, profitieren in dieser Phase. Daher versuchen die Reederein besonders in 2010, Verschiffungen auf FAK-Raten zu buchen.

Ingesamt haben alle Unternehmen durch die Krise gelernt, das Anlagevermögen soweit wie möglich zu flexibilisieren. Besonders jene Reederein zählen zu den Gewinnern der Krise, die durch das Kapazitätsmanagement und Geschwindigkeitsreduktionen der Flotte das Laderaumangebot auch in den kommenden Jahren beeinflussen können.

Ein Großteil der Unternehmen steht weiterhin unter einer strikten Kontrolle der kreditgebenden Finanzinstitute, die eine Senkung des hohen Fremdkapitalniveaus fordern. Für alle Reedereien bzw. Unternehmen, die mit hohem Anlagevermögen im interkontinentalen Seeverkehr investiert sind, wird es über 2010 hinweg dauern, bis die Verluste der Krise wieder ausgeglichen sind, die sich in den ersten drei Quartalen 2009 bereits auf über 11 Mrd. USD kumuliert haben.[121]

2.4 Determinanten für Preisschwankungen

Die Ertragskraft eines Schiffes ist eine im Zeitablauf sich stark verändernde Größe. Die Frachtraten haben einen erheblichen Einfluss auf die Weiterentwicklung von Schiffen, da diese durch diese die Einnahmeentwicklung der Reedereien und somit deren Ordertätigkeit bestimmen. Dementsprechend führt ein Absinken der Frachtraten indirekt zu geringeren Schiffswerten und umgekehrt.[122] Ähnliche Herausforderungen liegen auf Seiten der Verlader. Die Transportkosten müssen in die Preise der Produkte mit einkalkuliert werden. Kurzfristige Schwankungen führen also zu einer sich ständig verändernden Ergebnissituation, die exogen verursacht wird.[123] Letztlich können auch die Spediteure von solchen Marktentwicklungen nicht profitieren. Eine mehrmalige Ratenveränderung pro Jahr führt bei den Kunden zu Preisüberprüfungen am Markt, die eine langfristige Planung und nachhaltige Gewinnerzielung unmöglich machen. Da die Volatilitäten nicht verhindert werden können, ist es für alle Parteien wichtig, über ein Instrument zu verfügen, mit dem sie sich absichern können. Die Grundlagen hierfür sollen im Folgenden untersucht werden.

Dieser Abschnitt soll eine Antwort auf die Frage nach den Gründen bzw. den Einflussfaktoren für die starken Schwankungen von Frachtraten geben. Die

---

121 Alphaliner (Hrsg.) (2009), S. 1.

122 Breitkopf (2008), S. 62; Holst (2007b), S. 228ff. beziehen sich auf Charterraten. Der Zusammenhang wurde oben beschrieben.

123 Vgl. Anlage 6, Interview Behrendt/Ganz.

wichtigsten Bestimmungsparameter werden im Folgenden aufgezeigt, die sich z.T. später auch in der Bildung des Optionsscheinmodells wiederfinden.[124]

Die Determinanten der Preisgestaltung im Seeverkehr wurden von ZACHCIAL, FITTER und SOLZBACHER 1975 grundlegend dargestellt.[125] Als wesentlicher Bestandteil der Preisveränderung wurde der Schiffsbauzyklus angeführt, der durch exogene Faktoren wie Hafenarbeiterstreiks und -blockaden oder Schließung wichtiger Schifffahrtswege ergänzt wurde. Auch das Marktwachstum, sowohl geografisch als auch nach Schiffsgrößen, wurde in die Untersuchung mit einbezogen. 1975 noch unbedeutende Einflussgrößen wie Währungsrisiken, hohe Ölpreise oder überlastete Häfen erfahren heute eine zentrale Bedeutung. Da diese Faktoren über gesonderte Zuschläge an den Kunden weiterverrechnet werden und z.T. bereits über zahlreiche Derivate absicherbar sind, werden diese Determinanten auch in die folgenden Untersuchungen nicht mit einbezogen.

Darüber hinaus haben weitere maßgebliche Einflussgrößen auf die Veränderungen von Frachtraten eine „börsenähnliche" Entwicklung und sind stets Bestandteil der Frachtrate, wie ZACHCIAL in einer jüngeren Untersuchung anführt.[126] Mittels linearer Regression werden Korrelationen zwischen den folgenden Faktoren als hauptsächliche Determinanten für die Veränderung der Frachtraten postuliert:

ZACHCIAL stellt einen generellen Zusammenhang von Frachtraten im interkontinentalen Seeverkehr und der **verschrotteten Tonnage** bei Containerschiffen fest. Allerdings ist dieser zu Zeiten hoher Frachtraten größer als in Depressionsphasen. In Situationen mit relativ hohen Marktpreisen werden vermindert ältere Schiffe ausgeflaggt, um die guten Erträge abzuschöpfen.[127] Für diese Zeiträume lässt sich ein Bestimmtheitsmaß von 91% messen. Auf ein sehr niedriges Maß hingegen stößt man in sich verschlechternden Phasen. Geringe Frachtraten führen nicht unbedingt zu einer Verschrottung von älteren Schiffen.

Das Gleiche gilt für die **Auflegung von neuer Tonnage**.[128] Hohe Frachtraten veranlassen Schiffseigner und Reedereien, neue Schiffe zu ordern (Bestimmtheitsmaß 92%). Die lange Bauzeit von Schiffen kann dazu führen, dass das neue Angebot in Marktzeiten aufgelegt wird, in denen wieder geringere Raten vorherrschen.[129] Ein aktuelles Beispiel ist die Tonnageentwicklung zu

124 Die beeinflussenden Effekte auf den Marktpreis erläutert Diller (2008), S. 43ff.

125 Zachcial/ Fitter/Solzbacher (1975), S. 295ff.

126 Zachcial (2001a), S. 20.

127 Zachcial (2001a), S. 20.

128 Zachcial (2001a), S. 20.

129 Holst (2007b), S. 122; Institute of Shipping Economics and Logistics (Hrsg.) (2007), S. 16; Kummerow (2005), S. 38.

Beginn der Krise 2008. Dies führt zu einer Verzerrung des Marktes, was eine geringe Korrelation zwischen niedrigen Frachtraten und eine Veränderung des Angebots zur Folge hat.

Der Grund für diese Korrelationen ist das Markt-Preisgleichgewicht, was versucht wird auszugleichen, aber durch die zeitliche Verzögerung nicht immer erreicht wird.

Das Ziel, ein Markt-Preisgleichgewicht zu erreichen, führt auch zu einer engen Korrelation zwischen Frachtraten und dem **Nachfrage-/Angebotsverhältnis** auf dem containerisierten Seefrachten-Markt.[130] Überkapazitäten führen zu einem Absinken der Frachtraten, was die Ertragssituation der Reedereien verschlechtert. Für Spediteure ist eine solche Situation kurzzeitig vorteilhaft, da die erlangten Einkaufsvergünstigungen mit einer zeitlichen Verzögerung an die Kunden weitergegeben werden, nämlich dann, wenn die Markttransparenz wieder hergestellt ist. Jedoch ist dieser Vorteil ebenfalls begrenzt, wenn mehr Tonnage auf dem Markt ist als benötigt wird. ZACHCIAL stellt fest, dass bei einer negativen Veränderung des Nachfrage-/Angebotsverhältnisses von mehr als 12%, ein weiteres Absinken der Frachtraten unvermeidlich ist. Überkapazitäten von mehr als 20-25% führen zu einem niedrigen Frachtratenniveau, welches sich ohne spürbare Veränderung der Tonnage nicht erholt. Empirische Daten haben gezeigt, dass selbst eine Verminderung der Überkapazität auf 15% zu keiner Erholung des Marktes führt. Aktuell wird dies auch durch die Stilllegung der Tonnage belegt.

Aus dem hohen Bestimmtheitsmaß folgert ZACHCIAL, dass Frachtraten und somit deren Schwankungen über die zuvor genannten Faktoren prognostiziert werden können. Voraussetzung ist allerdings, dass in die Zukunft gerichtete Daten verfügbar sind. Dies ist allerdings nicht gesichert, da nach Plänen der EU-Kommission diese Angaben erst nach einer Sperrfrist veröffentlicht werden.[131] Selbst wenn Informationen über Angebot und Nachfrage in Zukunft weiterhin verfügbar wären, sind diese Informationen durch zahlreiche exogene Variablen bestimmt.

Bei Neuauflage von Tonnage ist häufig nicht im Voraus bekannt, auf welchen Tradelanes (Handelsrouten) die zusätzliche Kapazität eingesetzt wird, was bei zunehmender Schiffsgröße (s.o.) zu starken Veränderungen des regionalen Gesamtangebotes und somit der Frachtrate führen kann.[132] Aus Weltmarktsicht hat dies allerdings keinen Einfluss. Auch die Nachfrage ist wiederum

130 Zachcial (2001a), S. 21.

131 Hollmann (2006), S. 13.

132 Zachcial (1991), S. 42.

abhängig von zahlreichen Faktoren.[133] Neben politischen Kräften wirken auch technische wie Infrastruktur oder Containerisierungsgrad und – da wie festgestellt, eine Ähnlichkeit zur Börse herrscht – auch psychologische Effekte.[134] Insbesondere unter letzteren lassen sich zahlreiche Determinanten subsumieren, die einen Einfluss auf die Nachfrage haben. Eine Gruppe stellt die Qualität des Angebots dar. Hierunter fallen die objektiv messbaren Ausprägungen wie Schnelligkeit, Sicherheit, Netzbildungsfähigkeit und ebenfalls mit Abstrichen die Berechenbarkeit. Weitere Faktoren sind die Affinität der Entscheidungsträger zu einem Anbieter oder gemachte Erfahrungen, die allerdings eine stark subjektive Ausprägung haben.[135] Eine weitere Gruppe stellt das politisch/ soziologische Umfeld dar, unter denen Faktoren wie Steuern/ Zölle, Veränderungen in Handelsbeziehungen bis zu kriegerischen Konflikten subsumiert werden können. Die dritte Gruppe an psychologischen Effekten auf die Nachfrage, sind Erwartungen an zukünftige Entwicklungen.[136] Besonders in Zeiten starker Markt-Veränderungen, wie beispielweise der Wirtschaft-Krise 2008-2010, werden diese sichtbar. Allerdings kann diesem Faktor in vielen Fällen nur eine verstärkende Wirkung zugeschrieben werden, jedoch nicht als auslösendes Moment in Betracht kommen. Ansonsten wären Ratenveränderungen eine andauernde Folge von Fehleinschätzungen der zukünftigen Entwicklung und nicht die Differenz aus kurzfristig reagierender Nachfrage und nur träger Anpassung des Angebots.[137]

Eine Korrelation der Nachfrage zum Welthandel als Basis des Seeverkehrs gilt als grundlegend und soll im Weiteren als Determinante für die Nachfrage nach Containertransporten genutzt werden. Da sich die Weltwirtschaft in Zyklen verhält, Schiffe aber langlebige Wirtschaftgüter sind, müssen wiederkehrende Saisonalitäten in eine weitere Analyse einbezogen werden. Im Voranstehenden wurde von einer Frachtratenbildung durch Angebot und Nachfrage ausgegangen, was grundsätzlich auch richtig ist. Allerdings, wie zuvor gezeigt, herrscht im interkontinentalen Containerseeverkehr eine wettbewerbsorientierte Preisbildung. Die Wettbewerbsintensität muss daher ebenfalls Bestandteil eines Modells sein, welches das Risiko von volatilen Frachtraten handel- und somit absicherbar macht.[138]

---

133 Zachcial (1991), S. 48.

134 Zudem beeinflussen die Frachtrate weitere Risiken wie rechtliche Risiken, operationelle Risiken, organisatorische Risiken, Kundenrisiken, die vermutlich als Prämien eingepreist sind, vgl. Kapitel 3.2.

135 Zachcial/ Voigt/ Solzbacher (1976), S. 27f.

136 Zannetos (1966), S. 25.

137 Schneider (1961), S. 104.

138 Zachcial (1991), S. 52.

Aus den zuvor genannten Faktoren entstehen Risiken für alle Marktbeteiligten, die im Rahmen des Managements der Unternehmungen einbezogen und steuerbar gemacht werden müssen.

Weitere Ursachen sind neben dem oben genannten Global Tendering also ein Absenken der Margen, Synergieeffekte durch die Konzentration im Seefrachten-Markt[139] sowie Skaleneffekte durch stets größere Containerschiffe[140] bei gleichzeitig steigendem Marktvolumen.[141, 142]

Auf einzelne Anbieter/Nachfrager wirken zusätzliche Faktoren, die sich aus strategischen Aspekten zusammensetzen. Neben einem bewussten Geschäftsrisiko, das bei einer Offerte eingegangen wird, bei der die Hoffnung auf sich verändernde Marktpreise unterliegt, trägt auch die Bildung von Anreizen zu Geschäftsabschlüssen zur Preisgestaltung bei.[143] Weitere Merkmale sind Bedingungen aus Rahmenverträgen, die neben Kapazitäten auch Preise umfassen können. Besonders aus Letzteren entstehen Risiken, die es zu steuern gilt.

139 Hamburg Süd (Hrsg.) (2008), S. 27.
140 Hamburg Süd (Hrsg.) (2008), S. 18.
141 Zachcial (2001), S. 23.
142 Hautau (1999), S. 30ff.
143 Drewry (Hrsg.) (2010), S. 22ff.

3 Risikomanagement

Im folgenden Abschnitt findet eine Einführung in die Kategorisierung von wirtschaftlichen Risiken in Unternehmen statt. Zur Absicherung dieser Risiken werden die grundlegenden Finanzmarktinstrumente vorgestellt. Um den Bezug zum Seeverkehr herzustellen, wird im letzten Teil dieses Abschnitts besonders auf die Instrumente in dieser Branche eingegangen.

3.1 Grundlagen

Der Begriff des Risikos wird durch BAXMANN in drei Ausprägungen definiert: der entscheidungstheoretischen, der mathematisch-statistischen und der zielbezogenen. Im Kontext des betrieblichen Risikomanagements plädiert er für den zielbezogenen Risikobegriff als „durch eine bestimmte Zielverfolgung qualifizierte Form der Unsicherheit. Im Hinblick auf die Zielerfüllung zu unterscheiden sind:

- Risiken als negative Abweichung vom erwarteten Ziel,
- Chancen als positive Abweichung vom erwarteten Ziel.“[144]

Die Aufgabe des Risikomanagements besteht darin, die bestehenden und potenziellen Risiken eines Unternehmens so zu steuern, dass das Unternehmensziel positiv beeinflusst wird.[145] Da Risiko und Rendite positiv miteinander korrelieren, gehen Unternehmen eine bestimmte Risikoposition (Exposure) ein. Diese setzt sich einerseits zusammen aus bewusst eingegangenen Risiken, um die damit verbundenen Renditechancen zu nutzen und andererseits aus Maßnahmen zur Vermeidung und Verminderung der mit dem Eintritt der Risiken verbundenen Verluste.[146]

Infolge sich häufender Unternehmenskrisen und -insolvenzen und der dadurch intensivierten Corporate Governance-Debatte in Deutschland wurden die Anforderungen an ein institutionalisiertes Risikomanagement 1998 im Gesetz zur Kontrolle und Transparenz im Unternehmensbereich (KonTraG) festgelegt.[147] Aus dem Gesetz ergeben sich Verpflichtungen zur Risikoanalyse, Risikosteuerung und Risikoberichterstattung auch für nichtöffentlich notierte Kapitalgesellschaften sowie Verpflichtungen, Risikomanagement- und Über-

144 Baxmann (2001), S. 5.

145 Rogler (2002), S. 29.

146 Baxmann (2001), S. 5; Rogler (2002), S. 29.

147 Lohse (2002), S. 2f.

wachungssysteme zu implementieren. Aufgrund weiterer Neuregelungen wie etwa Basel II werden diese Regelungen auch für kleine und mittelständische Unternehmen immer wichtiger, da bei der Kreditvergabe seitens der Banken immer mehr Wert auf ein ausgeprägtes Risikomanagement der Kreditnehmer gelegt wird.[148]

Auch wegen dieser gesetzlichen Anforderungen entwickeln Unternehmen bestimmte Risikostrategien, in denen festgelegt wird, wie die Systematik der Risikobetrachtung in die Aufbau- und Ablauforganisation eingebettet wird. Sie geben Aufschluss darüber, wie Risiken mit welchen Messverfahren wie häufig geprüft werden und welche einzelnen Risikogrenzwerte den Risiken zugeordnet werden. Außerdem werden die statistischen Verfahren und Kennziffern zur Erfassung von Risiken definiert. Die Analyse des Risikoportfolios erfolgt in regelmäßigen Abständen neu durch Mitarbeiter und/oder externe Institutionen bzw. Berater. Die qualifizierte Prognose möglicher Marktpreisveränderungen führt im Ergebnis zur Umsetzung risikobegrenzender und/oder chancenerhöhender Strategien. Aufbauorganisatorisch sind diese Aufgaben zumeist im Treasury oder auch Finanzmanagement aufgehängt. Diese Abteilungen beschäftigen sich vorwiegend mit der Absicherung finanzieller Risiken und der Liquiditätssteuerung eines Unternehmens, aber auch, abhängig von der Risikostruktur eines Unternehmens, mit der Absicherung von Rohstoff- und anderen Geschäftsrisiken.[149]

In der Literatur ist häufig die Rede vom Regelkreis des Risikomanagements.[150] Gemeint sind damit zumeist die prinzipiellen Phasen des Risikomanagementprozesses:

- Risikoanalyse (Identifikation, Klassifizierung, Messung und Beurteilung von Risiken),
- Risikosteuerung (zielgerichtete Beeinflussung der eingegangenen Risikopositionen) und
- Risikokontrolle (Überprüfung der Effektivität und Effizienz der Analysemethoden, Steuerungsinstrumente und der organisatorischen Umsetzung).

148 Wolf et al. (2003), S. 20ff.; Keuper et al. (2007), S. 163.

149 Priermeier (2005), S. 9ff.

150 Wall (2001), S. 213; Lohse (2002), S. 15; Schulte (2002), S. 18; Priermeier (2005), S. 16.

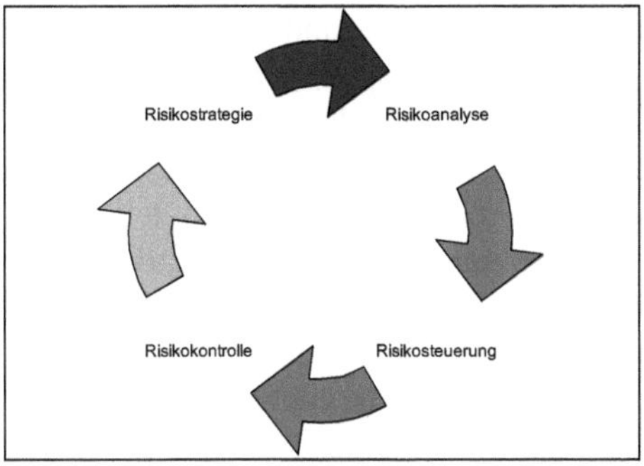

Abb. 3.1: Regelkreis des Risikomanagements (Quelle: eigene Darstellung)

Innerhalb der Risikosteuerung stellt Baxmann eine dreistufige Hierarchie betrieblicher Risikopolitik auf[151]:

- primäre Risikopolitik als ursachenbezogene Risikovermeidung (Kreditwürdigkeitsprüfung, Positionsprüfung, Risikoteilung),
- sekundäre Risikopolitik als wirkungsbezogene Risikoabwälzung (Risikoübertragung (Versicherungen, Risikoprämien, Risikobesicherung, Risikokompensation /Hedging),
- tertiäre Risikopolitik als wirkungsbezogene Risikoselbstdeckung (bilanzielle Risikovorsorge, Beschaffung von Risikokapital).

Diese Arbeit beschäftigt sich mit der Operationalisierung und Übertragung von Risiken und daher mit einer sekundären Risikopolitik.

3.2 Arten von Risiken

Der Regelkreis des Risikomanagements beginnt mit der Identifikation der Risiken. In der Literatur zum Risikomanagement werden im Allgemeinen die folgenden Arten unterschieden:

- Preis- oder Marktrisiken betreffen die Wertänderung einer Position, deren Ursachen in Schwankungen von Währungen, Güterpreisen, Aktienkursen, Zinssätzen oder Indizes liegen. Preisrisiken stellen eine der wichtigsten Risikoarten dar und sind sowohl bei einem langfristigen als auch einem kurzfristigen Entscheidungshorizont relevant. Marktrisiken können Unsicherheiten hinsichtlich der Preiskomponente (ungünstige

151 Baxmann (2001), S. 15.

Preisentwicklung in der Zukunft) und der Mengenkomponente (ungünstige Mengenentwicklung zum Beispiel aufgrund der Verschlechterung der relativen Wettbewerbsposition) enthalten.[152]

- Kreditrisiken entstehen durch die verspätete Erfüllung von Zahlungsverpflichtungen durch den Schuldner und den teilweisen oder vollständigen Ausfall der Forderungen. Kreditrisiken marktgehandelter Titel können einerseits in Form des Schuldnerausfalls (Kassamarkt), andererseits in Form des Kontrahentenrisikos auftreten, wenn die Gegenseite eines Finanzkontraktes (Termingeschäft) nicht liefert und eine Wiedereindeckung zu eventuell schlechteren Konditionen erfolgen muss.
- Liquiditätsrisiken betreffen den möglichen Schaden, der daraus entsteht, dass ein Unternehmen nicht jederzeit seinen finanziellen Verpflichtungen nachkommen kann. Der Schaden durch Nichterfüllung der finanziellen Verpflichtungen kann unterschiedliche Ausmaße annehmen. Zum einen können Mahngebühren, Gerichtskosten und weitere Kosten durch verspätete Zahlung an die Gläubiger anfallen, zum anderen kann am Ende die Insolvenz des Unternehmens stehen.
- Leistungswirtschaftliche Risiken resultieren aus den Prozessen in der Beschaffung, der Produktion, dem Absatz und in der Forschung und Entwicklung. Die Auswirkung dieser Risiken kann sich entweder direkt auf finanzwirtschaftliche Größen beziehen (zum Beispiel Rohstoffpreisrisiken in der Beschaffung) und daher mit den Mitteln finanzwirtschaftlichen Risikomanagements bewältigt werden oder sich vorrangig auf die Liquiditätsposition des Unternehmens auswirken (zum Beispiel Lieferschwierigkeiten).
- Betriebsrisiken resultieren aus den Geschäftsprozessen des Unternehmens im Verwaltungsbereich und sind auf menschliches Versagen, technische Defekte, fehlerhafte Datenverarbeitungssysteme oder mangelnde Kontrollprozesse zurückzuführen. Neben einer Schädigung des Ansehens wirken diese Risiken auch direkt auf das Ergebnis.
- Rechtliche Risiken entstehen durch unerwartete Gesetzesänderungen und Rechtsunsicherheit bei grenzüberschreitenden Transaktionen, die sich auf das Ergebnis des Unternehmens auswirken.[153]

Priermeier unterscheidet bei den Risiken des Gesamtunternehmens zwischen Finanzrisiken und sonstigen Risiken. Zu den sonstigen Risiken zählt er dabei auch das Ausfallrisiko, das in der übrigen Literatur vorwiegend den Finanzrisiken zugerechnet wird.

---

152 Vgl. Kapitel 2.4.

153 Priermeier (2005), S. 17f.; Wolke (2008), S. 103ff.

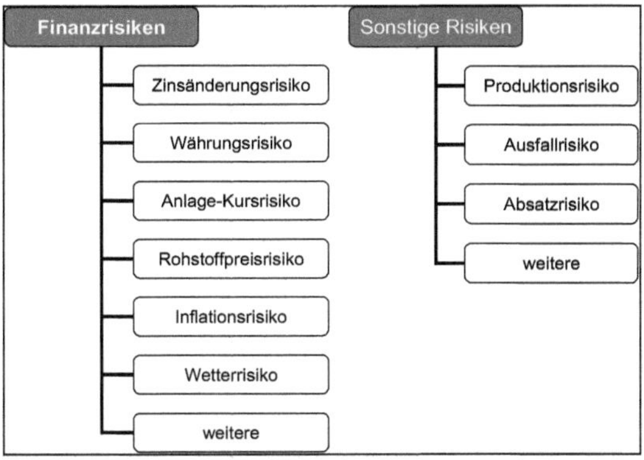

Abb. 3.2: Risiken des Unternehmens (Quelle: In Anlehnung an Priermeier, T. (2005), S. 4)

Die drei erstgenannten Risikoarten lassen sich u.a. direkt mit dem finanzwirtschaftlichen Risikoinstrumentarium eines Unternehmens steuern. Die drei letztgenannten sind eher Gegenstand der strategischen Produktions- und Organisationsplanung. Im Weiteren richtet sich der Blick daher auf das finanzwirtschaftliche Risikomanagement.

Finanzwirtschaftliche Risiken sind transformierbar, handelbar und auch versicherbar. Das Risiko aus dem Kerngeschäft eines Unternehmens bleibt jedoch immer erhalten. Indem die finanzwirtschaftlichen Risiken abgesichert werden, kann sich ein Unternehmen besser auf sein Kerngeschäft konzentrieren.[154]

3.3 Risikomanagement mit Finanzinstrumenten

Instrumente zum Handel von Risiken sind seit einiger Zeit bekannt. Das Chicago Board of Trade[155] wurde 1848 gegründet, um einen Markt für Landwirte und Kaufleute zu schaffen. Die ursprüngliche Aufgabe dieses Marktes bestand darin, Qualität und Quantität des gehandelten Getreides zu standardisieren.[156] Die Motive der Marktteilnehmer veränderten sich bald, da durch die ersten Finanzinstrumente an dieser Art Börse eine verlockende Alternative zum Handel mit Getreide selbst bestand.

Mithilfe der dort erstmals gehandelten Finanzinstrumente, auch Derivate genannt, lässt sich das Risiko eines Wertes (z.B. einer Getreideernte) oder eines

154 Kruschwitz (2007), S. 296; Hull (2009), S. 33ff.
155 www.cbot.com, download vom 16.02.2010.
156 Chicago Board of Trade (Hrsg.) (2006), S. 102.

Portfolios verändern. Die zentrale ökonomische Funktion von Derivaten besteht nämlich in der Trennung des Risikos eines zu Grunde liegenden (Finanz-)Titels und seiner Bestandhaltung, also im Risiko des Getreidewertes und dem Wert des Getreides selbst. Die Aufteilung ermöglicht erst eine isolierte Bewertung, Bündelung und eventuelle Weitergabe von Risiken. Der Hauptnutzen von Derivaten ist also die Allokation der systematischen Risiken, die oben beschrieben wurden. Nur dadurch ist es möglich, Risiken durch Bewertung transparent werden zu lassen und schließlich zu handeln. [157]

Derivate im Sinne des §2 Abs. 2 Nr. 1 und 2 WpHG[158] sind „

1. als Kauf, Tausch oder anderweitig ausgestaltete Festgeschäfte oder Optionsgeschäfte, die zeitlich verzögert zu erfüllen sind und deren Wert sich unmittelbar oder mittelbar vom Preis oder Maß eines Basiswertes ableitet (Termingeschäfte) mit Bezug auf die folgenden Basiswerte:
   a) Wertpapiere oder Geldmarktinstrumente,
   b) Devisen oder Rechnungseinheiten,
   c) Zinssätze oder andere Erträge,
   d) Indizes der Basiswerte der Buchstaben a, b oder c, andere Finanzindizes oder Finanzmessgrößen oder
   e) Derivate;
2. Termingeschäfte mit Bezug auf Waren, **Frachtsätze** [im Original nicht fett], Emissionsberechtigungen, Klima- oder andere physikalische Variablen, Inflationsraten oder andere volkswirtschaftliche Variablen oder sonstige Vermögenswerte, Indizes oder Messwerte als Basiswerte."

Aus den Absätzen 1 und 2 dieser Legaldefinition ergibt sich die Unterscheidung nach Finanzderivaten und so genannten Commodity-Derivaten.[159] Grundsätzlich können Derivate von nahezu jeder Variablen abhängen.[160]

Für den Einsatz dieser Instrumente zur Veränderung des Portfoliorisikos sind drei Motive bekannt: Absicherung, Spekulation und Arbitragegeschäfte.[161], [162] Der Schutz vor ungünstigen Preisschwankungen, also die Absicherung, war die Grundidee der Derivate. Der englische Begriff „Hedging" wird derzeit in der Gesellschaft mit negativen Emotionen diskutiert, obwohl das eigentliche Motiv gerade nicht die Spekulation ist. In der Spekulation, auch „Trading" bezeichnet,

157 Briys et al. (2007), S. 7f.

158 Nach Reformierung durch das Finanzmarktrichtlinie-Umsetzungsgesetz im November 2007.

159 Kolb et al. (2002), S. 1f.

160 Kruschwitz (2007), S. 295.

161 Beike/Barckow (2002), S. 10f.; Rudolph/Schäfer (2005), S. 29ff.

162 Vergleiche hierzu die Ausprägungen des zielbezogenen Risikos von Baxmann.

setzt der Akteur auf die als unwahrscheinlicher erscheinende Gegenposition, die jedoch mit einer wesentlich höheren Rendite „belohnt“ wird. Als dritte Funktion können Derivate für Arbitragegeschäfte genutzt werden. Hier investiert der Akteur zeitgleich in zwei gegensätzliche Positionen und schöpft dadurch Gewinne ab, die durch räumliche und zeitliche Preisdifferenzierung zu Stande kommen. In den folgenden Untersuchungen soll jedoch stets der vollkommene Markt gelten, also die Arbitragefreiheit.[163, 164]

In 2004 veröffentlichte die International Swaps and Derivatives Association (ISDA) eine Studie, in der 50 Top-Finanzwissenschaftler zu ihrer Einstellung gegenüber Derivaten befragt wurden. Damals äußerten 99% der Befragten, dass sie die Auswirkungen von Derivaten auf die globale Finanzwirtschaft als positiv betrachten und 81% hielten die Risiken von Derivaten für überbewertet.[165] Bis zu diesem Zeitpunkt waren die Finanzskandale, die durch Derivate verursacht wurden, allerdings noch Einzelfälle. Zu den bekanntesten zählen die Zahlungsunfähigkeiten der Barings Bank 1995, Orange County 1993, Metallgesellschaft AG 1993, der Allied Irish Bank 2002 sowie weitere jeweils von einzelnen Händlern verursachte Millionenverluste bei Shell, Daiwa, Sumitomo und der Société Général im Januar 2008, außerdem die zahlreichen Insolvenzen im Rahmen der Banken- und Finanzkrise zwischen 2008 und 2009. Seit der weltweiten Finanzmarktkrise 2008/2009, die durch den Handel mit falsch bewerteten Kreditderivaten bzw. intransparenten Risiken ausgelöst wurde, haben Derivate einen erheblichen Imageverlust erlitten. Darunter leidet auch der Handel zum Zwecke des Hedgings, obwohl die Skandale jeweils durch Spekulanten ausgelöst worden sind. Auch die begriffliche Nähe zu den in der deutschen Allgemeinheit negativ betrachteten Hedgefonds trägt zu den Negativassoziationen bei. Solange Derivate allerdings ausschließlich für Absicherungsgeschäfte genutzt werden, besteht kein Grund dafür, sie als negativ zu betrachten. Hull warnt davor, dass die größte Gefahr für Nicht-Banken darin besteht, dass aus Absicherung schnell Spekulation werden kann und dass Geschäfte getätigt werden, die nicht vollständig verstanden werden: „Be cautious about making the Treasury Department a profit center“.[166] Einige Experten sprechen mittlerweile auch von einem erhöhten Risiko aufgrund von Risikomanagement. Sie begründen dies mit der wachsenden Komplexität und der zum Teil kaum nachvollziehbaren Interdependenzen zwischen Derivaten untereinander und ihren Basisprodukten, die erst dazu führen, dass viele Märkte

163 Rudolph/ Schäfer (2005), S. 31f.

164 Auf die Bedingung zur Arbitragefreiheit wird in Kapitel 3.3.4.2.3.1 gesondert eingegangen.

165 O.V. ISDA, A Survey on Finance Professors Views on Derivatives (2004), S. 11 u. 13.

166 Vgl. Hull (2009), S. 920.

volatiler sind als ohne Derivatehandel.[167] Die Verstrickungen, die durch die Finanzmarktkrise 2008 deutlich wurden, unterstützen diese These. Diese Sichtweisen sollen erst im empirischen Teil dieser Arbeit wieder aufgenommen werden.

3.3.1 Eingrenzung der Instrumente in das Finanzmarktsystem

Vorerst sind die zwei grundlegenden Elemente des Finanzmarktes zu unterscheiden, der Kassamarkt und der Terminmarkt. Auf dem Kassamarkt werden Geschäfte getätigt, die in Form eines Direktgeschäftes eine unmittelbare Bezahlung und Lieferung des Vertragsgegenstandes, also des Wertes, erfordern. Beispiele sind der Barkauf eines Sackes Getreide bei einem Landwirt oder der Wechsel von USD in EUR bei einer Bank. Beide Geschäfte beinhalten die Erbringung einer unmittelbaren Leistung und Gegenleistung.

Auf Terminmärkten hingegen werden nur Verträge über ein in der Zukunft liegendes Geschäft abgeschlossen. Ein Termingeschäft läge beispielsweise dann vor, wenn ein Landwirt die im kommenden Jahr folgende Ernte bereits im Dezember des Vorjahres zum einem festen Preis verkauft. Die Festlegung der Ware erfolgt vor Lieferung und Bezahlung zum Fälligkeitstermin.

Eine Unterscheidung der Termingeschäfte muss in bedingte und unbedingte Geschäfte vorgenommen werden. Abgrenzungskriterium ist hierbei das Vorhandensein eines Wahlrechts, welches dem einen Vertragspartner die Entscheidung über die Ausführung oder das Verfallen des zu Grunde liegenden Kontraktes einräumt. Bei beiden Arten kann zusätzlich zwischen individuell ausgehandelten, also außerbörslichen Geschäften (Over-the-counter, OTC) und homogenen, börsengehandelten Kontrakten unterschieden werden. Zu den ersteren, individuell vereinbarten Geschäften gehören die klassischen Termingeschäfte (Forwards), Forward Rate Agreements sowie Swaps. Gemeinsam mit den standardisierten Futures, die über eine Börse gehandelt werden können, bilden sie die Gruppe der unbedingten Termingeschäfte. Diese Kontrakte müssen also zum Fälligkeitszeitpunkt ausgeführt werden.

Bedingte Termingeschäfte hingegen zeichnen sich durch die Trennung von Verpflichtungs- und Verfügungsgeschäft aus und werden aufgrund des Wahlrechts der einen Vertragspartei Optionen genannt. Der Optionsscheininhaber hat das Recht, nicht aber die Pflicht, ein bestimmtes Gut zu einem festgelegten Preis zu einem in der Zukunft liegenden Zeitpunkt (europäische Optionen) bzw.

167 Harper et al. (1999), S. 766f.

Zeitraum (amerikanische Optionen) zu kaufen oder verkaufen.[168] Dem Optionsscheinverkäufer obliegt hingegen die jederzeitige Erfüllungspflicht oder zumindest die Pflicht, den Kontrakt zu einem bestimmten Zeitpunkt bzw. Zeitraum zu erfüllen.

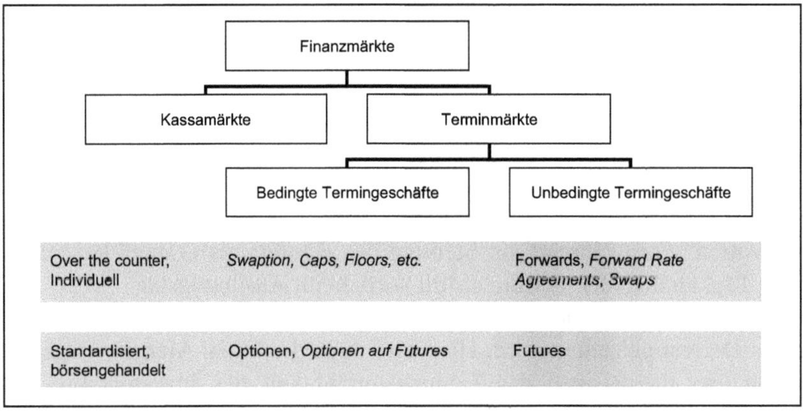

Abb. 3.3: Das Finanzmarktsystem (eigene Darstellung in Anlehnung an Deutsch (2004), S. 58 f., kursiv gedruckte Instrumente werden nicht näher erläutert)

Die folgenden Kapitel beschreiben die Instrumente und deren Zusammensetzung. Des Weiteren wird auf die Preisbildungsmechanismen näher eingegangen.

3.3.2 Futures und Forward Agreements

3.3.2.1 Einführung

Da sich diese Arbeit mit Optionsscheinen befasst, soll dieser Abschnitt lediglich als Übersicht bzw. Einblick dienen. Eine detaillierte Darstellung von Optionsscheinen findet im nächsten Kapitel statt.

Mit Futures-Kontrakt wird eine Vereinbarung bezeichnet, in der zwei Parteien beschließen, ein bestimmtes Gut in einer bestimmten Qualität in einer bestimmten Menge und zu einem bestimmten Zeitpunkt in der Zukunft (Future) zu einem vorher fest vereinbarten Preis zu kaufen bzw. verkaufen. Futures, denen als Basis ein Finanzinstrument zu Grunde liegt, werden „Financial Futures“ genannt.[169]

168 Black/ Scholes (1973), S. 637.

169 Fabozzi/Modigliani (1996), S. 216.

Wie im obigen Modell bereits beschrieben, sind die Bestandteile eines Futures standardisiert und somit an Börsen handelbar. Aufgrund dieser Eigenschaft ist er von einer dritten Partei zu akzeptieren und somit jederzeit fungibel. Diese Eigenschaft stellt den Unterschied zu einem Forward dar. In einem Forward-Kontrakt wird eine individuelle Vertragslösung zwischen zwei Parteien (meist zwischen einer Bank und einem Klienten) geschaffen. Dieser Vertrag wird speziell für deren Bedürfnisse ausgestaltet und kann somit nicht einfach auf einen Dritten übertragen werden.

Was beide wiederum eint, ist die Tatsache, dass es sich um unbedingte Termingeschäfte handelt, deren Verpflichtungen – im Gegensatz z.B. zu Optionsscheinen – eingehalten werden müssen.

Der Verkäufer eines Future- oder Forward-Kontraktes geht eine so genannte „Short-Position“ ein, während die Stellung des Käufers als „Long“ bezeichnet wird. Der Tag, an dem der Vertrag erfüllt wird, heißt Ausübungstag.[170]

Die Standardisierung des Futures erfolgt jeweils zu den Regeln der Börse, an der das Derivat gehandelt wird. Hier wird auch die Initial-Margin festgelegt, ein Betrag, der die Risiken der Zahlungsunfähigkeit des Investors bis zum nächsten Börsentag (Glattstellungsrisiken) absichert. Während der Investor einen Future-Kontrakt in seinem Positionsbuch besitzt, findet zusätzlich täglich ein Gewinn- und Verlustausgleich statt, der als Variation Margin tituliert wird.[171]

Die technische Abwicklung dieser Ausgleichszahlungen findet über ein so genanntes Clearinghouse statt. Dies ist eine zwischenparteiliche Vereinigung oder Gesellschaft, die mit der Börse selbst verbunden ist. Sobald sich zwei Parteien über einen Preis geeinigt haben, werden die Margins an das Clearinghouse gezahlt. Diese Institution ist also der Garantieträger des Vertrages für Käufer und Verkäufer. Sie garantiert, dass alle Verpflichtungen aus den geschlossenen Vereinbarungen eingehalten und erfüllt werden.[172,173]

3.3.2.2 Preisbildung

Der Preis eines Futures am Ausübungstag muss aufgrund der Bedingung zur Arbitragefreiheit dem aktuellen Spot-Preis (Barpreis/ Kassakurs) entsprechen. Aus dieser Bedingung lässt sich folgern, dass der Preis eines Futures grundsätzlich vom Spot-Preis auf den Basiswert und die Vorhaltekosten des Wertes selbst abhängen muss. Um diesen Zusammenhang zu verstehen, was auch für

170 Perridon/Steiner (2007), S. 321.

171 Arditti (1996), S. 150.

172 Ritchken (1996), S. 15f.

173 Auf die weitere Ausgestaltung in der Praxis wird in Kapitel 6.4.3.4 eingegangen.

die späteren Kapitel wichtig ist, sollen die Möglichkeiten des Investors erneut aufgezeigt werden.[174]

Einem Investor stehen grundsätzlich zwei Möglichkeiten offen: Zum Zeitpunkt t_0 investiert er entweder in einen Basiswert, z.B. Getreide, oder er schließt einen Future-Kontrakt auf diesen ab. Wird der Future-Preis unter der Bedingung der Arbitragefreiheit gebildet, müssen beide Varianten am Ausübungstag zum gleichen Ergebnis kommen. Geht der Investor in die „Long"-Position, entgehen ihm Erträge aus dem Basiswert, allerdings hat er auch keine Finanzierungskosten. Somit lässt sich für die Ermittlung des Future-Preises nachfolgende Formel herleiten:

Theoretischer Future-Preis = Basiswert + (Finanzierungskosten - Entgangene Erträge)[175]

$$F_t = S_t + (S_t \times r_t \times \left(\frac{T-t}{D}\right) - d_{t,T}) \qquad (3.1)$$

Wobei S_t der Basiswert, r_t der risikolose Zinssatz jeweils zum Zeitpunkt t und $d_{t,T}$ die erwartete Dividendenzahlung im Zeitraum t bis T ist. D ist eine Konstante, die sich auf die Anzahl an Kalendertagen des Future-Kontraktes bezieht.[176] Alle Bestandteile der Gleichung sind deterministisch, was eine Preisberechung vereinfacht.

Die Nettofinanzierungskosten, die sich aus der Differenz zwischen Finanzierungskosten und entgangenen Erträgen ergeben, werden als *Cost-of-Carry* bezeichnet und in den kommenden Kapiteln ebenfalls verwendet. Die *Cost-of-Carry* können positiv oder negativ sein. Sie ist positiv, wenn die Rendite höher ist als die Finanzierungskosten und negativ, wenn die Finanzierungskosten des Basiswertes die Rendite übersteigen. Je näher der letzte Handelstag des Futures rückt, desto geringer wird der Nominal-Betrag der Cost-of-Carry. Gilt die Arbitragefreiheit, so entspricht am Ausübungstag der Preis des Basisinstrumentes, also der Spot-Preis, dem des Termingeschäftes, also des Future-Kontraktes. Man spricht hier von einer Basiskonvergenz.[177]

174 Edwards/Ma (1992), S. 78.

175 Kolb (1993), S. 39-f.; Fabozzi/Modigliani (1996), S. 224ff.

176 Die genaue Methode hängt von den jeweiligen Day Count Convention ab. Eine Übersicht gibt bspw. Deutsch (2004), S. 14f.

177 Hull (2009), S. 159.

3.3.3 Swaps

„Swaps können als eine Kette von Forwardgeschäften betrachtet werden.“[178] Dabei einigen sich die Kontrahenten allerdings nicht über den Kauf oder Verkauf, sondern den unbedingten Tausch von vorher bestimmten Cashflows.[179] Während ein Forwardgeschäft ein Austausch von Cashflows an einem einzigen bestimmten Zeitpunkt in der Zukunft darstellt, führen Swaps typischerweise zu einer Reihe von Austauschvorgängen an mehreren Zeitpunkten.

Häufig zielen Swaps auf Arbitragegewinne ab, die durch das Ausnutzen komparativer Kostenvorteile an internationalen Finanzmärkten entstehen. Diese Vorteile entstehen aufgrund unterschiedlicher Bonitätseinschätzungen und Marktnutzungsmöglichkeiten der beteiligten Vertragsparteien. Eine deutsche Großbank wird beispielsweise auf dem europäischen Kapitalmarkt eher Konditionenvorteile erhalten als eine chinesische und umgekehrt.

Bei PERRIDON/STEINER werden drei Grundformen von Swaps unterschieden, die sich allerdings nur auf den Zins- und Währungsbereich beziehen[180]:

1. „Währungstausch
   zum Beispiel einer zinsfixen EURO-Verbindlichkeit in eine zinsfixe US-Dollar-Verbindlichkeit;
2. Zinstausch
   (a) variabel in fix und vice versa, zum Beispiel Tausch von zinsvariablen Euro-marktgeldern mit Basis LIBOR in zinsfixe Verbindlichkeiten;
   (b) variabel in variabel Tausch, der variablen Grundbasis, zum Beispiel US-Dollar- Verbindlichkeit auf CP-Zinssatzbasis in Euro-Dollar-Verbindlichkeit auf LIBOR-Zinssatzbasis (CP = Commercial Paper);
3. Zins-Währungstausch
   Verbindung von 1. und 2., zum Beispiel Tausch einer EURO-Anleihe zum Festzinssatz in zinsvariable US-Dollar-Mittel.“

3.3.4 Optionsscheine

Wie oben bereits angedeutet, stellen Optionsscheine verbriefte Optionen dar. In der Standardform werden sie „Plain-Vanilla Warrants“ genannt. Als eigenständiges Wertpapier an Handelsbörsen oder außerbörslich werden diese Optionsrechte gehandelt.[181]

178 Oehler et al. (2002), S. 18.

179 Tebroke et al. (2005), S. 215.

180 Vgl. Perridon/Steiner (2007), S. 310.

181 Deutsch (2004), S. 60.

In früheren Jahren, noch bis in die 90er-Jahre, wurden Optionsscheine überwiegend als Instrument der Unternehmensfinanzierung genutzt. In diesen Fällen wurden die so genannten „klassischen Optionsscheine“ auf Aktien ausgestellt. Unternehmen aller Branchen traten als Emittenten auf, die im Rahmen einer bedingten Kapitalerhöhung Kauf-Optionsscheine ausgaben. Als „bedingt“ wurden diese Kapitalerhöhungen deshalb bezeichnet, weil sie nur in dem Ausmaß wirksam wurden, in dem die Optionsscheinkäufer ihr Optionsrecht auch tatsächlich ausübten. Mit anderen Worten: Dem emittierenden Unternehmen wurde nur in der Höhe Kapital zugeführt, wie die Optionsschein-Inhaber ihre Papiere in Aktien bei einer Kapitalerhöhung umwandelten.

Inzwischen wird der Markt allerdings von „gedeckten“ Optionsscheinen dominiert, die folglich auch als „Covered Warrants“ oder „Naked Warrants“ bezeichnet werden. Als „gedeckt“ werden diese Finanzinstrumente bezeichnet, da die Emittenten ihre Sicherungsgeschäfte mit existierenden Beständen sichern. Allerdings wird die Begrifflichkeit hier inzwischen sehr weit gefasst. Der Basiswert muss dabei nicht tatsächlich im Besitz sein. Es reichen als „Gegeninstrument“ Sicherungsgeschäfte in Form der später beschriebenen Terminmärkte, um die Risikoposition auszugleichen (Hedging). Im Weiteren wird zur Vereinfachung von Standard-Optionsscheinen gesprochen.[182]

Begeben werden diese Anlageprodukte von Banken oder anderen Finanzdienstleistern. Anders als bei den „klassischen Optionsscheinen“ beziehen sich „Covered Warrants“ auf eine Vielzahl von Basiswerten. Neben Aktien werden auch Aktienindizes, Währungen, Anleihen oder Rohstoffe wie Mineralöl als „Underlying“ gewählt.

Wird das Optionsrecht ausgeübt, findet in der Regel keine reale Transaktion mit dem Basiswert statt. Wandelt man einen Optionsschein auf ein Barrel Erdöl um, erhält man nicht den Rohstoff, sondern es fließt der Wert des Optionsrechts als Geldbetrag an den Inhaber.

Alle Arten von Optionsscheine werden als Calls und Puts emittiert. Sinngemäß verbrieft ein Call-Optionsschein das Recht aber nicht die Pflicht, eine bestimmte Bezugsmenge des Basiswertes zu erwerben. Diesem Instrument steht der Put-Optionsschein gegenüber. Der Besitzer hat das Recht, eine bestimmte Bezugsmenge des Basiswertes zu veräußern. Näheres wird im folgenden Kapitel erläutert.

Wann dieses Recht ausgeübt werden darf, hängt von der Art des Optionsscheines ab. Auf dem Markt sind, wie oben angedeutet, so genannte europäische und amerikanische Optionsscheine üblich. Mit einem amerikanischen Optionsrecht ausgestattete Papiere können während der Laufzeit (Ausübungsfrist)

---

182 Kruschwitz (2007), S. 301.

ausgeübt werden. Optionsscheine europäischen Stils können dagegen nur an einem festen Termin (Ausübungstag) ausgeübt werden.[183] Darüber hinaus existiert noch eine Vielzahl weiterer, als exotisch bekannter Optionsscheine.

3.3.4.1 Optionspositionen

Wie im vorherigen Kapitel angedeutet, gibt es bei jedem Optionskontrakt zwei Seiten. Auf der einen Seite haben wir den Verkäufer der Option (Stillhalter), der im Falle der Ausübung des Optionsrechtes seitens des Käufers die Verpflichtung hat, den Kontrakt zu erfüllen und auf der anderen Seite den Käufer der Option.[184] Auf jeder der beiden Seiten kann darüber hinaus die Option als Put oder Call ausgestattet sein. Daher werden, wie in Abb dargestellt, vier Optionspositionen unterschieden.

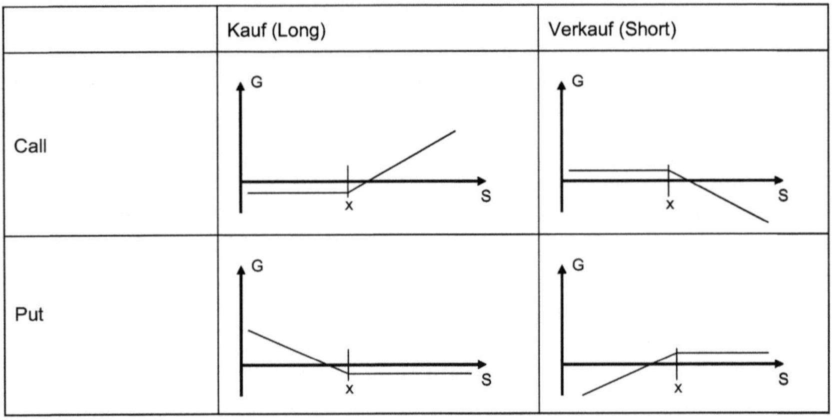

Abb. 3.4: Die Optionspositionen (Quelle: eigene Darstellung in Anlehnung an Deutsch (2004), S. 61)

Beim Kauf einer Kaufoption, dem so genannten Long Call, erwirbt der Käufer gegen Zahlung des Optionspreises (Prämie) das Recht, den Basiswert, z.B. eine Aktie, zum Fälligkeitstermin (Europäische Option) zum Ausübungspreis X, auch Strike genannt, zu erwerben. Sollte am Fälligkeitstermin T der aktuelle Kurs der Aktie S höher als der Ausübungspreis sein ($S_T > X$), so wird der Käufer den Call ausüben. Grund ist der positive Payoff, der ohne Berücksichtigung von Anschaffungskosten durch $\max(S_T - X, 0)$ dargestellt werden kann. Je höher der Kurs des Basiswertes, hier

183 Merton (1973), S. 142.; Perridon/Steiner (2007), S. 316.

184 Albrecht/Maurer (2002), S. 15.

des Aktienkurses, zum Fälligkeitszeitpunkt über dem Basispreis der Option liegt, desto höher ist der Gewinn des Käufers der Option. Ist hingegen $S_T \leq X$, so wird der Käufer die Option nicht ausüben und die Option würde wertlos auslaufen. Bei Berücksichtigung der Anschaffungskosten würde der Käufer lediglich einen Verlust in Höhe der Optionsprämie erleiden.[185]

Für den Verkäufer des Calls (Short Call) beträgt der Payoff demnach $-\max(S_T - X, 0)$ oder $\min(X - S_T, 0)$ ohne Berücksichtigung der Optionsprämie. Solange der Aktienkurs *S* nicht größer als *X* ist, befindet sich der Verkäufer oder Writer der Option in der Gewinnzone, die unter Berücksichtigung der Optionsprämie dieser entsprechen würde (auch „Im Geld“ oder englisch „In the money“ genannt). Steigt der Aktienkurs jedoch über den Basispreis, so macht er einen Verlust, da er das Underlying (Basiswert) auf dem Markt zu einem höheren Preis hätte verkaufen können.

Der Payoff, den der Inhaber einer Kaufposition in einem europäischen Put (Long Put) bekommt, beträgt $\max(X - S_T, 0)$ und für die Verkaufsposition (Short Put) in einer europäischer Verkaufsoption $\min(S_T - X, 0)$.

3.3.4.2 Preisbildung

3.3.4.2.1 Ober- und Untergrenzen für Optionspreise (europäische Art)

Generell gilt, dass bei der Bewertung von Optionen der Grundsatz der Arbitragefreiheit gelten muss.[186]

Mithilfe der im Folgenden hergeleiteten Put-Call Parität kann für europäische Optionen bewiesen werden, dass eine Beziehung zwischen dem Wert einer Kaufoption und dem Wert einer Verkaufsoption besteht. Voraussetzung für die Herleitung der Put-Call Parität ist die Bestimmung der Ober- und Untergrenze der Optionsscheine. Die Obergrenze für Kaufoptionen (Calls) bildet dabei der Wert des Underlyings, im verwendeten Beispiel also der Aktienkurs. Würde diese Beziehung nicht gelten, so könnte der Anleger sehr leicht einen risikolosen Gewinn erwirtschaften, indem er die Aktie kauft und die Verkaufsoption verkauft. Für den Wert eines europäischen Puts gilt, dass er nicht den Gegenwartswert des Basispreises übersteigen darf.

Die Bestimmung der Untergrenze von Kaufoptionen soll durch die Heranziehung zweier Portfolios A und B veranschaulicht werden. Portfolio A besteht aus einem europäischen Call und einem Bargeldbetrag in Höhe von Xe^{-rT}, was dem Gegenwartswert von *X* entspricht. Portfolio B hingegen beinhaltet eine

185 Merton (1973), S.143.; Deutsch (2004), S. 87.

186 Bedingung, dass zwei oder mehr Underlyings im Verhältnis zueinander gleich bewertet sind. In Anlehnung an Black/ Scholes (1973), S. 638.;Hull (2009), S. 933.

Aktie. Bis zum Zeitpunkt T (dem Fälligkeitstermin) wächst das Bargeld aus Portfolio A auf den Betrag X an, wenn es zum risikofreien Zins r angelegt wurde. Ist $S_T > X$, wird, wie oben beschrieben, die Kaufoption zum Zeitpunkt T ausgeübt und Portfolio A hat dann den Wert S_T. Ist $S_T < X$, läuft die Kaufoption ohne Wert aus und das Portfolio hat den Wert X. Zusammenfassend lässt sich für Portfolio A zum Zeitpunkt T ein Wert in Höhe von $\max(S_T, X)$ beobachten. Portfolio B hat zum selben Zeitpunkt den Wert S_T. Portfolio A ist demnach mindestens so viel wert wie Portfolio B. In Abwesenheit von Arbitragemöglichkeiten muss daher gelten, dass der Preis der Option c plus das Bargeld zum Zeitpunkt 0 größer oder gleich dem Wert der Aktie ist ($c + Xe^{-rT} \geq S_0$ oder $c \geq S_0 - Xe^{-rt}$).[187]

Nachdem die Ober- und Untergrenzen formal bestimmt wurden, soll nun mithilfe eines neuen Portfolios die Put-Call-Parität hergeleitet werden. Das erste Portfolio entspricht dabei dem obigen Portfolio A (einem europäischen Call und einem Bargeldbetrag in Höhe von Xe^{-rT}). Portfolio B besteht aus einer europäischen Verkaufsoption (Put) plus einer Aktie. Zum Zeitpunkt T haben beide Optionen den Wert $\max(S_T, X)$. Aufgrund der Tatsache, dass es sich um europäische Optionen handelt, können sie nicht vor dem Ausübungstag (Expiry Date) ausgeübt werden. Daraus lässt sich folgern, dass die Werte der Portfolios zum Zeitpunkt *0* identisch sein müssen, was bedeutet:

$$c + Xe^{-rT} = p + S_0 \qquad (3.1)$$

Wobei c den Wert der Call Option und p den Wert der Put Option darstellt.

Dieser Zusammenhang entspricht der Put-Call-Parität. Sie beweist, dass der Wert eines europäischen Calls mit bestimmtem Basispreis und Fälligkeitstermin vom Wert eines europäischen Puts mit gleichem Strike und Fälligkeitstermin abgezogen werden kann und vice versa.[188] Dies ist für die folgende Herleitung von Optionspreisen von Bedeutung.

3.3.4.2.2 Binominalbäume zur Herleitung von Optionspreisen

Im Jahre 1979 veröffentlichten COX, ROSS und RUBINSTEIN einen Aufsatz, der eine Herangehensweise mittels Binomialbäumen zur Bestimmung von Optionspreisen schildert.[189] Mit Binomialbäumen, können mögliche Entwicklungswerte, z.B. eines Aktienpreises, dargestellt werden. Hierbei werden pro Stufe zwei mögliche gegensätzliche Wahrscheinlichkeiten simuliert, in die sich ein Wert

187 Die genaue Herleitung findet sich in Hull (2009), S. 260ff. wieder.

188 Bryis et al. (1999), S. 107f.

189 Cox/Ross/Rubinstein (1979).

entwickeln kann. Über weitere Stufen können somit beliebig viele Entwicklungen dargestellt werden.

Bei der allgemeinen Form für einstufige Binominalbäume lässt sich der Optionspreis durch folgende Berechnung bestimmen:

$$V = e^{-rT} * [pV_u + (1-p)V_d] \quad (3.2)$$

Dabei steht *V* für den Wert der Option und *p* vereinfacht dargestellt für die Wahrscheinlichkeit, dass der Aktienkurs einer Aufwärtsbewegung folgt (S_u). Folglich tritt eine Abwärtsbewegung (S_d) in der ersten Stufe mit der Wahrscheinlichkeit (1-p) ein.

Anhand eines Beispiels soll dargestellt werden, wie mittels einstufiger Methoden der Preis einer Option gefunden werden kann. Dabei wird angenommen, dass der Kurs einer Aktie *S* derzeit bei 20 Euro liegt und in drei Monaten entweder 22 Euro oder 18 Euro betragen wird. Ziel ist es nun, den Wert eines europäischen Calls auf den Kauf der Aktie für 21 Euro in drei Monaten zu ermitteln. Sollte der Kurs der Aktie in drei Monaten bei 22 Euro liegen, so wird der Wert der Option 1 Euro betragen. Andernfalls (18 Euro) wird der Wert der Option null sein. Als Voraussetzung zur Bestimmung des Optionswertes muss wieder die Arbitrage-Freiheits-Bedingung[190] gelten. Das bedeutet, dass ein Portfolio mit einer Aktie und einer Option auf eine Art und Weise eingerichtet wird, dass über den Wert des Portfolios in drei Monaten keine Unsicherheit besteht. Dann greift die Argumentation, dass aufgrund des risikofreien Portfolios die mit diesem Portfolio erwirtschaftete Rendite gleich dem risikofreien Zinssatz einer Geldanlage sein muss.[191] Diese Vorgehensweise erlaubt die Bestimmung der Kosten für die Bildung eines solchen Portfolios und folglich auch des Preises der Option.

---

190 Bedingung, dass zwei oder mehr Underlyings im Verhältnis zueinander gleich bewertet sind.

191 Black/ Scholes (1973), S. 638.;Hull (2009), S. 304.

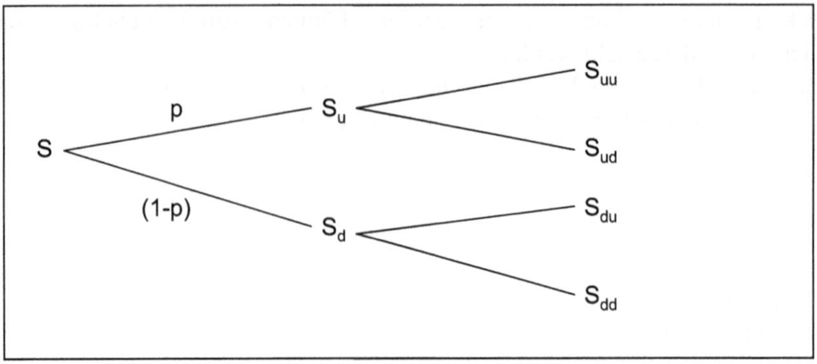

Abb. 3.5: Der zweistufige Binomialbaum (Quelle: In Anlehnung an Hull (2009), S. 509)

Angenommen, das Portfolio besteht aus einer Kaufposition in der Anzahl Δ Aktien (Long Stock) und einer Verkaufsposition in Form einer Kaufoption (Short Call). Gesucht wird nun der Wert für Δ, der das Portfolio risikofrei stellt. Sollte sich der Markt positiv entwickeln, beträgt der Wert der Aktien 22 Δ und der Wert der Option gleich 1. Daraus folgert ein Gesamtwert von 22 Δ-1. Im umgekehrten Fall beträgt der Gesamtwert des Portfolios 18 Δ. Das Portfolio ist dann risikofrei, wenn der Endwert des Portfolios für beide Alternativen gleich ist. Dies ist der Fall, wenn Δ den Wert 0,25 annimmt, da $22*0{,}25-1=18*0{,}25=4{,}5$. Das risikofreie Portfolio besteht demnach aus 0,25 gekauften Aktienanteilen und einer verkauften Kaufoption.

Bei einem angenommenen risikofreien Zins von 3% beträgt der heutige Wert des Portfolios $4{,}5e^{-0{,}03*0{,}25}$, also 4,466. Mit diesen Ergebnissen lässt sich in einem weiteren Schritt der Preis der Option bestimmen. Laut Arbitragefreiheit muss der Wert des Portfolios genau dem Wert der Option entsprechen. Liegt der heutige Kurs, wie oben benannt, bei 20 Euro, dann ist der heutige Wert der Option $20*0{,}25-V=5-V=4{,}466$. Daraus folgt, dass der aktuelle Wert der Option $5-V=4{,}466=0{,}534$ sein muss.[192]

Das hier angebrachte Beispiel eines einstufigen Binomialbaumes zur Bestimmung von Optionspreisen, spiegelt den Grundgedanken dieser Vorgehensweise wider. Es ist unrealistisch einfach und liefert selbst bei Betrachtung zweistufiger Binomialbäume lediglich eine grobe Annäherung an die Optionspreise. Im nächsten Kapitel soll nun auch ein in der Praxis geläufiges Modell zur Optionspreisbestimmung vorgestellt werden.

192 Für eine detaillierte Herleitung siehe Hull (2009), S. 300ff.

3.3.4.2.3 Optionspreise nach dem Black-Scholes-Modell

3.3.4.2.3.1 Arbitragefreiheit und Risikoneutralität

Das Prinzip der Arbitragefreiheit hat große Bedeutung in Theorie und Praxis. Arbitrageüberlegungen sind erstmals von MODIGLIANI/MILLER (1958) angestellt worden, um die Konsequenzen von Finanzierungsentscheidungen zu analysieren.[193] Ergebnis der Analyse war das so genannte „Irrelevanztheorem" der Unternehmensfinanzierung, wonach es auf einem vollkommenen Kapitalmarkt gleichgültig ist, in welchem Umfang ein gegebenes Investitionsprogramm mit Eigenkapital oder mit Fremdkapital finanziert wird. Unter Annahme der Arbitragefreiheit muss also bei vollkommenen Kapitalmärkten die Rendite eines risikolosen Investments beliebiger Zusammensetzung exakt dem marktüblichen Zinssatz für risikolose Anlagen entsprechen.[194]

Die Arbitragefreiheit ist auch der Grundgedanke des Ansatzes von Fischer Black und Myron Scholes (1973). Der Preis der Option wurde im vorherigen Kapitel mithilfe eines Portfolios ermittelt, welches aus einer Long Position in Aktien und einer Short Position in Calls bestand. Voraussetzung des Modells war die Tatsache, dass die Rendite des Portfolios der Marktrendite der risikolosen Anlage entsprechen musste. Der Grund, weshalb es möglich ist, ein risikofreies Portfolio zu schaffen, liegt darin, dass der Optionspreis und der Aktienkurs beide derselben Unsicherheitsquelle, und zwar den Aktienkursschwankungen, unterliegen. Der einzige Unterschied zwischen dem vorher beschriebenen Binomialmodell und dem Black-Scholes-Modell ist der, dass die Position in der Aktie und der Option nur eine sehr kurze Zeitspanne risikofrei ist. Um für einen längeren Zeitraum risiko-, also arbitragefrei zu bleiben, müssen die Positionen angepasst oder rebalanciert werden.[195] Dies nimmt das Black-Scholes-Modell vor, bei dem eine Grenzwertbetrachtung des Binomialmodells durchgeführt wird und somit die Zeitintervalle unendlich verkleinert werden.

Eine andere Eigenschaft des Modells ist die der Risikoneutralität. Wie in den darauffolgenden Kapiteln noch zu sehen sein wird, enthält die Black-Scholes-Merton-Differentialgleichung (BSM) keine Variablen, die von Risikopräferenzen der Marktteilnehmer beeinflusst werden. Würde sie als Variable z.B. die erwartete Rendite einer Aktie (μ) aufweisen, so würde μ mit dem Niveau der Risikoaversion der Marktteilnehmer entweder ansteigen oder sinken. Das Modell wäre dann nicht mehr unabhängig von den Risikopräferenzen. Dies erlaubt die einfache Annahme, dass alle Anleger risikoneutral sind. Hieraus lässt

193 Modigliani/Miller (1958).

194 Hauck (1991), S. 166.

195 Black/ Scholes (1973), S. 641.; Briys, et al. (1999), S. 92.

sich aufgrund der nun nicht mehr benötigten Risikoprämie ableiten, dass die erwartete Rendite aller Wertpapiere dem risikofreien Zins entsprechen muss ($\sum \mu = r$). Obwohl die risikoneutrale Bewertung lediglich ein künstlicher Trick ist, die BSM-Differenzialgleichung zu lösen, lassen sich die daraus gewonnenen Lösungen in allen „Welten“ anwenden. Bei dem späteren Übergang der risikoneutralen in eine risikoaverse Welt verändert sich sowohl die Wachstumsrate des Aktienkurses als auch die Diskontierungsrate für die Payoffs aus den Derivaten. Diese beiden Veränderungen gleichen sich jedoch immer exakt aus.[196]

3.3.4.2.3.2 Annahmen über das Verhalten von Aktienkursen

Generell folgen unvorhersehbare Veränderungen einer Variablen einem stochastischen Prozess. Bei einer häufig getroffenen Annahme der schwachen Markteffizienz, die besagt, dass im gegenwärtigen Aktienkurs alle Informationen über die Entwicklung der Vergangenheit enthalten sind, lässt sich der Markov-Prozess anwenden. Dieser ist ein bestimmter stochastischer Prozess, bei dem für die Vorhersage der Zukunft lediglich der gegenwärtige Wert einer Variablen relevant ist.[197] Dieser bildet wiederum die Grundlage für den Wiener Prozess, auch als Brown‘sche Bewegung bekannt, mit einer Veränderung des Mittelwertes (Driftrate) von null und einer Varianz (-rate) von 1,0 pro Jahr. Der allgemeine Wiener Prozess für eine Variable x kann durch $dx=adt+bdz$ dargestellt werden. Dabei ist a die Driftrate und b die Wurzel aus der Varianzrate und beides Konstanten. Um das Verhalten eines Aktienkurses abbilden zu können, muss der allgemeine Wiener Prozess noch angepasst werden. Ein wesentlicher Kernaspekt besagt, dass die erwartete prozentuale Rendite eines Marktteilnehmers unabhängig vom Kurs der Aktie ist. Die Annahme einer konstanten Driftrate ist demnach für Aktienkurse unpassend und muss durch die Annahme konstanter Renditen ersetzt werden. Dies führt zu folgendem Modell:

$$dS = \sigma S dt + \mu S dz \qquad (3.3)$$

Dies ist das am weitesten verbreitete Modell für das Verhalten von Aktienkursen mit σ als Volatilität, im Sinne einer Standardabweichung des Aktienkurses und μ als erwartete Rendite.[198] Für andere Underlyings (Basiswerte) wie beispielsweise Dienstleistungen kann μ weiterhin als Kursdrift bezeichnet werden, da eine ständige Rendite in den Kursen bereits enthalten ist.

---

196 Black/ Scholes (1973), S. 645f.;Kruschwitz (2007), S. 301f.

197 Merton (1973), S. 161.; Hull (2009), S. 326.

198 Merton (1973), S. 163.; Bryis et al. (1999), S. 32.

3.3.4.2.4 *Die Preisformel nach Black-Scholes*

Mit der Forderung nach Arbitragefreiheit gelangten BLACK und SCHOLES zu einer deterministischen, partiellen Differenzialgleichung, deren Lösung unter der Randbedingung $\max(S_T - X, 0)$ für eine europäische Kaufoption die berühmte Black-Scholes Preisformel ergibt:

$$V = S_0 N(d_1) - Xe^{-rT} N(d_2) \tag{3.5}$$[199]

V entspricht dabei dem Wert der Option, S_0 dem gegenwärtigen Wert der zu Grunde liegenden Aktie, *X* dem Basispreis der Option und *T* der Restlaufzeit. $N(d_i)$ steht hierbei für die Verteilungsfunktion einer standardnormalverteilten Zufallsvariablen, die durch folgende Gleichung definiert ist:

$$d_1 = \frac{\ln(S_0 / X) + (r + \sigma^2 / 2)T}{\sigma\sqrt{T}} \tag{3.6}$$

und

$$d_2 = d_1 - \sigma\sqrt{T}. \tag{3.7}$$

Volatilität und Varianz werden mit σ bzw. σ^2 bezeichnet. Der durch Gleichung 5 gegebene Wert einer Option kann als die gewichtete Differenz aus Aktienkurs und Barwert des Basispreises interpretiert werden, wobei die „Gewichte" $N(d_1)$ und $N(d_2)$ Werte zwischen null und eins annehmen können.

Sollte der Wert der Aktie kleiner sein als der Basispreis der Option ($S < X$), so liegt die Option „aus dem Geld" und ist beinahe wertlos, da beide „Gewichte" nahe bei null liegen. Ist die Option hingegen „im Geld", also $S > X$, so nehmen beide Gewichte Werte nahe eins an und der Wert der Option entspricht in etwa dem inneren Wert, womit die Differenz aus Aktienkurs und abgezinstem Basispreis gemeint ist.[200] Die Gewichte können demnach als Wahrscheinlichkeit interpretiert werden, dass die Option im Geld endet, was bedeutet, dass der Aktienkurs am Ausübungstag (Expiry Day) über dem Basispreis liegt.

3.3.4.2.5 *Bestandteile des Optionspreises und deren Einfluss*

Eine entscheidende Frage, die sich nun ergibt, ist die nach dem Einfluss der einzelnen Komponenten des Optionspreises auf diesen selbst. Unter den Annahmen des Black-Scholes Modells, also Abwesenheit von Transaktionskosten,

199 Black/ Scholes (1973), S. 639.;Perridon/Steiner (2007), S. 327.

200 Die Differenz aus dem inneren Wert und dem Optionspreis ergibt den Zeitwert, der dem Teil des Optionswertes entspricht, der sich aus der Restlaufzeit errechnet.

vollkommener Kapitalmarkt und keine Auszahlung von Dividenden, lassen sich hierzu Verallgemeinerungen für den Preis eines Calls ableiten. Danach ist der Preis einer europäischen Kaufoption umso größer, je höher der Aktienpreis (*S*), je tiefer der Basispreis (*X*), je größer die Volatilität (σ), je länger die gesamte Laufzeit (*T*) und je größer der unterstellte, risikolose Zinssatz (*r*) ist.[201]

Die Volatilität ist dabei einer der zentralen Bestimmungsfaktoren des Optionsscheinpreises. Je größer die Volatilität ist, umso besser sind die Chancen, mit einer Option Profit zu erzielen und umso höher auch der Optionspreis.[202] Was die Gefahr von Kursverlusten betrifft, ist der Inhaber der Call-Option versichert. Im schlimmsten Fall verliert er die Prämie der Option.[203]

Der Einfluss der Laufzeit (*T*) auf den Optionspreis ist ähnlich dem der Volatilität. Je länger die Laufzeit einer Option ist, umso größer ist die Chance, dass der Aktienkurs bei gegebener Volatilität ansteigt. Aus diesem Grund ist auch das Theta (Θ)[204]einer Option in der Regel negativ, da mit sinkender Restlaufzeit aller anderen Faktoren die Option tendenziell an Wert verliert. Es gilt aber anzumerken, dass bei der Laufzeit, wie bei den übrigen Einflussfaktoren auch, die quantitativen Effekte je nach Konstellation der übrigen Merkmale einer Option beträchtlich variieren, da die Black-Scholes-Formel in hohem Maße nicht linear ist. Werden Laufzeit und Basispreis gleichzeitig variiert, lässt sich erkennen, dass vor allem das Verhältnis zwischen Basispreis und Kurspreis eine entscheidende Rolle spielt. Am stärksten reagiert der Optionspreis auf die Laufzeit, wenn die Option „aus dem Geld“ liegt, d. h., der Basispreis übersteigt den Aktienkurs. Je stärker hingegen die Option „im Geld“ ($S>X$) liegt, umso weniger reagiert der Optionspreis auf eine Veränderung der Laufzeit. Bezüglich des Zusammenhanges zwischen der Laufzeit und Volatilität lässt sich beobachten, dass bei „am Geld“ ($S=X$) liegenden Optionen der Optionspreis linear zur Volatilität steigt. Hingegen muss bei „im Geld“ liegenden Optionen die Volatilität erst einen Schwellenwert überschreiten, damit die Laufzeit als Bestimmungsfaktor zum Tragen kommt.[205]

---

201 Perridon/Steiner (2007), S. 321.

202 Vgl. Random-Walk-Prozess, S. 79.

203 Im nächsten Kapitel wird auf die Volatilität noch gesondert eingegangen.

204 Das Theta (Θ) eines Portfolios aus Derivaten ist die Rate, mit der sich der Wert des Portfolios im Zeitablauf ändert, wenn alles andere unverändert bleibt (siehe Kapitel 5.2.1.1).

205 Hull (2009), S. 451-457.

3.3.4.3 Volatilität

3.3.4.3.1 Die historische und implizite Volatilität

Nicht nur in Finanzmärkten spielt die Volatilität eine entscheidende Rolle. Wären die Märkte nicht volatil, so bedürfte es auch nicht des Einsatzes von derivativen Instrumenten zur Risikoabsicherung. Dabei ist in erster Linie mit Volatilität meistens die historische Volatilität gemeint. Diese misst die Veränderungen der Aktienkurse aufgrund von historischen Daten. In den bisherigen Kapiteln wurde sie mit der Variablen (σ) bezeichnet. In der Praxis wird die historische Volatilität häufig auch als realisierte Volatilität bezeichnet.[206] Die implizite Volatilität, als Gegenstück, ist die Standardabweichung der Aktienrenditen, die in ein Optionspreismodell wie etwa dem von BLACK und SCHOLES eingegeben werden muss, damit der daraus resultierende Modellpreis dem Marktpreis entspricht.[207] Sie wird unter der Voraussetzung berechnet, dass der Markt effizient ist und die Option und der Basiswert vom Markt korrekt bewertet werden. Daraus lässt sich folgern, dass die implizite Volatilität die Erwartungen des Marktes bezüglich der tatsächlichen Volatilität des Basiswertes über die Restlaufzeit der Option abbildet.[208] Daher bedeutet eine hohe implizite Volatilität, so dass in Zukunft ein ebenfalls sehr volatiler Aktienmarkt zu erwarten ist. Es ist entscheidend anzumerken, dass im Gegensatz zu den bisher dargestellten Inputgrößen zur Bestimmung eines Optionspreises die implizite Volatilität der einzige Faktor ist, der nicht direkt aus Kennziffern die im Markt bekannt sind beobachtbar ist. Dies lässt die Schlussfolgerung zu, dass der Optionspreis sehr stark von der impliziten Volatilität abhängt. Um also den relativen Wert einer Option zu vergleichen, würde es genügen, lediglich die impliziten Volatilitäten zu beobachten.

3.3.4.3.2 Die Beziehung zwischen impliziter und historischer Volatilität

Wenn die implizite Volatilität einen Hinweis auf die zukünftige Volatilität des Marktes liefern soll, so stellt sich die Frage, inwieweit sich diese Behauptung in der Praxis auch bewährt. Untersuchungen hierzu bestätigen jedoch, dass die Korrelation zwischen der impliziten und der historischen Volatilität nicht allzu hoch ist. In einer Studie von JAIN (2001) wurden Regressionsanalysen in einem Zeitraum von zehn Jahren zwischen den 30-Tagen impliziten Volatilitäten ausgewählter Optionen und den historischen Volatilitäten 30 Tage später durchgeführt. Die Korrelationskoeffizienten lagen dabei zwischen -0,15 und +0,45,

---

206 Jain (2001), S. 3.

207 Black/ Scholes (1973), S. 639.

208 Stucki (1992), S. 396.

was bedeutet, dass die Korrelation sehr gering bis sogar in einem Falle negativ war. Daraus lässt sich schließen, dass in Wirklichkeit die implizite Volatilität keine gute Vorhersage für die Entwicklung der historischen Volatilitäten liefert.[209]

Der Grund hierfür liegt darin, dass die Finanzmärkte in der Realität nicht effizient sind, wie bisher in den beschriebenen Modellen angenommen wurde. HULL und WHITE (1987) zeigten, dass bei konstanter Volatilität die implizite Volatilität aus der Black-Scholes Formel bei „im Geld" liegenden Optionen ziemlich genau der erwarteten zukünftigen historischen Volatilität entspricht.[210] Dies würde dann bedeuten, dass in informationseffizienten Optionsmärkten die implizite Volatilität eine gute Prognose für die zukünftigen historischen Volatilitäten liefert.

CANIAN und FILGELWSKI (1993) fanden wiederum heraus, dass die impliziten Volatilitäten der S&P500 Indexoptionen[211] keine Informationen über die zukünftige Volatilität enthalten.[212] Wenn die Optionspreise auf dem Basiswert beruhen, ist es eigentlich nicht erklärbar, weshalb die impliziten Volatilitäten keine Beziehung zu den Volatilitäten der basierenden Anlagen aufweisen. Dies ist nur unter der Annahme ineffizienter Finanzmärkte haltbar. Andererseits kann das Problem aber auch bei dem Optionspreismodell selbst liegen. So wird im Black-Scholes Modell eine konstante Volatilität angenommen, was selbstverständlich nicht der Realität entspricht. Es ist deshalb nicht verwunderlich, dass die implizite Volatilität aus dem Black-Scholes-Modell nicht die Markterwartungen bezüglich zukünftiger Volatilitäten reflektieren kann. Ändert man jedoch die Berechnungsmethoden für die historischen Volatilitäten hin zu einer genaueren und mehr repräsentativen, so lässt sich auch mit Marktdaten zeigen, dass die implizite Volatilität durchaus Informationen für die Prognose von historischen Volatilitäten enthält.[213]

3.3.4.4 Indexoptionen

Als Indexoption bezeichnet man eine Option, der ein Index als Basisinstrument zu Grunde liegt. Der Optionskäufer erwirbt das Recht, den Index zu einem bestimmten Wert zu kaufen oder zu verkaufen. Eine physische Lieferung des Basisinstrumentes ist jedoch nicht möglich, so dass ein Barausgleich stattfindet.

---

209 Jain (2001), S. 5.

210 Hull/White (1993), S. 299.

211 Der Standard & Poor's 500-Index setzt sich aus den Aktienkursen der 500 größten US-amerikanischen Unternehmen zusammen, die börsennotiert sind.

212 Canian/Figelwski (1993), S. 680.

213 Shu/Zhang (2002), S. 9.

Dieser Barausgleich (Cash Settlement) errechnet sich aus der Differenz zwischen dem Ausübungspreis und dem letzten berechneten Indexwert am Tage der Optionsausübung, multipliziert mit einem Kontraktmultiplikator, der den Differenzbetrag in einen Geldwert umrechnet.[214]

Im Rahmen der Absicherung von Aktienportfolios, vor allem von Versicherungsunternehmen, wurden die ersten Indexoptionen zu Beginn der 70er Jahre emittiert. Mit Ausnahme der S&P500 Optionen sind alle bekannten Aktienindexoptionen nach dem Prinzip des Barausgleichs konzipiert. Diese werden üblicherweise an speziellen Optionsbörsen gehandelt wie beispielsweise der CBOE (Chicago Board Options Exchange)[215] oder der EUREX.[216,217]

3.3.4.4.1 Indexoptionen in der Portfolioabsicherung

In den meisten Fällen werden Indexoptionen im Bereich der Absicherung von Investments eingesetzt, was mit Portfolioabsicherung umschrieben wird. Die besten Ergebnisse zur Absicherung des Risikos werden erzielt, wenn der Index möglichst genau dem gehaltenen Portfolio entspricht. Bei einem *Beta* (β) von 1,0, was impliziert, dass die Renditen des Portfolios die des Index spiegeln, wäre dies der Fall. Würde ein Marktteilnehmer beispielsweise ein Portfolio halten, welches hauptsächlich aus deutschen Anlagen besteht, so wäre die Wahl von Optionen auf den DAX-Index sinnvoll. Ihm bliebe dann die Möglichkeit, entweder Puts zu kaufen oder Calls zu verkaufen.[218]

An dieser Stelle sei nochmals an den Baltic Dry-Index (BDI) erinnert, der auf ein Portfolio aus Schiffsgrößen und Fahrtgebieten gebildet wird. Ähnliches wird heute von verschiedenen Instituten bereits für den Containermarkt getan. Die Notwendigkeit für einen Index und dessen Verwendung wird in Kapitel 4.2.1.2 weiterbehandelt.

3.3.4.4.2 Bewertung von Indexoptionen

Für die Bewertung von Indexoptionen muss die Annahme dividendenloser Aktien fallengelassen werden. Dies führt dazu, dass bei kontinuierlicher Dividendenrendite (q) der Aktienkurs um den Dividendenbetrag fällt. Die Vorgehensweise zur Bewertung solcher Optionen liegt darin, den aktuellen Aktienkurs von S_0 auf S_0e^{-qT} zu verringern, um damit die Option zu bewerten, als

---

214 Janssen/Rudolph (1992), S. 75.

215 www.cboe.com, download vom 16.02.2010.

216 www.eurex.com, download vom 16.02.2010.

217 Müller-Möhl (1999), S. 75.

218 Müller-Möhl (1999), S. 75.

würden die Aktien keine Dividenden abwerfen. Für die Black-Scholes Formel (Gleichung 5) bedeutet dies eine Änderung in $V = S_0 e^{-qt} N(d_1) - Xe^{-rT} N(d_2)$. Dabei sollte die Variable *(q)* gleich der (kontinuierlich verzinsten und annualisierten) durchschnittlichen Dividendenrendite während der Optionslaufzeit gesetzt werden. Wird der Index hingegen aus Basiswerten gebildet, die keine Dividende abwerfen, können die sich darauf beziehenden Index-Optionen mit der Black-Scholes Formel (Gleichung 5) bewertet werden.[219]

3.3.5 Finanzmarktinstrumente im Seefrachten-Markt

In diesem Kapitel werden Instrumente beschrieben, die einen Ansatz zur Problemlösung im Bereich des internationalen Seeverkehrs darstellen. Wie im Forschungsstand beschrieben, beziehen sich keine der nachfolgend genannten und in der Forschung bekannten Instrumente auf den Markt der Containerschifffahrt.

Die ersten Derivate im Seefrachten-Markt wurden 1985 durch Einrichtung der Baltic International Freight Future Exchange Limited (BIFFEX) gehandelt, die sich auf den Break-Bulk Sektor bezieht.[220] Auf Basis dieses Index wurden so genannte Freight Future Vereinbarungen geschlossen, die mit den oben beschriebenen Futures aus dem Finanzmarkt vergleichbar sind. Als Basiswert (Underlying) für die Kontrakte galt der Baltic Freight-Index (BFI), der noch heute besteht, allerdings nun den Namen Baltic Dry-Index trägt.[221]

Als Erstes wurde 1998 der Baltic Panamax-Index (BPI) gebildet, auf den 1999 der Baltic Capesize-Index (BCI), im Jahr 2000 der Baltic Handymax-Index (BHMI) und schließlich in 2005 der Baltic Supramax-Index (BSI) folgten.[222] An den Namen erkennt man, dass die Indizes sich in Bezug auf verschiedene Größenklassen im Bulk-Sektor unterscheiden.[223] Die Indizes selbst setzten sich

219 Bryis et al. (1999), S. 100f.

220 Wolf (1986), S. 72f.

221 www.balticexchange.com/default.asp?action=article&ID=45 download vom 04.10.2008.

222 Die Zusammensetzung der Indizes wird dargestellt in: Kavussanos/Visvikis (2006), S. 235-237.

223 Zum 01.07.2009 wurde die Zusammensetzung des Baltic Dry Index wie folgt geändert: Zu 25% Capesize (172,000 mt dwt), [bestehend aus C8_03 Gibraltar/Hamburg trans Atlantic round voyage, C9_03 Continent/Mediterranean trip Far East, C10_03 172000mt Pacific round voyage, C11_03 172000mt China/Japan trip Mediterranean/Cont] - Zu 25 % Panamax (74,000 mt dwt), [bestehend aus P1A_03 Transatlantic RV, P2A_03 SKAW-GIB/Far East, P3A_03 Japan-SK/Pacific/round voyage, P4_03 Far East/NOPAC-AUST/SK-PASS] - Zu 25 % Supramax (52,454 mt dwt), [bestehend aus S1A Antwerp - Skaw Trip Far East, S1B Canakkale Trip Far East, S2 Japan -, SK/

aus einzelnen Schiffsgrößen und Routen zusammen, die anteilig gemäß dem Markt gewichtet sind. Mit stetigen Marktveränderungen werden auch die Gewichtungen bzw. Segmente angepasst.

3.3.5.1 Forward Freight Agreements (FFA)

FFAs sind bilaterale, unbedingte Kontrakte (OTC) zwischen im Allgemeinen zwei Parteien, die eine Charterrate für ein Schiff oder eine Schiffsladung vereinbaren wollen.[224] Hierbei wird zu einem bestimmten Zeitpunkt, vergleichbar zu den oben beschriebenen Forwards, eine Charterrate für eine Verladung in der Zukunft beschlossen. Zur Verständigung einer zukünftigen Charterrate müssen die Menge der Fracht, Verschiffungszeitraum oder -zeitpunkt sowie die Transportstrecke oder ein Bündel aus Transportrouten feststehen.[225] Als Basis kann alternativ auch eines der oben genannten Indizes dienen. Damit dic Notwendigkeit eines Forward Freight Agreements erst zustande kommt, muss mindestens eine Partei erwarten, dass sich die marktüblichen, vergleichbaren[226] Charterraten zukünftig stärker oder geringer entwickeln als die anderen. In der Regel möchte der Verlader das Risiko einer unkalkulierten Entwicklung von steigenden Charterkosten absichern. Im Erfüllungsfall werden auch hier nicht die Charterkosten durch die andere Vertragspartei beglichen. Vielmehr findet ein Barausgleich statt, der die Transaktion vereinfacht.

Die ersten Forward Freight Agreements wurden 1992 geschlossen. Damals haben die Vertragsparteien die Verträge noch direkt miteinander vereinbart. Dies bedeutete, dass eine Partei das Risiko der anderen Partei, den eventuellen Barausgleich aufgrund zu geringer Liquidität, selbst tragen musste (Credit risk). In jüngerer Zeit wird ein Clearing-House eingesetzt, bei dem eine Abstandszahlung (Initial-Margin) als Sicherheit hinterlegt werden muss.

Durch den Einsatz des Clearing-Houses, der Initial-Margin und des Barausgleichs ist es auch für institutionelle Anleger interessant geworden, Forward Agreements abzuschließen. Obwohl diese Standardisierungen es vereinfacht

---

NOPAC or Australia round voyage, S3 Japan - SK Trip Gib - Skaw range, S4A US Gulf - Skaw-Passero, S4B Skaw-Passero - US Gulf] - Zu 25 % Handysize (28,000 mt dwt), [bestehend aus HS1 Skaw - Passero trip Recalada - Rio de Janeiro, HS2 Skaw - Passero trip Boston – Galveston, HS3 Recalada – Rio de Janeiro trip Skaw – Passero, HS4 US Gulf trip via US Gulf or NCSA to Skaw – Passero , HS5 SE Asia trip via Australia to Singapore – Japan, HS6 S Korea – Japan via NOPAC to Singapore-Japan], vgl. www.balticexchange.com/default.asp?action=article&ID=5308, download vom 16.08.2009.

224 Kavussanos/Nomikos (1999), S. 355.

225 Kavussanos/Visvikis (2006), S. 234.

226 Vergleichbar in Bezug auf die genannten Bestimmungsfaktoren Menge, Zeit und Route.

haben, schwankende Charterraten abzusichern, sind Forward Freight Agreements Over-the-counter Derivate, die bilateral ausgehandelt sind. KAVUSSANOS und VISVIKIS kritisieren daher, dass Vertragsparteien aufgrund von sich ändernden Marktbedingungen bzw. Notwendigkeiten versuchen, geschlossene Vereinbarungen einseitig abzuwandeln.[227]

3.3.5.2 Freight Futures

Die fehlenden Standards bei FFAs sind bei Freight Futures gegeben, da es sich, wie in Abb (Seite 45) gezeigt, um standardisierte, börsenhandelbare Finanzmarktinstrumente handelt. Das Ziel dieser Derivate ist mit anderen Futures zu vergleichen. Zukünftig erwartete Preise sollen bereits heute abgesichert werden. Da es sich bei Seefrachten um Dienstleistungen handelt, kann als Underlying (Basiswert) nur ein Index fungieren. Die Dienstleistung, also der Seefrachttransport an einem bestimmten Tag auf einer bestimmten Route, würde der notwendigen Standardisierung nicht gerecht. Zusätzlich sind Börsenplätze notwendig, an denen solche Papiere gehandelt werden können. Beispiele sind die International Maritime Exchange (IMAREX)[228], die 2000 als professionelle Derivate-Börse für die Seefracht-Branche geschaffen wurde oder die New York Mercantile Exchange (NYMEX)[229]. Als dritte Institution ist das Clearing-House notwendig, bei dem Risikoprämien hinterlegt werden und das die Zahlungsströme sicherstellt. Hier fungiert als derzeit Einziges das Norwegian Options and Futures Clearing-House (NOS)[230]. Gehandelt werden können Freight Futures über Derivate Broker, die sich u.a. auf Seefracht spezialisiert haben (z.B. Ernst-Russ, Clarkson, Simpson Spence & Young, Freight Investor Services etc.). Seit Juni 2008 sind wieder Futures auf den Baltic Dry-Index im Markt verfügbar.

3.3.5.3 Freight Options

Neben Forward Agreements und Futures wurden auch unbedingte Derivate in Form von Optionsscheinen für Charterraten am Markt gehandelt. Erstmals wurden Optionen auf Charterraten 1991 im Break-Bulk-Bereich aufgelegt.[231] Als europäische Optionen wurden sie an der London International Financial

---

227 Siehe hierzu bspw. Kavussanos/Visvikis (2003a).

228 Vgl. Kavussanos et al. (2006): 169ff.; www.imarex.com, download vom 16.08.2009.

229 Vgl. Kavussanos et al. (2006): 177-179; http://www.nymex.com, download vom 16.08.2009.

230 www.nos.no, download vom 16.08.2009.

231 Kavussanos/Visvikis (2006a), S. 239.

Futures and Options Exchange[232] notiert. Als Basis diente hier der oben beschriebene BFI.

Der Handel mit Charteroptionen als Risiko-Management- und Investmenttool wurde allerdings nie populär, so dass schließlich der Handel im April 2002 eingestellt wurde.[233] Als Ersatz dienen individuell ausgehandelte Derivate, die bis auf die fehlende Standardisierung Optionsscheinen am ähnlichsten sind.

Lediglich im Tankermarkt, der in dieser Arbeit nicht behandelt wird, bestehen noch Optionen, die wie Futures an der IMAREX gehandelt und daher IFO (IMAREX Freight Option) genannt werden. Die ersten IFOs wurden am 01. Juni 2005 notiert und von den Trading- und Clearing Häusern wie Freight Futures abgewickelt. Als Besonderheit gilt die im Fachjargon exotisch genannte asiatische Form des Optionsscheins. Als asiatische Option bezeichnet man in der Finanzwelt eine besondere Form einer Option, die dem Käufer eines solchen Derivats einen Durchschnittswert des Underlyings über eine gewisse Laufzeit auszahlt.[234]

3.3.5.4 Preismodelle

Als Basis für die Konstruktion von Derivaten im Allgemeinen als auch im Seefrachten-Markt zählt das Cost-of-Carry-Modell, wodurch die Abitrageüberlegungen erneut verwendet werden. Es besagt, dass der Preis eines Forward Agreements bei lagerfähigen Gütern (Commodities) dem Spot-Preis entsprechen muss, zuzüglich der Finanzierungs- und sonstigen Kosten wie Finanzierungskosten und Versicherungsprämien.[235] Wäre dies nicht der Fall und der Preis der Forward Agreements höher, könnten „Arbitrageure"/ Marktteilnehmer gleichzeitig einen Forward Kontrakt verkaufen, das Commodity kaufen und bis zum Ablauf des Forward Agreements vorhalten. Am Ausübungstag würde der Arbitrageur dann einen risikolosen Profit erwirtschaften. Diese Überlegung legt fest, dass sich in effizienten Märkten stets gerechte Preise durchsetzen.

In einer Formel lässt sich dies wie folgt ausdrücken:

$$F_{t,T} = S_t + C_{T-t} \qquad (3.8)$$

Hierbei ist $F_{t,T}$ der Preis des Forward Kontraktes zum Zeitpunkt t mit Ausübungstag T, S_t der Spot-Preis der lagerfähigen Basiswertes zum Zeitpunkt t und

232 www.liffe.com, download vom 16.08.2009. LIFFE wurde 1982 gegründet und ist daher die älteste Terminbörse in Europa.

233 Koekebakker/Adland/Sødal (2007), S. 536f.

234 Vgl. Koekebakker/Adland/ Sødal (2007), S. 537.

235 Rudolph/Schäfer (2005), S. 181.

C_{T-t} die Bestandhaltungskosten (Cost-of-Carry) in der Periode zwischen dem Zeitpunkt t und dem Ausübungstag T.[236]

KAVUSSANOS[237] und KAVUSSANOS/ VISVIKIS[238] formulieren diesen Ansatz nun für den Seefrachten-Markt um, da es sich hier um Dienstleistungen handelt, die, wie oben dargestellt, nicht lagerfähig sind. Diese Eigenschaft des Basiswertes verstößt gegen die genannten Arbitragebedingungen zum Cost-of-Carry Modell. Daher können Futures und Forward Freight Agreements mit folgendem abgeänderten Modell konstruiert werden:

$$F_{t,T} = E_t(S_T) \quad (3.9)$$

$E_t(S_T)$ symbolisiert hier den heutigen Erwartungswert, den der Basiswert S zum Zeitpunkt T, also am Ende der Periode annimmt. Allerdings ist der Erwartungswert stets vage, solange er nicht genau definiert ist, und somit auch der Wert des Derivats. Unter Annahme von rationalen Erwartungen kann Gleichung 7 wie folgt umformuliert werden.

$$F_{t,T} = S_t + u_t; \quad (3.10)$$

$$u_t \sim \text{iid}\,(0, \sigma^2) \quad (3.11)$$

Vorausgesetzt, diese Beziehung kann mit aktuellen Daten belegt werden, kann daraus gefolgert werden, dass der Freight Forward/ Futures Markt als Vorhersagefunktion von Marktpreisen genutzt werden kann.[239] KAVUSSANOS und VISVIKIS[240] finden zwei verschiedene Aspekte der Vorhersagefunktion von Frachtraten im Freight Futures-Markt heraus. Dies ist zum einen der Zusammenhang zwischen dem heutigen Forward Preis und dem erwarteten Spot-Preis, zum anderen der Zusammenhang zwischen Zeitverzögerung der Erträge und Volatilitäten zwischen Spot und Forward Preisen. Als empirischen Beleg haben sie die Tradelanes (Handelsrouten) des Baltic Panamax-Index (BPI) untersucht.

Die dabei durchgeführten Grenzwertbetrachtungen von Zusammenhängen zwischen Spot und Forward Freight Kursen deuten an, dass Forward Freight Agreements für eine Vorschau von ein bis zwei Monaten gute Indikatoren auf allen Tradelanes der später tatsächlich realisierten Spot-Raten sind. Allerdings nimmt die Vorhersagegenauigkeit bereits ab dem dritten Monat ab. Einige Tradelanes waren weiterhin ein unverfälschter Indikator für zukünftige Trade-

236 Bryis et al. (1999), S. 78.
237 Kavussanos (2002), S. 661ff.
238 Kavussanos/Visvikis (2004), S. 2015ff.
239 Kavussanos/Visvikis (2006b).
240 Kavussanos/Visvikis (2004), S. 2017ff.

lanes, andere wiederum nicht. KAVUSSANOS und VISVIKIS vermuten, dass der Unterschied in der Kontraktart und dem Markt der jeweiligen Tradelane liegt. Somit wurde auch die Hypothese bestätigt, dass BIFFEX-Kontrakte eine Vorhersage für Ein,- Zwei und z.T. Dreimonatsentwicklungen sind.

3.3.5.5 Preismodelle von Freight Options

TVEDT leitet in seinem Artikel ein Preismodell für eine europäische Kauf- und Verkaufsoption auf den BIFFEX her.[241] Das heißt, dass als Underlying (Basiswert) nicht der Index, sondern ein Future verwendet wird. Vorteil ist, dass die zukünftigen Erwartungen der Marktteilnehmer in das Underlying eingepreist werden und sich somit das Niveau des Optionspreises an die zukünftig erwartete Höhe des Underlyings anpasst.

Zusätzlich geht TVEDT in seinem Modell auf die Besonderheiten des Chartermarktes ein. Zwei grundlegende Charakteristika unterscheiden seine Preisformel von der nach Black-Scholes[242]. Durch die Möglichkeit, dass Schiffe für eine gewisse Zeit stillgelegt werden, nimmt der Basiswert, hier der Baltic Freight-Index (BFI), niemals den Wert null an. Somit sind auch Future Preismodelle auf ein Level über null beschränkt. Weiterhin nimmt TVEDT an, dass Charterraten langfristig auf ihren Mittelwert zustreben (Mean-Reversion-Prozess), da sie sich nur kurz- bis mittelfristig durch fluktuationsbedingte Kapazitätsanpassungen aufgrund von Angebots- und Nachfrageschwankungen ändern. Diese Eigenschaften beeinflussen die Wertermittlung von Optionen auf den BIFFEX.

Mit Lambda (λ) soll als das Level für den BFI-Prozess bezeichnet werden, bei dem im Markt ein Schiffseigner sein Schiff stilllegen würde. Unter der Annahme, dass der BFI unterhalb von λ normal-verteilt ist, könnte der Wertzuwachs anhand von folgendem Mean-Reversion-Modell beschrieben werden:

$$dX_t = k[a - \ln(X_t - \lambda)](X_t - \lambda)d_t + \sigma(X_t - \lambda)dZ_t \qquad (3.12)$$

Dabei ist X_t der Basiskurs des BFI-Indexes zur Zeit t, dZ_t die Zuwachsrate einer Brown'schen Bewegung[243] und k, a, σ sind Konstanten.

Wie im vorherigen Kapitel gezeigt, ist der Preis eines Futures zur Zeit t (F_t) der erwartete Wert der Spot-Rate für den Zeitpunkt T. Folgt man der Black-

241 Tvedt (1998), S. 171.

242 Die Black-Scholes-Gleichung wurde im Kapitel 3.3.4.2.3 erläutert.

243 Eine Brown'sche Bewegung ist ein reellwertiger, stetiger stochastischer Prozess mit unabhängigen und stationären Zuwächsen.

Scholes-Argumentation zur Arbitragefreiheit, so besitzt der Future-Preis keine Risikoprämie und ist durch die Erwartungen des Spot-Preises gegeben:

$$dF_t = e^{-k(T-t)}\sigma(F_t - \lambda)dZ_t \qquad (3.13)$$

In dieser Gleichung bestimmt das Gewicht $e^{-k(T-t)}$ den Anteil der Volatilität der Spot-Rate (im BFI), die auf den Future-Preis Prozess übertragen wird. TVEDT beschreibt, dass in vielen Commodity-Märkten beobachtbar ist, dass bei zeitlicher Annäherung an den Ausübungszeitpunkt (Expiry Date) die Volatilität von Future-Preisen steigt. Dies erklärt er mit der Annährung an den Mittelwert (Mean-Reversion-Prozess), was mit dem Cost-of-Carry-Argument aus der Arbitragefreiheitsbedingung einhergeht. TVEDT argumentiert wie KAVUSSANOS und VISVIKIS, dass der BFI ein Index auf Dienstleistungen ist, daher dieses „Gut“ nicht gelagert werden kann und somit die Cost-of-Carry Bedingung nicht gilt. Daraus folgt, dass die Annäherung an den Mittelwert zur Preisberechnung der Option ohne Berücksichtigung von z.B. Lager- oder Versicherungsaufwendungen erfolgen kann.

Mit diesen Argumenten leitet TVEDT nun die Preisfunktion für eine europäische Call-Option auf einen BIFFEX Future-Kontrakt her, die einen Erwartungswert zum Zeitpunkt T enthält:

$$V_T = e^{-r(T-t)}E[(F_t - X)\chi_A] \qquad (3.14)$$

Dabei ist r weiterhin der risikolose Zinssatz, χ_A ist die Bedingung, dass nur im Falle A die Option ausgeübt wird, also nur, wenn sie vorteilhaft für den Stillhalter ist und X weiterhin der Ausübungspreis (Strike). BLACK[244] bietet in seiner Arbeit eine Lösung zu Gleichung 12 an, für den Fall, dass der Basiswert als Future einer Brown'schen Bewegung folgt, so dass die Abhängigkeit vom Erwartungswert präziser formuliert werden kann. Hierzu muss allerdings die Annahme von Arbitragefreiheit gelten sowie die Tatsache, dass keine Transaktionskosten oder Steuern vorhanden sind. Dann würde für eine europäische Option auf einen Future im BIFFEX-Markt Folgendes gelten:

$$V_T = e^{-r(T-t)}[(F_t - \lambda)N(d_1) - (X - \lambda)N(d_2)] \qquad (3.15)$$

mit:

$$d_1 = \frac{\ln(F_t - \lambda / X - \lambda) + [1/2e^{-2k(T-t)}\sigma^2(T-t)]}{e^{-k(T-t)}\sigma\sqrt{T-t}} \qquad (3.16)$$

244 Black (1976), S. 167ff.

$$d_2 = \frac{\ln(F_t - \lambda / X - \lambda) - \left[1/2e^{-2k(T-t)}\sigma^2 (T-t)\right]}{e^{-k(T-t)}\sigma\sqrt{T-t}} \quad (3.17)$$

oder

$$d_2 = d_1 - e^{-k(T-t)}\sigma\sqrt{T-t} \quad (3.18)$$

Die Black-Scholes Gleichung für diesen speziellen Fall ähnelt dem Standardmodell (Gleichung 5). Der Unterschied besteht lediglich im beschriebenen „BFI-Mindest-Level“ λ sowie dem Underlying. Bei Betrachtung der Gewichte fällt auf, dass diese sich nur um die Periodenvolatilität sowie die Diskontierung mit der Konstanten k unterscheiden.

Allerdings ist diese Formel nicht uneingeschränkt auf den Seefrachten-Markt mit Containern anwendbar. Daher soll im nächsten Abschnitt ein erweitertes Modell hergeleitet und überprüft werden.

Ein Modell für asiatische Optionen[245] zeigen KOEKEBAKKER *et al.*[246], welches im Grunde genommen auch eine Erweiterung des Modells von BLACK darstellt.[247] Die Spot-Rate zum Zeitpunkt t ist $S_{(t)}$. Der zukünftige arithmetische Mittelwert von S besteht aus N Kursfestsetzungen des Futures Kontraktes auf den Baltic Freight-Index zu den Zeitpunkten $T_1 < T_2 < \ldots < T_N$. Zur Herleitung des asiatischen Optionspreises wird das Prinzip der Freight Forward Agreements (FFA) zu Grunde gelegt. Der Preis eines solchen Kontraktes $F(t, T_1, T_N)$ kann als der Preis zum heutigen Zeitpunkt t interpretiert werden, der am Ende der Periode T_N das arithmetische Mittel des Basiswertes – also der Spot-Rate – während der Laufzeit $[T_1, T_2]$ liefert. Ein FFA ist also eine Vereinbarung, die bar ausgeglichen wird und dem Stillhalter die Differenz zwischen diesem Mittelwert und dem Preis $F(t, T_1, T_N)$ multipliziert mit einer konstanten D zahlt. Die Konstante D bezieht sich auf die Anzahl an Kalendertagen des FFA-Kontraktes[248]. Der Wert eines FFA-Kontraktes wird durch die Diskontierung des erhaltenen Cash-Flows am Ende der Periode ermittelt, verbunden mit dem Erwartungswert unter dem Preisfaktor Q. Dies führt zu folgender Funktion:

245 Der Auszahlungsbetrag einer asiatischen Option basiert auf dem Durchschnittspreis des Basisobjekts in der Laufzeit, nicht auf dem letzten Stand des Basiswertes. Vgl. Hull (2009), S. 689.

246 Koekebakker/Ådland/Sødal (2006), S. 465.

247 Black (1976), S. 170f.

248 Die genaue Methode hängt von den jeweiligen Day Count Conventions ab. Eine Übersicht gibt z.B. Deutsch (2004), S. 14f.

$$F(t,T_1,T_N) = \frac{1}{N}\sum_{i=1}^{N} E^Q[S(T_i)] \quad (3.19)$$[249]

KOEKEBAKKER *et al.* setzen zur Erstellung einer Preisfunktion für asiatische Optionen voraus, dass Freight Forward Agreements bis zum Ausübungszeitpunkt lognormal verteilt sind. Des Weiteren führen sie als Basis ihres Modells an, dass wie bei TVEDT die Standard-Arbitrage-Bedingungen erfüllt werden.

Vergleichbar zur Herleitung von TVEDT leiten KOEKEBAKKER *et al.* somit eine asiatische Kauf-Option mit dem Strike Preis X und dem Ausübungszeitpunkt $T \leq T_N$ her:

$$V(t,T_N) = e^{-r(T_N-t)} D[F(t,T_1,T_N)N(d_1) - XN(d_2)] \quad (3.20)$$

bei:

$$d_1 = \frac{\left[\ln\left(\frac{F(t,T_1,T_N)}{X}\right) + \frac{1}{2}\sigma_F^2\right]}{\sigma_F}, \quad (3.21)$$

$$d_2 = d_1 - \sigma_F \quad (3.22)$$

$N(d_i)$ steht hierbei für die Verteilungsfunktion einer standardnormalverteilten Zufallsvariablen, die sich in Gleichung 4 auf den Wert des zu Grunde liegenden Futures Kontraktes über den Baltic Dry-Index in der Zeit (t,T_1,T_N) bezieht. Durch den Multiplikator dieses Faktors mit der Konstanten D und der Diskontierung des risikolosen Zinssatzes im entsprechenden Zeitraum ergibt sich der Wert der spezifischen asiatischen Kauf-Option.

249 Koekebakker/Ådland/Sødal (2006), S. 465.

4 Optionsscheinmodell für den interkontinentalen Containerseeverkehr

In den nachfolgenden Kapiteln soll mittels einer Black-Scholes-Differenzialgleichung gezeigt werden, wie ein Portfolio aus Seefrachttransportraten „risikolos" hinsichtlich zu erwartender Schwankungen gestellt werden kann. Dazu werden die zuvor gestellten Hypothesen konsekutiv überprüft. Im Folgenden sollen kurz die Grundannahmen an eine Black-Scholes-Welt wiederholt werden.

4.1 Grundlagen in der Black-Scholes-Welt

Der **Random Walk** ist die erste Bedingung zur Optionsscheinbewertung über ein Black-Scholes-Modell. Der Random Walk ist das Standard-Martingal[250,251] unter den diskreten Prozessen. Bei stetigen Prozessen fällt diese Rolle den Brown'schen Bewegungen zu. Es beschreibt einen stochastischen Prozess, der nicht nur für die folgende Formel, sondern auch für die diverser Simulationsmethoden, wie z.B. die Monte-Carlo-Simulation, von großer Bedeutung ist. Von einem bestimmten Punkt kann eine Kursveränderung mit einem Vektor in einer zweidimensionalen Ebene genau beschrieben werden. In Summe, also nach n Schritten, bilden diese beliebigen Vektoren einen End-to-End-Vektor. Der Mittelwert dieses Vektors ist proportional zur Anzahl der Schritte n, da die Summe aller Vektoren alle Längen annehmen und in jede Richtung zeigen kann. Da sich allerdings nach unendlich vielen Schritten die Vektoren gegeneinander aufheben, ist der Erwartungswert null und die Varianz somit proportional zu der Anzahl der Schritte n. Wenn die Anzahl der Schritte als Zeit aufgefasst wird, nimmt mit zunehmender Zeit die Varianz und dadurch die Wurzel daraus, also die Standardabweichung (Volatilität), zu. Unterliegt die Entwicklung von Frachtraten diesem stochastischen Prozess, lässt sich daraus folgern, dass **Frachtraten lognormal verteilt** sein müssen.[252]

Diese Feststellung führt zum zweiten Grundsatz in der Black-Scholes-Welt. Die Frachtraten folgen einem kontinuierlichen Pfad, der stochastisch gegeben ist – mit einem Erwartungswert null und einer Standardabweichung proportional zur Zeit. Dieser **Mean Reversion-Prozess** beschreibt, dass sich fortschreitende Frachtraten immer wieder ihrem Mittelwert angleichen oder mit einem englischen Sprichwort ausgedrückt: „What goes up, must come down." Mean

250 Ein Martingal ist der Inbegriff eines fairen Glücksspiels.

251 Black/ Scholes (1973), S. 640.

252 Eine Herleitung findet sich beispielsweise bei Deutsch (2004), S. 28, Gl. 3.6 und 3.7.

Reversion findet sich in der geometrischen Brown'schen Bewegung wieder, die ein stochastischer Prozess der Finanzmathematik ist. Ein Bestandteil der Brown'schen Bewegung ist die Drift μ, die das gleichgewichtige Niveau, also den Mittelwert des Prozesses beschreibt. In Kapitel 4.2.2.2 wird hierauf näher eingegangen.[253]

Weitere Annahmen sind, dass die **Volatilität nicht stochastisch** ist, also keine Zufallskomponenten enthält. Gemäß dem Random-Walk-Prozess nimmt sie zwar proportional mit größeren Zeiträumen zu, ist jedoch in ihrem Verlauf deterministisch, also heute schon bekannt. Für einen festgelegten Zeitraum ist die Volatilität zudem konstant. Auf diese Annahmen wird im Kapitel 4.3.2 näher eingegangen.[254]

Wie bereits zuvor beschrieben, darf es in der Black-Scholes-Welt keine **Möglichkeit von Arbitrage** geben (Vgl. Kapitel 3.3.4.2.3.1). Dies fordert auch einen **konstanten risikolosen Zinssatz**. Der Ertrag aus der Geldanlage mit risikolosem Zinssatz muss genau dem Wert des Portfolios aus einer Investition in Seefracht und einer gegensätzlichen Option hierauf entsprechen. Um dies zu erreichen, gilt als weitere Annahme, dass **keine Transaktionskosten oder Steuern vorhanden** sein dürfen. Nicht nur zusätzliche Kosten dürfen kein Hindernis darstellen, sondern auch die Handelbarkeit des Instruments selbst. Für die Lösung der Black-Scholes-Differenzialgleichung muss ferner gelten, dass die **Märkte jederzeit liquide** sind. Es kann also ohne zusätzliche Kosten und ohne zeitliche Hindernisse in beliebig kleinen Stückzahlen gehandelt werden. Die Preise für das Instrument resultieren also vollständig aus dem Markt und unabhängig davon, wer handelt. Es darf also **kein Kontrahentenrisiko** bestehen.[255]

4.2 Diskussion der Parameter

Wie oben bereits dargestellt, lautet die Standard Black-Scholes-Formel für Call-Optionen wie folgt (vgl. Kapitel 3.3.4.2.3):

$$C_t = S_t N(d_1) - Xe^{-rT} N(d_2), \qquad (4.1)$$

Zur Erinnerung: C_t entspricht dem Wert der Call-Option. S_t ist der Kurs des Basiswerts (der zeitkontinuierliche Kurs S_t ist eine Zufallsvariable), im Weiteren Basiswert zum Zeitpunkt t genannt. X entspricht dem Ausübungspreis

253 Deutsch (2004), S. 65f.

254 Black/ Scholes (1973), S. 640f.; Kruschwitz (2007), S. 308.

255 Black/ Scholes (1973), S. 640f.; Hull (2009), S. 359.

der Option, auch Strike genannt. T ist der Zeitpunkt der Fälligkeit der Option. $N(d_i)$ steht hierbei für die Verteilungsfunktion einer standardnormalverteilten Zufallsvariablen, die wie folgt charakterisiert ist:

$$d_1 = \frac{\ln(S_0 / X) + (r + \sigma^2 / 2)T}{\sigma\sqrt{T}} \qquad (4.2)$$

und

$$d_2 = d_1 - \sigma\sqrt{T}, \qquad (4.3)$$

wobei der risikofreie Zinssatz r und die Volatilität σ als deterministisch vorausgesetzt sind (vgl. Kapitel 3.3.4.2.3). Die Black-Scholes Formel für die europäische Put-Option folgt aus der Put-Call-Parität[256]:

$$S_t + P_t - C_t = Xe^{-rT} \qquad (4.4).$$

P_t entspricht dem Wert der Put-Option.

In den nächsten Kapiteln sollen die einzelnen Variablen auf die Validität im containerisierten Seefrachten-Markt überprüft und gegebenenfalls ergänzt werden. Als Ziel entsteht eine Funktion zur Bewertung für Optionsscheine in diesem spezifischen Markt. Darüber hinaus werden – als Vorbereitung auf die quantitative Überprüfung im nächsten Abschnitt – bereits in diesem Kapitel weitere Grundlagen wie z. B. das Underlying (Basiswert) und die Volatilität behandelt.

4.2.1 Der Basiswert und die Form des Underlyings

Wie in den vorherigen Kapiteln beschrieben, handelt es sich bei einem interkontinentalen und containerisierten Seefrachttransport um eine Dienstleistung. Als immaterielles Gut, bei dem Produktion und Verbrauch zeitlich zusammenfallen, ist es nicht lagerfähig, nicht selbst transportierbar und vor allem nicht übertragbar. Die letzte Eigenschaft stellt an sich keine Schwierigkeit für die weitere Behandlung dar, da mit einem Finanzinstrument nicht der Wert der Dienstleistung, sondern das damit verbundene Risiko gehandelt werden soll. Allerdings fordert die Black-Scholes-Gleichung die Quantifizierung der Basis in Form des Basiswertes *(S)*.

Es stellt sich daher die Frage, ob übertragenes Risiko und Basiswert eines einzelnen Seefrachttransportes in einen Markt effizient gehandelt werden

256 Vgl. Kapitel 3.3.4.2.1.

können, da hierfür sowohl ausreichend Nachfrage als auch Angebot vorhanden sein muss.

4.2.1.1 Notwendige Liquidität des Marktes

Wie zuvor erwähnt, kennt die Black-Scholes-Welt keine illiquiden Märkte. Dem zu konzipierenden Instrument wird zu Grunde gelegt, dass es jederzeit und ohne weitere Barrieren handelbar ist. Dies wird auch weiterhin für die Modellierung des Finanzinstrumentes gelten.

Dass sich jedoch die Theorie von der Empirie unterscheidet, zeigt die Entwicklung des Handelsvolumens von Derivaten in der Seefrachtbranche, konkret von Futures-Kontrakten, die auf den oben beschriebenen BDI quotiert wurden. KAVUSSANOS und VISVIKIS beschreiben das „Dilemma" des BIFFEX vom Start 1985 bis zum Jahr 2002, in dem der standardisierte Handel eingestellt wurde.

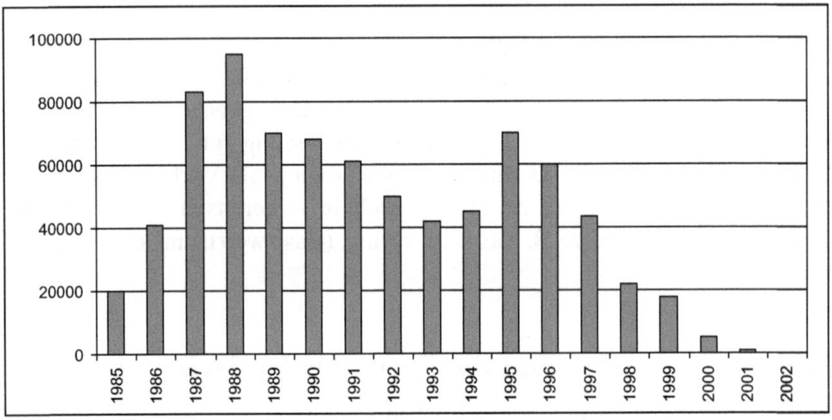

Abb. 4.1: Das jährlich gehandelte Volumen von BIFFEX Kontrakten (Quelle: KAVUSSANOS/ VISVIKIS (2006), S. 240.)

Als Hauptgrund für diese abnehmende Entwicklung wird angeführt, dass die im Gegensatz an Popularität zunehmenden over-the-counter-Derivate eine genauere Absicherung des Risikos darstellen als die standardisierten Produkte auf den BFI. Durch die verringerte Nachfrage schwindet weiterhin die Liquidität des gesamten Marktes und somit dessen Transparenz.[257] Im Juni 2008 wurde ein

257 Kavussanos/Visvikis (2006), S. 239f.

erneuter Versuch unternommen, Futures zu handeln. Im Juli 2008 wurden erstmalig auch wieder Optionsscheine emittiert.[258]

Das in Kapitel 3.3.5.5 dargestellte Modell der asiatischen Optionen von KOEKEBAKKER/ÅDLAND/SØDAL ist als Antwort auf die Entwicklung der z.T. geringen Nachfrage konzipiert. Weil der Auszahlungsbetrag einer asiatischen Option auf dem Durchschnittspreis des Basisobjekts in der bestimmten Laufzeit basiert und nicht auf dem letzten Stand des Basiswertes, ist die Gefahr des Verlustes minimiert. Mittels einer stochastischen Analyse in Form einer Monte-Carlo-Simulation weisen KOEKEBAKKER ET AL. nach, dass das Instrument eine Lösung für schwach-liquide Terminmärkte in der Seefrachtbranche bietet. [259]

Ziel dieser Arbeit ist es allerdings mit einem geeigneten Instrument auf einen möglichst großen, relevanten Markt zu treffen, der sich derzeit jedoch erst entwickelt. Einzelne Seefracht-Kontrakte als Underlying (Basiswert) zu verwenden, wäre daher nicht zielführend. Ein Index aus mehreren Frachtraten, die sich möglichst ähnlich entwickeln, würde auf eine größere Menge an Nachfragern treffen und somit das Marktvolumen erhöhen. Es besteht daher die Wechselwirkung, zum einen möglichst viele so genannte Tradelanes (Handelsrouten) in dem Index mit abzubilden, zum anderen die Korrelation der Tradelanes mit dem Index zu maximieren. Bildet man anschließend auf diesen Index ein Derivat, muss eine hohe Absicherungs-Qualität (Hedge-Performance) gegenüber dem zukünftigen Verlauf der tatsächlichen Frachtraten garantiert sein.

4.2.1.2 Seefrachtindex

Als Underlying (Basiswert) (S) wird also für die Anwendung der oben dargestellten Black-Scholes-Formel ein Index herangezogen. Allerdings wird durch die Notation S_0 ein Index zum jetzigen Zeitpunkt gefordert, der aus Daten aus der Gegenwart zusammengesetzt und sowohl frei von historischen Einflüssen als auch in die Zukunft gerichteten Erwartungen ist. Es ist fraglich, ob in der Realität ein Index auf Frachtraten, bestehend aus Echtdaten für interkontinentale Containerrouten, verfügbar ist.

4.2.1.2.1 Wettbewerbsrechtliche Hindernisse

Zum 18. Oktober 2008 wurde die Freistellung für Linienkonferenzen in der Seeschifffahrt vom EG-Kartellverbot aufgehoben und somit auch die Möglichkeit, sich über Preise und Marktentwicklungen, zwischen Unternehmen innerhalb

258 www.imarex.com/home/news_updates, download vom 04.10.2008.

259 Koekebakker/Ådland/Sødal (2007), S. 538ff.

dieser Konferenzen, auszutauschen. Reedereien sind verpflichtet, ihre Geschäftspraktiken mit den geltenden EG-Geschäftspraktiken in Einklang zu bringen. Aufgrund z.T. erheblichen Widerstandes der durch diese Neuregelung negativ betroffenen Unternehmen – hauptsächlich Reedereien – wurden Leitlinien für die Anwendung von Artikel 81 des EG-Vertrags auf Seeverkehrsdienstleistungen veröffentlicht[260], die zum 18. Oktober 2008, vorerst für fünf Jahre, in Kraft treten.[261] Abschnitt 3.2.3 der Leitlinien regelt die Eigenschaften der ausgetauschten Informationen. Generell sind in die Zukunft gerichtete Informationen als „problematisch" anzusehen.[262] Dies bezieht sich sowohl auf Kapazitätsangaben als auch auf den Austausch von Preisen. In Ziffer 57 der Leitlinie werden legale Spezifikationen von Preisindizes geregelt.[263] Allgemein heißt es, dass ein Verstoß dann vorliegt, wenn der Informationsaustausch „die Ungewissheit über das fragliche Marktgeschehen verringert oder beseitigt und dadurch zu einer Beschränkung des Wettbewerbs zwischen Unternehmen führt".[264]

Entscheidend für die Konformität eines Preisindex mit Artikel 81 Abs. 1 EGV sind gemäß Ziffer 57 der Leitlinien der Grad der Datenaggregation, der historische beziehungsweise aktuelle Charakter der Daten und die Erscheinungshäufigkeit:

- Der Aggregationsgrad der Daten muss gemäß Ziffer 52 so hoch sein, dass anhand der veröffentlichten Daten keinerlei Rückschlüsse mehr auf Einzelangaben von Unternehmen gezogen werden können.
- Beim Alter des Datenmaterials ist entscheidend, ob es sich um historische oder aktuelle beziehungsweise zukunftsgerichtete Angaben handelt. Generell sind Daten umso weniger problematisch, je älter sie sind. Sofern die Daten stark genug aggregiert sind, sind gemäß Ziffer 54 auch „neuere" Daten kaum für den Wettbewerb schädlich. „Der Austausch zukunftsgerichteter Daten vor allem über Preise oder Produktion ist mit besonderer Wahrscheinlichkeit als problematisch einzustufen."[265] Diese Prognosen würden zu Rückschlüssen auf die Geschäftsstrategien der Wettbewerber führen und somit den

260 O.V. Europäische Kommission (2007), S. 3ff. oder http://ec.europa.eu/comm/competition/antitrust/legislation/maritime, download vom 04.08.2008.

261 O.V. Europäische Kommission (2008).

262 O.V. Europäische Kommission (2008), Ziffer 53.

263 O.V. Europäische Kommission (2008), Ziffer 57.

264 O.V. Europäische Kommission (2008): Ziffer 43.

265 O.V. Europäische Kommission (2008): Ziffer 54.

Wettbewerb einschränken. Die ELAA[266] darf bei ihrem neuen Preisindex beispielsweise nur Daten verwenden, die mindesten drei Monate alt sind.

- Auch die Erscheinungshäufigkeit ist gemäß Ziffer 55 ein kritischer Faktor, denn „je rascher Daten ausgetauscht werden, umso rascher können Wettbewerber reagieren".[267] Hierdurch könne der so genannte verdeckte Wettbewerb eingeschränkt werden, Gegenmaßnahmen würden dadurch erleichtert und Anreize für Wettbewerbsvorstöße verringert. Der Index der ELAA darf maximal in monatlichen Abständen erscheinen.

Aufgrund der sehr strengen Voraussetzungen des EG-Wettbewerbsrechts erscheint es äußerst schwierig, einen Preisindex für die Linienschifffahrt zu konstruieren, der wettbewerbsrechtkonform ist und gleichzeitig als Basisprodukt für Frachtderivate dienen kann. Zwei der drei großen Hauptfahrtgebiete reichen von oder nach Europa, weshalb die Konformität mit europäischem Recht für einen Preisindex maßgeblich ist.

4.2.1.2.2 Bestehende Indizes auf containerisierte Seefrachtraten

Das INSTITUTE OF SHIPPING ECONOMICS AND LOGISTICS veröffentlicht in seinem jährlich erscheinenden ISL Shipping Statistics Yearbook eine Übersicht über die gängigen Indizes auf durchschnittliche Fracht- und Charterraten pro Jahr.[268] Darüber hinaus publizieren weitere Institute und Unternehmen vergleichbare Analysen. Hierzu zählen unter anderem Container Shipping Insight von Drewry[269], Market Analysis – Future Supply and Demand for Liner Services[270] von CI, Q-Series: Industrial Transportation bzw. Freight Rate Tracker von UBS[271], Supply and Demand in the Container trades von MDS[272].

Der derzeit aktuellste Index ist der China Containerized Freight-Index (CCFI) vom chinesischen Ministerium für Kommunikation.[273] Dieser wöchentlich aktualisierte Index zeigt die Entwicklung der Frachtraten auf elf ausgewählten Fahrtgebieten von und nach China. Die zu Grunde liegenden Daten bezieht das Ministerium von 16 großen Linienreedereien, die auf diesem Markt tätig sind. Der Basiswert (1.000) des Index bezieht sich auf das Jahr 1998. Nach Angaben des Ministeriums hat der CCFI für den Containerlinienmarkt

266 European Liner Affairs Association, www.elaa.net, download vom 21.11.2008.

267 O.V. Europäische Kommission (2008): Ziffer 55.

268 Institute of Shipping Economics and Logistics (Hrsg.) (2008), S. 154ff.

269 Drewry Shipping Consultants Ltd. (Hrsg.) (2008), S. 37ff.

270 Containerisation International Informa plc (Hrsg.) (2007), S. 16ff.

271 UBS AG (Hrsg.) (2008), S. 22ff.

272 MDS Transmodal Ltd. (Hrsg.) (2007), S. 3ff.

273 http://en.chineseshipping.com.cn, download vom 21.11.2008.

einen ähnlich hohen Stellenwert wie der Baltic Dry-Index (BDI) auf dem Bulkmarkt.[274] Positiv an diesem Index sind die Orientierung nach Fahrtgebieten, die Anzahl und Qualität der Datenlieferanten sowie die Erscheinungshäufigkeit und Aktualität. Negativ zu bewerten sind der alleinige Bezug auf den chinesischen Markt sowie die fehlende Unterscheidung nach der Fahrtrichtung (eastbound/ westbound). Wie bereits dargestellt, gibt es hierbei erhebliche Unterschiede. Insgesamt ist der CCFI aber ein gutes Beispiel dafür, wie ein aktueller Linienfrachtindex funktionieren könnte.

Sowohl die Darstellung historischer Indizes als auch Prognosen auf dem Gebiet der Schifffahrt und Häfen sind jedoch von z.T. erheblichen Brüchen und Fehleinschätzungen geprägt.[275] ZACHCIAL führt dies hauptsächlich auf Einzeleffekte zurück, zu denen er als Beispiele die Ölkrise in den 1970er-Jahren, den system-politischen Wandel in Osteuropa oder den China-Boom zur Jahrtausendwende anführt.[276] Es ist also festzuhalten, dass es auf die Entwicklung der Frachtraten neben den in Kapitel 2.4 genannten, korrelierenden Faktoren weitere Einflussgrößen gibt. Diese „Sondereffekte" treten unregelmäßig und z.T. mit erheblichen regionalen, meist jedoch globalen Einflüssen auf den Gesamtmarkt auf. Ein Beispiel ist die Wirtschaftskrise in den Jahren 2008/ 2009. Eine Prognose der Ratenentwicklung, vor allem aber der zukünftigen Volatilität (siehe nächstes Kapitel) wird dadurch erschwert.

Weitere Unterschiede zwischen den zuvor genannten Indizes begründen sich in der Datenlage und vor allem in der Methode der Erhebung und Analyse. ZACHCIAL stellt als Grundvoraussetzung zur Erstellung von Indizes und darauf basierenden Prognosen die Verfügbarkeit von seriösen Daten und Methodenkenntnis heraus. Zur Analyse bedarf es darüber hinaus fachspezifischer Kenntnis der Schifffahrtsmärkte, inklusive der Berücksichtigung psychologischer Effekte bei Marktveränderungen.[277] Die Methodik entscheidet über die Genauigkeit der Prognose der jeweiligen Indizes.

GARATT stellt in seinem Artikel die Vorgehensweise von MDS Transmodal vor, die er als „holistic approach" bezeichnet.[278] Basis von MDS Transmodal ist die weltweite Erfassung von Zolldaten, unterteilt in Produktgruppen. ZACHCIAL wertet diese Vorgehensweise hinsichtlich der Vorhersagequalität als „offensichtlich sehr zuverlässig". Eine ähnliche Methodik wählen GLOBAL INSIGHT und MERGE GLOBAL. Erstere verwenden zur Modellierung die Erfassung von länderspezifischen Außenhandelsströmen. Ergänzt werden die Daten um die See-

---

274 http://en.chineseshipping.com.cn, download vom: 21.11.2008.

275 Zachcial (2008), S. 75.

276 Zachcial (2008), S. 75.

277 Zachcial (2008), S. 76.

278 Garatt (2007), S. 42ff.

hafenhinterland- und Transshipment-Verkehre. Durch Hinzunahme an Feedersystemen wird so die Validierung erheblich gesteigert. Bei MERGE GLOBAL werden parallel zum genannten Ansatz Importdaten auf Regional- bzw. Landesebene für die Erstellung der Indizes und Prognose herangezogen.[279] Hierzu wird ein so genanntes „Demand-pull framework" verwendet, das sieben Bestandteile beinhaltet. Neben der Ableitung aus Endkundennachfrage und einer Erhebung des Modal-Split wird das Routing der Fracht und somit eine Regionalisierung der Globalprognosen mit einbezogen.[280] Neben klassischen Gravitationsmodellen empfiehlt ZACHCIAL hierzu die Verwendung des FRATAR-Algorithmus, bei dem mithilfe von Vektoren regionale Quelle-/Ziel-Aufkommen erhoben werden, die mit den Summen der globalen Werte übereinstimmen. Über ein Matrizenvergleichsverfahren werden regionale Unbekannte iterativ bestimmt.[281]

Eine bedeutende Rolle bei der Erhebung von Marktdaten wird zukünftig die 2003 gegründete European Liner Affairs Association (ELAA) spielen. Bis zur Abschaffung der Konferenzen in Europa am 18. Oktober 2008 waren diese die Sammelstellen für den Datenaustausch der Mitgliedsreedereien. Als Interessenvertretung von 24[282] großen Linienreedern gegenüber der EU profitiert die ELAA von ihrer starken Mitgliederstruktur. Neben einer Datenbank über Volumina und Kapazitäten wird auch ein Preisindex für zwölf Fahrtrouten von und nach Europa erstellt. Neben der hohen Repräsentativität wird ein weiterer Vorteil des ELAA-Index darin bestehen, dass das strenge Regelwerk die Anforderungen der EU-Wettbewerbsaufsicht erfüllt. Mithin ist es nicht möglich, Rückschlüsse auf einzelne Reedereien aus dem Index abzuleiten.[283] Die Standardisierung und die Erhöhung der Repräsentativität der Daten sind wichtige Schritte in Richtung eines verlässlichen Index. Allerdings wird dieser Index nicht global, sondern auf Europa beschränkt sein. Somit trifft auch die beim China Containerized Freight-Index (CCFI) vorgebrachte Kritik zu.

4.2.1.2.3 Lösungsansätze

Als Lösung dieser Situation sind zwei Möglichkeiten denkbar, die beide auf der Einbindung der Verlader und weiterer Marktteilnehmer als Datenquellen beruhen. Nach Ziffer 43 der Leitlinien der EU-Kommission wäre eine Wettbewerbsbeschränkung nur dann wahrscheinlich, wenn der Informationsaustausch

279 Clancy et al. (2007), S. 9ff.
280 Clancy et al. (2007), S. 9.
281 Horowitz (2006), S. 91; Zachcial (2008), S. 78.
282 Stand 13.02.2010.
283 O.V. Hapag-Lloyd News (2008), S. 19.

„unter den wichtigsten Anbietern und unter Ausschluss der übrigen Anbieter und der Verbraucher“[284] stattfindet. Ziffer 56 besagt, dass die möglichen Auswirkungen auf den Wettbewerb umso unproblematischer sein dürften, je intensiver die Informationen mit den Abnehmern ausgetauscht würden. Die Einbindung der Abnehmer als Datenquelle, hier also vor allem der Verlader, könnte demnach dazu führen, dass ein Preisindex mit Artikel 81 Abs. 1 EGV und den Leitlinien zu dessen Anwendung auf Seeverkehrsdienstleistungen konform sein könnte. Entscheidend ist dabei die Frage, ob die durch die zusätzliche Markttransparenz entstehenden Effizienzgewinne nur den Anbietern zugutekämen (nicht konform) oder auch den Verbrauchern, also den Kunden der Reeder (konform). Gemäß Artikel 81 Abs. 3 EGV wäre das Verbot des Artikels 81 Abs. 1 EGV bei einer entsprechenden Integration der Kunden nicht anwendbar.

Ein Lösungsansatz besteht darin, dass die Datenlieferanten des Index auch aus dem Kreise der Kunden, also der Verlader kommen. Bisher bestand für diese allerdings kein Anlass, sich an einem Preisindex zu beteiligen. Über ihren Leistungseinkauf dürfen sie im Unterschied zu Reedern Preise bei mehreren Reedereien anfragen und können sich somit selbst einen Überblick über das Preisniveau am Markt verschaffen. Dabei streben sie stets an, individuell günstige Spezialraten zu verhandeln (siehe Kapitel 2.3.1.2). Zur Beteiligung der Verlader an einem Index wäre daher ein Anreiz notwendig, damit diese ihre Daten preisgeben. Dieser könnte in dem durch den Index ermöglichten Derivatehandel bestehen, der wiederum zu den in Artikel 81 Abs. 3 EGV geforderten Gewinnen und Verbesserungen für die Verbraucher führen könnte. Ohne einen bereits bestehenden Handel dürfte es allerdings praktisch sehr schwierig sein, diesen Anreiz zu vermitteln.

Einen weiteren Ansatz wählt die Vereinigung Hamburger Schiffsmakler und Schiffsagenten e.V. Mithilfe von 20-30 Befrachtungsagenten wird der so genannte ConTex (Container Ship Time Charter Assessment-Index) erstellt. Er errechnet sich halbwöchentlich aus den gleichgewichteten, prozentualen Unterschieden der Markteinschätzungen von drei unterschiedlichen Containerschiffstypen.[285] Dieser Index soll über den Umweg der Charterraten als Underlying (Basiswert) für Frachtderivate auf Containerfrachtraten genutzt werden. Eine Korrelation von historischen Daten des noch jungen Index mit Marktdaten aus containerisierten Spot-Raten konnte allerdings nicht direkt nachgewiesen werden. Es besteht lediglich ein enger Zusammenhang mit der Ratenentwicklung in ausgewählten Tradelanes (Handelsrouten), vor allem denen, die

284 O.V. Europäische Kommission (2008): Ziffer 43.

285 www.vhss.de/contex.php, download vom 26.08.08.

Importe nach Europa führen.[286] Ursache hierfür können die unterschiedlichen Laufzeiten der Kontrakte von Charter- und Frachtraten und/ oder die unterschiedlichen Grade externer Einflussgrößen wie z. B. Nachfrage/ Angebot, Wettbewerbsintensität oder regionale Faktoren sein.[287] Die Qualität der Absicherung von Instrumenten auf diesen Index, gegen allgemeine Schwankungen im containerisierten Seefrachten-Markt, ist folglich niedrig.

Eine vergleichbare Möglichkeit bestünde darin, dass sich ein Preisindex über eine für jedermann zugängliche Börse beziehungsweise einen organisierten Marktplatz ergäbe. Im Unterschied zu der ersten Möglichkeit könnte dabei jeder Marktteilnehmer seine Daten in standardisierter Form übermitteln und nicht nur ein fester Kreis an Datenlieferanten, so genannte Panelisten. Eine Erscheinungsform solcher Marktplätze sind entsprechende Internetportale, die als eine Art Frachtenbörse auftreten. Hier treffen Angebot und Nachfrage derart aufeinander, dass Transporte auf einer bestimmten Strecke für eine bestimmte Ladung oder Containerart zu einem bestimmten Zeitraum angeboten und nachgefragt werden können. Eine Aufstellung einiger bedeutender Portale zeigt **Error! Reference source not found.**.

Diese Portale sind vor allem in den USA und Kanada verbreitet und beziehen sich dort vorwiegend auf den Landtransport. Große Reedereien und Verlader nutzen diese Portale bislang kaum oder überhaupt nicht. Einen Vorstoß in Richtung eines transparenten Spotmarkts hat der Marktführer Maersk mit seinem Portal www.youship.com gewagt, bei dem er allerdings als einziger Anbieter auftritt. Aufgrund der schwindenden Konferenzstrukturen in der Containerlinienschifffahrt wird eine Entwicklung in diese Richtung auch bei anderen großen Marktteilnehmern nicht ausgeschlossen. Die Frachtenbörse Searates ist das geeignetste Beispiel dafür, wie ein Portal für die Containerlinienschifffahrt aussehen müsste. Ein Index auf der derzeitigen Datenbasis von Searates würde jedoch nicht repräsentativ für das Marktniveau sein, da die Datenbasis derzeit noch zu klein ist und die großen Marktteilnehmer gar nicht oder nur in sehr geringem Umfang partizipieren. Eine Institution, die nicht

---

286 Diese Berechnungen wurden auf Basis historischer Daten des Contex (Jan. 2007 bis Jul. 2008) mit Daten der Schenker AG durchgeführt. Für diesen Zeitraum ergaben sich Korrelationskoeffizienten zwischen 0,109 und 0,675 für die drei Größenklassen des Contex. Die Tradelanes Fernost-Europa und Nordamerika-Europa korrelierten im gleichen Zeitraum mit den einzelnen Größenklassen, mit einem Koeffizienten zwischen 0,920 und 0,960.

287 Durch Zeitreihenanalysen könnte nachgewiesen werden, dass Zusammenhänge zwischen den Entwicklungen von Charter- und Frachtraten bestehen. Die Hyphothese kann aufgestellt werden, da beide Raten durch Angebot und Nachfrage nach Schiffsraum beeinflusst werden.

direkt in die Wertschöpfung von Containertransporten eingebunden ist, wie beispielsweise das INSTITUTE OF SHIPPING ECONOMICS AND LOGISTICS, Bremen, die bereits Indizes veröffentlicht, könnte als unabhängige „Börse" bzw. Unabhängiger Mediator fungieren.

Tab. 4.1: Frachtportale im Internet (Quelle: eigene Darstellung)

Portalname	**Beschreibung**
www.searates.com	Frachtbörse besonders für containerisierte Seefracht. Viele Anbieter und Nachfrager.
www.thefreightrateco.com	Portal für Luft-, See- und Landfracht, ausdrücklich auch für kleine Ladungseinheiten. Viele Anbieter und Nachfrager.
www.freightquote.de	Portal für Spediteure und deren Kunden. Anbieter sind ausschließlich Speditionen.
http://freightrates.org	Portal für die USA und Kanada mit Spezialisierung auf Landfracht. Viele Anbieter und Nachfrager.
www.efreightline.com	Portal für die USA und Kanada mit Spezialisierung auf Landfracht. Viele Anbieter und Nachfrager.
www.youship.com	Portal der Reederei Maersk für Seefrachtangebote. Maersk ist hier der einzige Anbieter.
www.freightnet.com	Portal für Luft-, See- und Landfracht, ausdrücklich auch für kleine Ladungseinheiten. Viele Anbieter und Nachfrager.
www.freightclick.com	Portal für die USA und Kanada mit Spezialisierung auf Landfracht. Viele Anbieter und Nachfrager.

Da es bisher keinen Index gibt, der allen Anforderungen gerecht wird, soll für die weitere Analyse angenommen werden, dass ein Index aus quotierten Frachtraten ohne Zeitverzögerung zur Verfügung steht. Zur weiteren Analyse werden daher als Basiswert Daten der Firma SCHENKER AG verwendet, die aus den Jahren 1993 bis 2007 stammen. Die Regionalisierung nach einzelnen Tradelanes (Handelsrouten) erfolgt nach der gängigen Methodik und wird durch Anlage 2 erklärt. Die Darstellung der Datenbasis findet sich in Anlage 3.[288]

Wird das am Ende dieses Abschnitts erstellte Black-Scholes-Modell in der Praxis verwendet, könnten die Echtdaten des Unternehmens als Basiswert verwendet werden. Zwar liegt der Marktanteil der SCHENKER AG unter 10 %, die zuvor beschriebene transparente Marktstruktur lässt jedoch eine Gültigkeit zu.

4.2.1.3 Notwendige Anzahl an Instrumenten

Bei einem Absicherungsmotiv muss Ziel eines jeden Optionsscheines auf Seefrachtindizes sein – wie auch bei allen anderen Derivaten –, das Portfolio risikolos zu stellen. Damit, entspricht jedoch das Risiko des Underlyings des Instruments nicht dem des Portfolios, also den Seefrachtkontrakten. Es ist also nicht direkt ersichtlich, welche Menge an Derivaten notwendig sein wird, um über

288 Aus Gründen der Vertraulichkeit ist Anlage 3 nur in ausgewählten Drucken dieser Publikation enthalten (vgl. Sperrvermerk).

einen Index das Risikoprofil „glattzustellen“. Die benötige Menge an Optionsscheinen steht mit der Sensitivität des Underlyings in Beziehung. Ändert sich der Wert des Index *S* um *dS*, so ändert sich der Wert des Derivates um *dV*. [289] Die benötigte Anzahl an Absicherungsinstrumenten, um die Wertänderung zu kompensieren, entspricht genau dem Quotienten *dV/dS*. Bei sehr kleinen Abweichungen wird der Quotient zur Ableitung, dessen Größe jedoch nicht bekannt ist. Daher wird eine gemeinsame Variable eingeführt, von der sowohl die Ableitung des Index als auch des Derivates bestimmt werden kann. Als Gemeinsamkeit stehen beide in direkter oder indirekter Relation zum Ausübungspreis *X(t)*. Die allgemeine Hedge-Ratio (Absicherungsgrad) kann wie folgt bestimmt werden[290]:

$$\Delta \text{ Derivat } V \text{ mit Underlying } S = \frac{\partial V}{\partial S} = \frac{\partial V}{\partial X}\left[\frac{\partial S}{\partial X}\right]^{-1} \tag{4.5}$$

4.2.1.4 Zuschläge und deren Einfluss auf das Underlying

Weitere Wertveränderungen verursachen, wie bereits oben angedeutet, die inzwischen zahlreichen Zuschläge. Diese werden von den Reedereien ggf. über die Spediteure an die Verlader weitergereicht.[291] Neben Aufpreisen für Treibstoff (Bunker Adjustment Fee/BAF) und Wechselkursänderungen (Currency Adjustment Fee/CAF) existieren so genannte Surcharges für Risiken wie Krieg oder Sicherheit sowie für Kapazitätsengpässe wie die Congestion oder Peak Season Surcharge.[292, 293] Eivind Kolding, CEO von A.P. Møller-Maersk A/S bestätigt, dass diese Aufpreise inzwischen enorme Extrakosten bedeuten.[294] Gleichzeitig fließen sie aber nicht in die Frachtrate ein.[295] Zwar ist sicherlich jeweils ein gewisser Kostenbestandteil der Zuschläge bereits in der Rate enthalten, allerdings werden die Schwankungen, vor allem von Treibstoff und Währungen, über die Surcharges weitergereicht. Somit ist die Volatilität der Raten von diesen Faktoren quasi unabhängig. Auftretende Kalkulationsrisiken durch die Zuschläge können bereits über bestehende Derivate abgesichert

289 Deutsch (2004), S. 193.

290 Neben dieser Berechnung bestehen weitere Varianten, die Hedge-Ratios zu berechnen, die z.T. aufeinander aufbauen. Für den Seefrachten-Markt vgl. Kavussanos/Nomikos (2000), S. 232f.; Thuong/Visscher (1990), S. 59ff.

291 Wannewetsch (2006), S. 352 gibt ein Beispiel, wie die Zuschläge berechnet werden.

292 Holderied (2005), S. 134.

293 Vgl. Kapitel 2.3.1.3.

294 Wörnlein (2008b), S. 8.

295 Holderied (2005), S. 134.

werden. Daher fließen sie nicht in dieses Modell ein, so dass das Underlying (Basiswert) (*S*) als reiner Frachtratenindex bezeichnet werden kann.[296]

4.2.2 Grenz- und Mittelwerte von Frachtraten

4.2.2.1 Ober- und Untergrenze

TVEDT erweitert in seiner Untersuchung die Standard Black-Scholes-Gleichung um einen Minimalwert (λ), unterhalb dessen ein Schiff aus wirtschaftlichen Gründen stillgelegt wird.[297] Die Frachtrate ist eine der wichtigsten Umsatzquellen eines Reeders oder indirekt desjenigen, der für die Charterrate aufkommen muss. Allerdings existieren im Falle niedriger Frachtraten Kompensationsmöglichkeiten. Wie eingangs beschrieben, können niedrige Raten auf einer Fahrtroute durch eine höhere Rate in der gegensätzlichen Richtung oder auf anderen Routen ausgeglichen werden. Dies zeigt sich besonders bei der Route zwischen Europa und Fernost in Ab.

In manchen Quartalen konnten die gesunkenen Raten in der einen Richtung durch die anderen kompensiert werden. Allerdings gilt, wie sich in Kapitel 4.3.2.3.1 zeigen wird, dieser offensichtliche Zusammenhang nicht immer. Doch selbst bei in Summe absinkenden Marktraten wie z. B. zwischen dem zweiten und dritten Quartal 2002 oder zwischen dem zweiten Quartal 2008 und zweiten Quartal 2009, die in Summe unter dem Betriebsminimum des Schiffsbetreibers liegen, werden die hier behandelten Hauptrouten nicht eingestellt, sondern lediglich Kapazitäten verringert. Strategische Gründe stehen hierbei im Vordergrund. Es lässt sich also annehmen, dass die Ergänzung von TVEDT, dass es einen Wert gibt, der minimal erreicht werden kann, für das hier zu konstruierende Modell nicht notwendig ist. Grundsätzlich kann eine Frachtrate und somit ein daraus gebildeter Index, vergleichbar mit Aktien, den Wert null annehmen. Auch die in Kapitel 2.4 angeführten Untersuchungen von ZACHCIAL über Hürden einer Markterholung befinden sich in diesen gesetzten Grenzen.

---

296 Kleinman (2001), S. 18f.

297 Tvedt (1998), S. 169f.

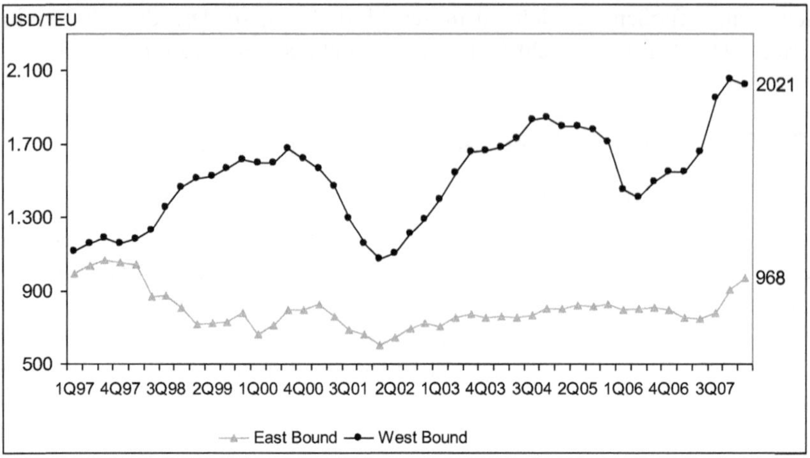

Abb. 4.2: Frachtraten von Europa nach Fernost und vv. zwischen 1997 und 2008 (Quelle: Daten der Schenker AG)[298]

Im Gegensatz dazu existiert grundsätzlich keine theoretische Begrenzung nach oben. Zwar nimmt, wie bei jeder Preis-Nachfrage-Funktion eines Marktes, die Nachfrage mit steigendem Preis ab, weshalb jedoch nicht von einer Obergrenze gesprochen werden kann. Selbst relative Preisanstiege von fast 25 % innerhalb eines Quartals setzen die Marktfunktion noch nicht außer Kraft[299], setzen wohl aber die Verlader in Bezug auf die Margenkalkulation unter Druck. Ein Maximalwert ist daher ebenfalls nicht in das zu erstellende Modell einzubeziehen.

4.2.2.2 Mittelwert und dessen Drift

Die genannte Black-Scholes-Gleichung[300] beinhaltet nicht den Mittelwert der Frachtrate. Allerdings ist der Mittelwert von Bedeutung, da die Volatilität, das zentrale Element der Optionspreisbewertung ist. Die Quadratwurzel der Varianz vom Mittelwert, auch als Risikomaß ausgedrückte Variable, nimmt also Bezug auf den Mittelwert, kann aber, wie sich im nächsten Kapitel zeigen wird, ohne dessen Berechnung indirekt bestimmt oder zumindest angenommen werden.

298 Eine Datenangabe findet sich in Anlage 3 in den Ausgaben dieser Arbeit wieder, die nicht dem Sperrvermerk unterliegen.

299 Vgl. Ratenveränderung von 2. zu 3. Quartal 2002 und Veränderung der Volumina in Anlage 3.

300 Vgl. Kapitel 3.3.4.2.3.

Eine Bedingung der Black-Scholes-Welt ist, dass Volatilitäten konstant sind und proportional mit der Zeit zunehmen. Dies wurde aus dem Mean-Reversion-Prozess abgeleitet, der auf dem Random-Walk beruht. Eine Vorgabe dieses Prozesses ist allerdings, dass die End-to-End-Vektoren des Random-Walks sich am Ende der Zeitreihe gegeneinander aufheben. Dies bedingt, dass Mittelwerte konstant zu der Anzahl der Einzelvektoren sind. Nach unendlich vielen Schritten müssen sich alle Vektoren gegeneinander aufheben, so dass die Erwartungswerte des Random-Walks den Wert null annehmen. Dies war eine zentrale Bedingung zur Abitragefreiheit. Allerdings kann ein Portfolio auch mit einem Erwartungswert ungleich null risikofrei gestellt werden, wenn weiterhin gilt, dass Arbitrage nicht möglich ist. Bei Aktien, die mittelfristig eine Dividende abwerfen, kann das Portfolio nicht einen Erwartungswert von null annehmen.[301] Die „Risikobefreiung" erreicht man, indem man dem Random-Walk eine Wachstumsvariable „beimischt", die als Drift bezeichnet wird. Bei einer Absicherung von Frachtratenschwankungen in langen Zeiträumen (>2 Jahre) müsste ein solcher Term ergänzt werden, da dadurch die Markt-Zyklen beachtet werden.

4.3 Erweiterung der Black-Scholes-Gleichungen

Für die Herleitung der Black-Scholes-Formeln nimmt man unter anderem an, dass auf den Basiswert keine Dividendenzahlungen geleistet werden und dass der risikofreie Zinssatz und die Volatilität während der Laufzeit der Option konstant sind. Diese Annahmen stehen zu den realen Finanzmarktdaten im Widerspruch. Daher werden in diesem Abschnitt einige Vorschläge zur Erweiterung und Anpassung der Black-Scholes-Formeln zur Bewertung der Seefrachtderivate erläutert.

4.3.1 Grenzbetrachtungen der Variablen

Eine Einschätzung über die Optionsscheinbewertung nach Black-Scholes erhält man zusätzlich, wenn man die Grenzen der Variablen ausschöpft und sie als extreme Werte angenommen werden.[302]

Zur Erinnerung die Standard Black-Scholes-Gleichung:

$$C_t = S_t N(d_1) - Xe^{-rT} N(d_2) \quad (4.6)$$ [303]

301 Merton (1973), S. 151f.; Hull (2009), S. 240.

302 Vgl. zu den folgenden Ausführungen: Malone (2002), S. 13f.

303 Black/ Scholes (1973), S. 639.;Bryis (1999), S. 94.

mit der Verteilungsfunktion einer standardnormalverteilten Zufallsvariablen, die mit folgenden Gleichungen definiert ist:

$$d_1 = \frac{\ln(S_0 / X) + (r + \sigma^2 / 2)T}{\sigma\sqrt{T}} \qquad (4.9)$$

und

$$d_2 = d_1 - \sigma\sqrt{T}. \qquad (4.8)$$

Als Erstes soll der Basiskurs S betrachtet werden. Der Wertebereich von S ist $[0,\infty]$. Die Randbedingungen sind somit $S \to \infty$ und $S = 0$.

Wenn die Laufzeit der Option T gegen null läuft und wenn der Frachtratenindex S einen Wert annimmt, der den Ausübungspreis X um ein Wesentliches übersteigt, also beispielsweise $S \to \infty$, so gehen d_1 und d_2 beide gegen $+\infty$ und für die Gewichte der Standardnormalverteilung gilt dann $N(d_1) = N(d_2) = 1$ und $N(-d_1) = N(-d_2) = 0$. Es ist nahezu sicher, dass die Call-Option ausgeübt wird. Für den Wert der Call-Option erhält man dann $C = S - X$. Für sehr großes S kann der Ausübungspreis X vernachlässigt werden und es folgt $C \approx S$ für $S \to \infty$, also der Wert der Call-Option auf den Index gleich dem Indexwert. Ist der Basiswert sehr groß, wird die Put-Option aller Voraussicht nach nicht ausgeübt. Die Prämie der Put-Option ist in diesem Fall gleich null.

Wenn umgekehrt gilt, dass $S < X$ ist, laufen d_1 und d_2 gegen $-\infty$, wenn $T \to 0$, so dass für die Gewichte der Standardnormalverteilung gilt $N(d_1) = N(d_2) = 0$ und $N(-d_1) = N(-d_2) = 1$. So erhält man für die Prämien der Call- und Put-Option: $C = 0$ bzw. $P = X - S$. Für $S = 0$ ist der Wert einer europäischen Call-Option null und der Wert der Put-Option entspricht dem Ausübungspreis X.

Als Nächstes soll die Volatilität betrachtet werden. Für den Fall, dass die Volatilität gegen null strebt, wird der Optionsschein fast risikolos. Interessant ist vor allem die Betrachtung, wenn die Volatilität sehr groß wird ($\sigma \to \infty$). Die Gewichte entwickeln sich dann für $T > 0$ wie folgt: $d_1 \to \infty$ und folglich nimmt d_2 den Gegenwert an, also $d_2 \to -\infty$. Für die Normalverteilung der Werte gilt dann $N(d_1) \to 1$ und $N(d_2) \to 0$. Der Wert der Call-Option ist dann nahezu gleich dem Wert des Frachtratenindex. In einer stark volatilen Welt bzw. sehr ungewisser, hoher Frachtraten ist der Ausübungspreis relativ unbedeutend. Statt einer Option würde der Käufer direkt das Underlying bzw. hier die Frachtrate erwerben. Die Kenntnis dieser Grenzwerte leitet zu der Betrachtung der Volatilitäten im nächsten Kapitel.

4.3.2 Volatilität

Wie zuvor beschrieben, ist die Volatilität ein zentraler, wenn nicht **der** zentrale Faktor in der Bestimmung des Optionsscheinpreises. Sind sich die Marktteilnehmer über die Verwendung eines Optionsscheinmodells einig und die anderen Faktoren in der Preisberechnung bekannt oder direkt bestimmbar, besteht eine Eins-zu-eins-Beziehung zwischen der verwendeten Volatilität und dem errechneten Wert der Option.[304] In manchen Märkten werden daher nicht mehr die Preise, sondern die Volatilitäten der Instrumente quotiert. Es stellt sich also die Frage, wie die Volatilitäten möglichst genau bestimmt werden können. Wie in Kapitel 3.3.4.3 bereits beschrieben, können mittels historischer Daten Mittelwerte und daraus die Volatilität bestimmt werden. Die historische Volatilität σ_{hist} ist durch die Kurse des Underlyings aus der Vergangenheit gegeben. Mathematisch gesehen ist die historische Volatilität die annualisierte Standardabweichung der logarithmischen Kursänderungen. Nimmt man an, dass sich die Kursschwankungen im Underlying (Basiswert) in der Zukunft genauso wie in der Vergangenheit verhalten, so setzt man in der Black-Scholes-Gleichung $\sigma_{hist} = \sigma$.

Als zweite Herangehensweise bietet sich die Bestimmung der impliziten Volatilität der Risikofaktoren an. Ist der Preis der Call-Option zum Zeitpunkt $t < T$ bekannt, so kann die implizite Volatilität σ_{impl} aus der Black-Scholes-Formel berechnet werden, sofern die anderen Parameter bekannt sind. Die implizite Volatilität variiert allerdings je nach Laufzeit und Ausübungspreis der jeweiligen Option. In beiden Fällen bleibt die Optionspreisformel unverändert.

Die Quantifizierung der Volatilitäten wird in diesem und nicht, wie zu erwarten wäre, im prüfenden Teil vorgenommen, da sie als Basis für die Berechnung von Optionspreisen notwendig ist. Daher kann die Herleitung von Ergebnissen nicht Teil der Überprüfung des Modells selbst sein.

4.3.2.1 Historische Volatilität aus Frachtraten

Derzeit sind keine wissenschaftlichen Studien aus jüngerer Zeit verfügbar, die sich mit der Volatilität von containerisierten Seefrachtraten auseinandersetzen, die für die Untersuchung verwendet werden können. Daher stehen neben Annahmen nur eigene Berechnungen für Untersuchungen in den folgenden Kapiteln zur Verfügung. Die historische Volatilität lässt sich aus der Varianz der relativen Änderungen von Frachtraten in diskreten Zeitintervallen bestimmen.

---

304 Black/ Scholes (1973), S. 641.;Deutsch (2004), S. 543.

$$\sigma = \sqrt{\frac{1}{dt}\,\mathrm{var}[X]} \tag{4.9}$$

Zur Beschreibung dieser Volatilität ist also der Mittelwert der Frachtraten in dem bestimmten Intervall notwendig.[305] Nach dem Gesetz der großen Zahl approximieren diese Mittelwerte den gesuchten Erwartungswert, indem die Zeitintervalle unendlich verkleinert werden.

$$X = \frac{1}{n}\sum_{i=1}^{n} X_i \text{ , bei } X = \ln\left(\frac{S(t+dt)}{S(t)}\right) \approx \frac{S(t+dt)-S(t)}{S(t)} \tag{4.10}$$

Je kleiner dabei die Zeitintervalle gewählt werden, umso höhere Genauigkeit wird erreicht. Zur Vergleichbarkeit der Daten müssen die Zeitintervalle gleich lang sein. Daher wird anschließend eine Annualisierung vorgenommen.

Aus den Daten der Anlage 3 lassen sich die historischen Volatilitäten für die verschiedenen Zeiträume der Jahre 1993 bis 2007 berechnen. Die Volatilitäten der Frachtraten auf einzelnen Tradelanes (Handelsrouten) stiegen innerhalb eines Jahres bis auf 80 % stark an. Die Frachtraten sind mindestens innerhalb von vier Quartalen um 3 % um den Mittelwert geschwankt. Die mittlere Volatilität der Raten im betrachteten Zeitraum von 13 Jahren lag auf den verschiedenen Tradelanes zwischen 21 % und 34 %.[306]

305 Deutsch (2004), S. 565f.

306 Vgl. Anlage 3.

Tab. 4.2: Volatilitäten auf den wichtigsten Tradelanes (Quelle: Anlage 3, Daten der Schenker AG aus den Jahren 1993 bis 2007)

Tradelane	**σ (T)**	**max: σ √(t)**	**min: σ √(t)**
Fernost - Nord Amerika	21 %	37 %	7 %
Nord Amerika - Fernost	33 %	67 %	11 %
Europa - Nord Amerika	34 %	80 %	3 %
Nord Amerika - Europa	29 %	56 %	5 %
Fernost – Europa	25 %	47 %	2 %
Europa - Fernost	33 %	61 %	6 %

Um die Ursache der Volatilitätsunterschiede zu begründen, muss zuerst untersucht werden, ob diese voneinander abhängig sind. Für die folgenden Korrelationsberechnungen wurden die jeweiligen Daten mittels grafischer (Q-Q-Plots, Histogramme) und statistischer Analyse (Kolmogorov-Smirnov-Test) auf Normalverteilung überprüft. In keinem der Fälle lag eine Normalverteilung vor, was bedeutet, dass Ratenanstieg und Ratenverfall nicht gleich stark stattgefunden haben. Aufgrund dessen ist zur Anwendung nicht parametrischer Tests eine Logarithmisierung erforderlich. Hilfsweise wurde der Rangkorrelationskoeffizient (r_s) nach Spearman berechnet. Die folgende Korrelationsmatrix zeigt, dass Ratenveränderungen auf gegensätzlichen Tradelanes nicht generell in einem starken Zusammenhang stehen. Vielmehr gibt es bestimmte Marktphasen, in denen dies der Fall ist. Während sich beispielsweise für die Volatilitäten auf der Transatlantik-Route, also von Europa nach Nordamerika und umgekehrt, über die gesamte Laufzeit nur eine schwache Korrelation nachweisen lässt, verlaufen die Ratenveränderungen in der Zeit steigender Preise (hier 1997 bis 2000) fast parallel. Gleiches gilt für die Transpazifik-Route (Nordamerika-Fernost) 1998–2000. Bei der Interpretation der Werte muss berücksichtigt werden, dass die Korrelationen der Marktphasen z.T. auf geringen Fallzahlen beruhen (zwischen $n = 8$ und $n = 22$).

Da also die Volatilitäten auf einzelnen Tradelanes (Handelsrouten) nicht aus einem Bestimmungsfaktor für die spezifi sche Region oder Route stammen, ist der Frage nachzugehen, ob Zusammenhänge von Volatilitätsentwicklungen auf anderen Handelswegen bestehen. Eine Übersicht über Kreuzkorrelationen mit unterschiedlichen Tradelanes bestätigt diese Vermutung.

Tab. 4.3: Korrelationen der Ratenveränderungen pro Zeitabschnitt auf gegensätzlichen Tradelanes
Zeitspannen ± 2 Jahre; signifikante Korrelationen sind mit (*) für α = 0,05 und (**) für α = 0,01 gekennzeichnet. (Quelle: Anlage 3, Daten der Schenker AG aus den Jahren 1993 bis 2007)

	Transpazifik	**Transatlantik**	**Eurasia**
Gesamte Laufzeit	-0,35*	-0,22	-0,37*
Steigende Raten ~ 1998 - 2000	-0,95**	0,89**	-0,48
Steigende Raten 2002 - 2005	0,84**	0,19	-0,22
Sinkende Raten ~ 1995 - 1999	-0,83**	0,80**	0,92**
Sinkende Raten ~ 2000 - 2002	0,82**	0,11	

Tab. 4.4: Korrelationen der Ratenveränderungen während der gesamten Laufzeit auf unterschiedlichen Tradelanes
Signifikante Korrelationen sind mit (*) für α = 0,05 und (**) für α = 0,01 gekennzeichnet. Es gilt n = 45 für alle Koeffizienten. (Quelle: Anlage 3, Daten der Schenker AG aus den Jahren 1993 bis 2007)

	Fernost – Nord Amerika	**Nord Amerika - Fernost**	**Europa – Nord Amerika**	**Nord Amerika – Europa**	**Fernost – Europa**	**Europa – Fernost**
Fernost – Nord Amerika	1,00					
Nord Amerika – Fernost	-0,35*	1,00				
Europa – Nord Amerika	0,60**	0,33*	1,00			
Nord Amerika – Europa	-0,62**	0,45**	-0,22	1,00		
Fernost – Europa	0,86**	-0,18	0,51**	-0,58**	1,00	
Europa – Fernost	-0,56**	0,63**	-0,14	0,66**	-0,37*	1,00

Für diverse Frachtratenentwicklungen auf nicht komplementären Routen zeigen sich starke, signifikante Zusammenhänge über $r_s = 0,5$. Für Exporte aus Asien nach Nord Amerika und nach Europa verlaufen die Frachtratenentwicklungen sogar annähernd parallel ($r_s = 0,86$). Die Werte der Korrelationskoeffizienten für komplementäre Routen gehören zu den schwächsten aller beobachteten. Es lässt sich also folgern, dass die Frachtratenentwicklungen und somit deren Volatilitäten weniger von der Marktentwicklung eines Fahrtgebietes als vielmehr von der Marktentwicklung einer Region, also der Nachfrage abhängig sind.[307]

Weiterhin stellt sich die Frage, ob Saisonalitäten Volatilitätsschwankungen verursachen. Dieser Frage wird im nächsten Absatz nachgegangen.

4.3.2.2 Saisonkomponente

Wie DENNING/RILEY/DELOOZE in ihrem Artikel voraussetzen, unterliegen Charterraten einer saisonalen Komponente.[308] KOEKEBAKKER/ÅDLAND empfehlen daher die Beachtung und Einbeziehung einer Saisonkomponente in derivative Modelle im Seeverkehr.[309] In beiden Untersuchungen wird zudem darauf hingewiesen, dass diese unterjährigen Entwicklungen keinen bzw. nur geringen Einfluss auf die langfristige Raten-Drift haben. Auch in der Containerschifffahrt wird jedes Jahr die „Peak-Season“ als besondere Marktphase bezeichnet. Diese im Speziellen und die Saisonalität im Allgemeinen sollen nachfolgend analysiert werden.

Daraus folgt die Frage, ob und wie stark eine solche Saisonalität auch in den zur Verfügung stehenden Zeitreihen messbar ist und welchen Einfluss diese auf die Volatilität der Frachtraten hat. Zuerst muss daher untersucht werden, in welchem Quartal vermehrt hohe Frachtraten auftreten.

Betrachtet man die Häufigkeit der 0,75-Quantile von Frachtraten pro Jahr nach Quartal auf den verschiedenen Tradelanes (Handelsrouten), so entsteht das in Tab. 4.5 dargestellte Ergebnis.

Wie die Auswertung zeigt, lassen sich auf keiner Tradelane eine Häufung des 0,75-Quantils in einem Quartal, also hohe Frachtraten in einem bestimmten, wiederkehrenden Zeitraum innerhalb eines Jahres feststellen. Dieses Ergebnis lässt die Folgerung zu, dass sich die in der Praxis genannte „Peak Season“ nur in Form der transportierten Volumina, nicht aber in der Höhe der Frachtraten abbildet bzw. die nicht in den Frachtraten enthalten „Peak-Season-Surcharge“[310] hohe Frachtraten abschöpft und somit die unterjährige Preisentwicklung glättet.

---

307 Weitere Zeitreihenanalysen als auch Untersuchungen mit regionalen Wirtschaftsdaten werden nicht weiterverfolgt, da diese Arbeit die Absicherung von Schwankungen und nicht deren Entstehung behandelt. Zwar bedingt dies die Kenntnis der Ursache, ist aber im engeren Sinne nicht zielführend.

308 Denning/Riley/Delooze (1994), S. 399-428.

309 Koekebakker/Ådland (2004), S. 344.

310 Zur Erläuterung der Peak Season Surcharge vgl. Kapitel 2.3.1.3.

Tab. 4.5: *Die relative Saisonverteilung pro Quartal (Quelle: Anlage 3, Daten der Schenker AG aus den Jahren 1993 bis 2007)*

	Fern Ost - Nord Amerika	Nord Amerika - Fern Ost	Europa - Nord Amerika	Nord Amerika - Europa	Fern Ost - Europa	Europa - Fern Ost
Häufigkeit 1. Quartal	21%	35%	27%	33%	23%	21%
Häufigkeit 2. Quartal	32%	18%	32%	8%	27%	32%
Häufigkeit 3. Quartal	37%	24%	9%	17%	23%	25%
Häufigkeit 4. Quartal	11%	24%	32%	42%	27%	21%
Summe (Absolut)	19	17	22	12	26	28

Diese Feststellung kann mit der Behauptung überprüft werden, dass Frachtratenanstiege innerhalb eines Jahres, also unterjährige Volatilitäten, mit den jeweiligen Frachtraten korrelieren müssten. Tab. 4.6 zeigt jedoch, dass auf keiner Tradelane Volatilitäten und Frachtraten stark zusammenhängen. Einzig die Korrelation für die Route Nord Amerika-Fernost erreicht statistische Signifikanz, ist aber nur von moderater Höhe. Es handelt sich wiederum um Rangkorrelationskoeffizienten nach Spearman, da keine Normalverteilung der Daten vorliegt. Stärkere Korrelationskoeffizienten würden anzeigen, dass Saisonalitäten Sprünge in den Frachtraten verursachen.

Es führen also weder hohe noch niedrige Raten systematisch zu hohen Volatilitäten. Nicht die absolute Höhe hängt von der Volatilität ab, sondern die große Veränderung der absoluten Höhe. Zwischen dem „Saison-Quartal“ und dem zuvor oder danach liegenden ist nicht regelmäßig eine höhere Volatilität der Frachtraten zu messen. Vielmehr treten Volatilitätssprünge in größeren Zeitabständen als einem Jahr auf. Daraus lässt sich ableiten, dass die Berücksichtigung von saisonalen Schwankungen der Frachtraten für zu erstellende Optionspreismodelle nicht erforderlich ist.

Tab. 4.6: Korrelation von Frachtrate und Volatilität über den gesamten Zeitraum Signifikante Korrelationen sind mit (*) für α = 0,05 und (**) für α = 0,01 gekennzeichnet. (Quelle: Anlage 3, Daten der Schenker AG aus den Jahren 1993 bis 2007)

Fernost – Nord Amerika	**Nord Amerika – Fernost**	**Europa – Nord Amerika**	**Nord Amerika – Europa**	**Fernost – Europa**	**Europa – Fernost**
0,25	0,32*	0,08	-0,25	-0,11	-0,24

4.3.2.3 Implizite Volatilität

In diesem Abschnitt wird ein Wert bestimmt, der bereits in anderen Werten eingeschlossen, also implizit ist. Die Berechnung einer impliziten Volatilität kann jedoch nur als genau bezeichnet werden, wenn der Markt, an dem das Instrument gehandelt wird, genügend Volumen hat, also effizient ist und somit die so genannten Bid-Ask-Spreads (Differenz von Angebot und Nachfrage nach dem Basiswert), also der Unterschied zwischen Verkaufs- und Ankaufswert, gering genug sind, um einen genauen Optionspreis zu definieren.[311]

Für den containerisierten Seefrachten-Markt gibt es noch keinen Markt für Derivate auf Transportraten, mit dem die implizite Volatilität gemessen werden kann. Wie in Kapitel 2.4 beschrieben, korrelieren Frachtraten mit exogenen Faktoren wie beispielsweise dem Nachfrage-/Angebotsüberhang.[312] Dieser Quotient könnte als ein Bid-/Ask-Spread formuliert werden und soll daher im Folgenden näher untersucht werden.

4.3.2.3.1 Implizite Volatilität aus Nachfrage-/Angebotsüberhang

In diesem Abschnitt werden der Quotient aus der Nachfrage und dem Angebot an Schiffsraum mit Frachtraten und den dazugehörigen Volatilitäten verglichen und die Ergebnisse dieser Regressionsanalysen dargestellt. Damit soll der Zusammenhang von impliziter und historischer Volatilität verglichen werden. Ein positives Ergebnis ist für die weiteren Berechnungen nützlich, da die Faktoren Angebot und Nachfrage messbar sind und somit das Risiko durch Volatilität mittells externer Werte gegeben ist. Hierzu wird folgende Hypothese formuliert: Die Volatilität des Angebots-Nachfrageverhältnisses in regionalen, containerisierten Seefrachtmärkten kann nicht als implizite Volatilität der Marktpreise interpretiert werden und muss somit eine geringe Korrelation zu der historischen Volatilität der jeweiligen Frachtraten aufweisen.

---

311 Deutsch (2004), S. 543.

312 Zachcial (2001a), S. 20.

Die Nachfrage (X_i) nach einem Containertransport auf einem Schiff wird in dieser Arbeit mit der Ausprägung des internationalen Handels gleichgesetzt. Die zunehmende Containerisierung wird hier als Konstante vernachlässigt. Als Bestimmungsgröße des internationalen Handels wurden Im- und Exporte von Gütern in deren US-Dollar Wert, bereinigt um Wechselkurseffekte[313], für die drei Regionen Nordamerika, Europa und Asien[314] herangezogen. Die verwendeten Daten stammen aus der Datenbank OECD.Stat, der Organisation für wirtschaftliche Zusammenarbeit und Entwicklung (OECD) und beziehen sich quartalsweise auf die Jahre 1996 bis 2008[315]. Das Angebot (Y_i) wird als globale Verfügbarkeit an Schiffskapazität in TEU in allen Schiffsgrößen interpretiert und mit Daten von Clarkson Research Services Ltd. für den gleichen Zeitraum hinterlegt[316]. Für die spätere Analyse muss festgehalten werden, dass die verwendete Nominalkapazität nicht mit der Effektivkapazität im Markt übereinstimmen muss. Restriktionen aus Infrastruktur und Produktion führen zu einer verminderten, tatsächlichen Aufnahmemenge in TEU pro Schiff.[317] Auch wird hier die globale Kapazität verwendet, die nicht mit der regional verfügbaren übereinstimmen muss. Die diesen Daten gegenübergestellten Frachtraten (Z_i) entsprechen den durchschnittlichen Einkaufsraten der Schenker AG im genannten Fahrtgebiet und Zeitraum. Die Aufteilung der Länder in Fahrtgebiete findet sich in Anlage 2 wieder.

4.3.2.3.1.1 Zusammenhang von Angebot und Nachfrage

Um eine Regressionsanalyse der Angebots-/Nachfragequotienten und der Frachtraten pro Fahrtgebiet durchführen zu können, muss zunächst überprüft

---

313 Eine Bereinigung um Inflationseffekte wurde nicht vorgenommen. Die Änderung des Währungswertes hat zwar einen Einfluss auf den Koeffizienten der Regressionskurve, jedoch nicht auf die Ableitung des relativen Abstands zweier Wertentwicklungen im zeitlichen Ablauf.

314 Für Asien wurden lediglich die verfügbaren Werte der Länder China, Indien, Japan und Südkorea herangezogen.

315 Vgl. Anlage 4.

316 Clarkson Research Services (2008): Elektronischer Datensatz, vgl. Anlage 4.

317 Gewichtsbeschränkungen, unterschiedlich hohe Container, Stauvorschriften oder Schwergut reduzieren die nominale Kapazität. Hinzu kommen Restriktionen in Häfen bzw. auf Schifffahrtswegen wie bspw. dem Panamakanal, und eine unterschiedliche Tragkraft durch Veränderung der Dichte des Wassers. Auch eine Veränderung der Schiffsgeschwindigkeit führt zu einer Veränderung der effektiven Schiffskapazität. Aufgrund der mangelnden Verfügbarkeit von vergleichbaren Daten über den gesamten Zeitraum hinweg wird diese Ungenauigkeit in der weiteren Analyse außer Betracht gelassen.

werden, dass kein Zusammenhang von Angebot und Nachfrage selbst nachzuweisen ist. Dazu wird in einer einfachen Regression das Bestimmtheitsmaß R^2 von regionalen Im- bzw. Exporten als unabhängige Variable (X_i) und des nominalen Schiffsraums als abhängige Variable (Y_i) berechnet. Auf die Bestimmung von Gleichungen mit mehreren Polynomen wurde in diesem Schritt verzichtet, da sich in einem separaten Test gezeigt hat, dass sich durch Verwendung des 2. und 3. Polynoms das Bestimmtheitsmaß kaum erhöht.

Für alle Daten wurde überprüft, ob folgende Annahmen der linearen Regression erfüllt werden: Homoskedastizität, Normalverteilung der unabhängigen Variablen und Unabhängigkeit der Residuen von dieser sowie Linearität des Zusammenhangs. Diese Analysen werden für die erste aufgeführte Regression ausführlich dargestellt, für alle weiteren Regressionen wurden analoge Analysen durchgeführt, deren Ergebnisse kurz zusammengefasst werden.

Die Verteilung der Residuen wurde anhand von Histogrammen und P-P-Diagrammen grafisch analysiert. Abb 4.1 zeigt die entsprechenden Diagramme für Regression 1. Beide Diagramme lassen erkennen, dass keine perfekte, wohl aber eine annähernde Normalverteilung vorliegt. Die lineare Regression ist bei ausreichender Zahl von Beobachtungen (ab etwa $n > 40$) robust gegenüber Abweichungen von der Normalverteilung[318], so dass die Annahme im vorliegenden Fall mit $n = 50$ als erfüllt gelten darf. Der Erwartungswert der Residuen ist null.

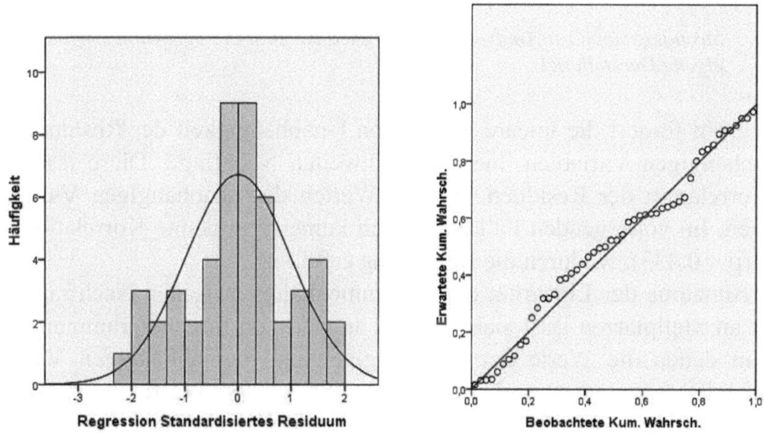

Abb. 4.1: Histogramm und P-P-Diagramm der standardisierten Residuen der vorhergesagten Exporte aus dem OECD-Raum, (Quelle: eigene Darstellung)

318 Backhaus/Erichson/Plinke/Weiber (2008), S. 91.

Die Homoskedastizität der Residuen wurde grafisch anhand von Streudiagrammen überprüft. Abb zeigt das Streudiagramm für Regression 1, auf der Abszisse sind die standardisierten vorhergesagten Werte des verfügbaren Schiffsraumes abgebildet (abhängige Variable), auf der Ordinate die standardisierten Residuen. Es liegt keine klare Verletzung der Annahme der Homoskedastizität vor, da, wie aus der Abbildung erkennbar, die Varianz der Residuen nicht für alle Ausprägungen gleich ist.

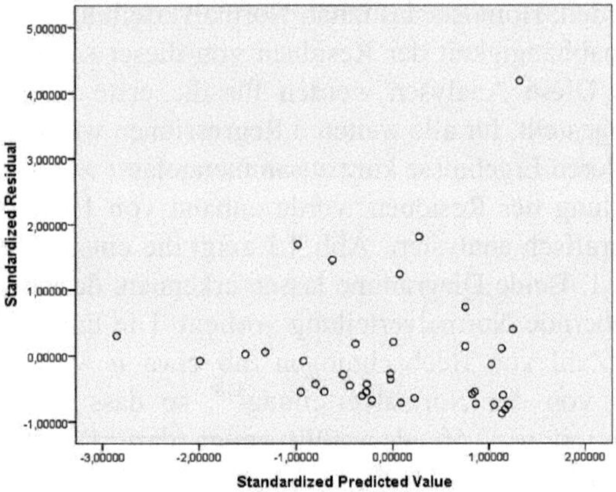

Abb. 4.2: Streudiagramm zur Analyse der Homoskedastizitiät in Regression 1 (Quelle: eigene Darstellung)

Weiterhin fordert die lineare Regression Unabhängigkeit der Residuen von den unabhängigen Variablen, hier der weltweiten Nachfrage. Diese lässt sich durch Korrelation der Residuen mit den Werten der unabhängigen Variablen überprüfen. Im vorliegenden Fall ergibt sich keine signifikante Korrelation von $r = 0{,}13$ ($p = 0{,}433$), wodurch die Bedingung erfüllt ist.

Die Annahme der Linearität des Zusammenhangs zwischen Nachfrage und Angebot an Stellplätzen lässt sich grafisch anhand von Streudiagrammen überprüfen, in denen die Werte der unabhängigen und der abhängigen Variable gegeneinander aufgetragen sind. Ab zeigt das Streudiagramm für Regression 1. Es zeigt sich, dass der Zusammenhang als weitgehend linear angenommen werden kann, wenn man die Zeit vernachlässigt, in der sich das Angebot an Containerstellplätzen auf sechs Millionen TEU steigerte. Dies betrifft die Jahre bis Ende 2002, in der sich die Nachfrage nach wertmäßigen Exporten aus dem OECD-Europa-Raum konstant um ca. 200 Millionen USD befand.

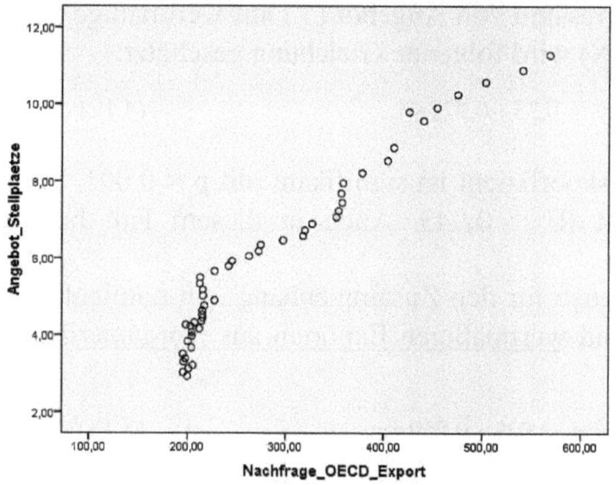

Abb. 4.3: *Streudiagramm der Werte der unabhängigen und abhängigen Variablen (Quelle: eigene Darstellung)*

Unter Verwendung der Daten in Anlage 3 entstehen die unten aufgeführten Regressionsgleichungen, mit entsprechenden Regressionskoeffizienten und Bestimmtheitsmaßen (R^2) bei n = 50 Fällen aus den Quartalen Q1-1996 bis Q2-2008.

Die Schätzung der Regressionsgleichung von nominaler, weltweiter Schiffskapazität (Y) und wertmäßigen Exporten aus dem OECD-Europa-Raum (X) ergibt folgende Gleichung:

$$\hat{y}_i = -0{,}239 + 0{,}972 * x_i \,. \qquad (4.11)$$

Es wird der standardisierte Regressionskoeffizient angegeben, da beide Variablen unterschiedlichen Maßeinheiten (TEU und USD) angegeben werden. Die abhängige Variable wird dadurch auf die Metrik der unabhängigen gebracht. Der Regressionskoeffizient ist signifikant mit $p < 0{,}001$. Das Bestimmtheitsmaß beträgt $R^2 = 0{,}95$. Es können also 95 % der Variabilität in der abhängigen Variablen (Schiffskapazität) durch die unabhängigen (wertmäßigen Exporte aus dem OECD-Europa-Raum) erklärt werden.

Das Absolutglied wird vernachlässigt, da bei der Annahme $x_i = 0$, also bei keiner Nachfrage nach Schiffsraum, das Angebot nicht negativ werden kann. Der signifikante Korrelationskoeffizient und der äußerst hohe Wert des Bestimmtheitsmaßes zeigen, dass es für Exporte aus Europa einen starken Zusammenhang zwischen Angebot und Nachfrage gibt. Ein vergleichbares Bild zeigt sich in den folgenden Analysen zu anderen Tradelanes (Handelsrouten).

Für die Regression von Angebot (Y) auf wertmäßige Importe in den OECD Europa-Raum (X) wird folgende Gleichung geschätzt:

$$\hat{y}_i = 0{,}33 + 0{,}971 * x_i . \qquad (4.12)$$

Der Regressionskoeffizient ist signifikant mit $p < 0{,}001$, der Determinationskoeffizient beträgt $R^2 = 0{,}943$. Auch in diesem Fall besteht also ein klarer Zusammenhang.

Das gilt ebenso für den Zusammenhang von nominaler, weltweiter Schiffskapazität (Y) und wertmäßigen Exporten aus Nordamerika (X). Die Gleichung lautet:

$$\hat{y} = -3{,}023 + 0{,}959 * x_i . \qquad (4.13)$$

Der Regressionskoeffizient ist signifikant mit $p < 0{,}001$, das Bestimmtheitsmaß beträgt $R^2 = 0{,}920$.

Die Regressionsgleichung für nominale, weltweite Schiffskapazität (Y) und wertmäßige Importe nach Nordamerika (X) lautet:

$$\hat{y}_i = -1{,}414 + 0{,}981 * x_i . \qquad (4.14)$$

Der Regressionskoeffizient ist signifikant mit $p < 0{,}001$, das Bestimmtheitsmaß beträgt $R^2 = 0{,}961$.

Die Regressionsgleichung für nominale, weltweite Schiffskapazität (Y) und wertmäßige Exporte aus Asien[319] (X) lautet:

$$\hat{y}_i = 1{,}441 + 0{,}974 * x_i . \qquad (4.15)$$

Der Regressionskoeffizient ist ebenfalls signifikant mit $p < 0{,}001$, das Bestimmtheitsmaß beträgt $R^2 = 0{,}948$.

Die Regressionsgleichung für nominale, weltweite Schiffskapazität (Y) und wertmäßige Importe nach Asien (X) lautet:

$$\hat{y}_i = 1{,}665 + 0{,}970 * x_i . \qquad (4.16)$$

Der Regressionskoeffizient ist signifikant mit $p < 0{,}001$, das Bestimmtheitsmaß beträgt $R^2 = 0{,}940$.

Die Ergebnisse zeigen, dass die weltweite, nominale Schiffskapazität in sehr hohem Maße von der Nachfrage aus den verschiedenen Regionen abhängt und ihre Variabilität fast komplett durch die Nachfrage erklärt werden kann. Dies ist

319 Für Asien wurden lediglich die verfügbaren Werte der Länder China, Indien, Japan und Südkorea herangezogen.

Voraussetzung für die folgenden Untersuchungen, in denen die Frachtrate als zusätzliche Variable eingebracht wird.

Tab. 4.7: Darstellung der Bestimmtheitsmaße für Normalverteilung zu Regressionsgleichungen (Quelle: eigene Darstellung)

Nr.	**Wertmäßige Im- und Exporte von Gütern in den Regionen in USD/ globale Verfügbarkeit an Schiffskapazität in TEU**	**Bestimmtheitsmaß der o.g. Regressiongleichungen (R^2)**
1	Export OECD Europa	0,945
2	Import OECD Europa	0,943
3	Export Nordamerika	0,920
4	Import Nordamerika	0,961
5	Export Asien	0,948
6	Import Asien	0,940

4.3.2.3.1.2 Zusammenhang zwischen Angebots-/Nachfragequotienten und Frachtraten

Unter der Annahme, dass es keine signifikanten Unterschiede der Mittelwerte von wertmäßigen Im- und Exporten von Gütern in den untersuchten Regionen und globaler Verfügbarkeit an Schiffskapazität gibt, wird pro Region ein Quotient gebildet. Dieser wird als Nachfrage-Angebots-Verhältnis gedeutet und hat die Form:

$$\frac{\text{Globale Verfügbarkeit an Schiffsraum } (Y_i)}{\text{Wertmäßige Exporte aus Nordamerika } (X_i)}$$

Nun kann der Zusammenhang von Angebot/Nachfrage und Frachtrate mittels Regressionsanalysen untersucht werden. Dies ist als Zwischenschritt notwendig, um die eingangs gestellte Hypothese in Bezug auf den Zusammenhang der Standardabweichungen der Variablen beantworten zu können.

Für alle verwendeten Daten wurden die Voraussetzungen für Regressionsmodelle wie oben beschrieben überprüft. Abgesehen von wenigen Verletzungen in einzelnen Fällen, die als unproblematisch betrachtet werden können, sind die

Voraussetzungen erfüllt. Alle Regressionskoeffizienten werden standardisiert angegeben.

Unter Verwendung der Daten im Anlage 3 bzw. der daraus berechneten Werte entstehen die unten aufgeführten Regressionsgleichungen mit entsprechenden Regressionskoeffizienten und Bestimmtheitsmaßen (R^2) bei n =46 Fällen aus den Quartalen Q1-1996 bis Q2-2008:

Die Schätzung der Regressionsgleichung für den Quotienten von nominaler, weltweiter Schiffskapazität und wertmäßigen Exporten aus dem OECD-Europa-Raum ($\frac{Y_i}{X_i}$) und die Frachtrate in USD pro TEU (Z_i) auf dem Fahrtgebiet Europa-Asien ergibt folgende Gleichung:

$$\hat{z}_i = 2{,}366 - 3{,}455 * \left(\frac{y_i}{x_i}\right) + 1{,}481 * \left(\frac{y_i}{x_i}\right)^2. \quad (4.17)$$

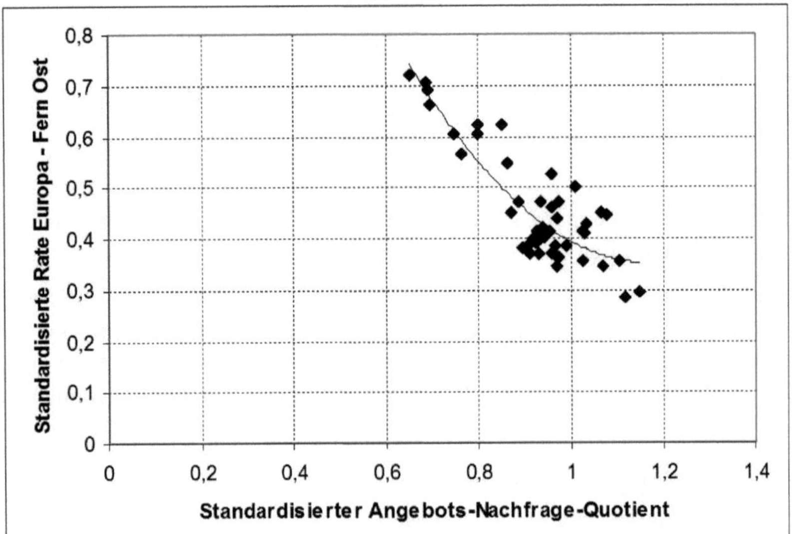

Abb. 4.4: Regression von Angebot/ Nachfrage Export OECD Europa und Frachtrate Europa – Fernost, Raten nach Standardabweichung von Angebot/Nachfrage standardisiert (Quelle: eigene Darstellung, Daten: Clarkson Research Services Ltd. 2008, OECD.Stat 2008, Schenker AG)

Die Regressionkoeffizienten sind signifikant mit $p < 0{,}001$ und $p = 0{,}004$, das Bestimmtheitsmaß beträgt $R^2 = 0{,}758$. Die Darstellung der Gleichung zeigt, dass mit zunehmendem Angebotsüberhang die Frachtrate sinkt. Allerdings gilt dieser Zusammenhang nur in der Bandbreite zwischen 0,6 und 1,2 des Angebots-Nachfrage Quotienten. Würde dieser weit über diesen Wert steigen, wäre deutlich mehr Angebot als Nachfrage vorhanden. Die Frachtrate würde stark absinken. Gleiches gilt umgekehrt.

Ein ähnliches Ergebnis zeigt sich für das Fahrtgebiet des Transatlantiks. Die Gleichung für den Quotienten von nominaler, weltweiter Schiffskapazität und wertmäßigen Exporten aus Nord Amerika ($\frac{Y_i}{X}$) und die Frachtrate in USD pro TEU (Z_i) auf dem Fahrtgebiet Nord Amerika-Europa lautet:

$$\hat{z}_i = 5{,}096 - 3{,}531 * \left(\frac{y_i}{x_i}\right) + 2{,}634 * \left(\frac{y_i}{x_i}\right)^2. \qquad (4.18)$$

Die Regressionkoeffizienten sind signifikant mit p = 0.003 und p = 0.022, das Bestimmtheitsmaß beträgt $R^2 = 0{,}834$.

Die Gleichung für den Quotienten von nominaler, weltweiter Schiffskapazität und wertmäßigen Exporten aus Nord Amerika ($\frac{Y_i}{X}$) und die Frachtrate in USD pro TEU (Z_i) auf dem Fahrtgebiet Nord Amerika-Asien lautet.

$$\hat{z}_i = 6{,}052 - 8{,}038 * \left(\frac{y_i}{x_i}\right) + 7{,}388 * \left(\frac{y_i}{x_i}\right)^2. \qquad (4.19)$$

Die Regressionkoeffizienten sind beide signifikant mit $p < 0.001$, das Bestimmtheitsmaß beträgt $R^2 = 0{,}611$.

Als Zwischenergebnis lässt sich festhalten, dass ein Zusammenhang aus Angebot/Nachfrage und den Frachtraten für Exporte aus Nordamerika nach Europa und nach Fernost angenommen werden kann, da alle Regressionskoeffizienten signifikant sind und die Determinationskoeffizienten hohe Werte annehmen. Das Gleiche gilt für Exporte aus OECD-Europa nach Fernost.

Für die Frachtraten auf den Fahrtgebieten aus Asien nach Europa und Nordamerika, sowie die Exportraten aus OECD-Europa nach Nordamerika ist die Güte der Regression zum Angebot-/Nachfrageverhältnis deutlich geringer.

Die Regressionsgleichung für den Quotienten von nominaler, weltweiter Schiffskapazität und wertmäßigen Exporten aus dem OECD-Europa-Raum ($\frac{Y_i}{X}$) und die Frachtrate in USD pro TEU (Z_i) auf dem Fahrtgebiet Europa-Nord-Amerika lautet

$$\hat{z}_i = -0{,}714 + 3{,}044 * \left(\frac{y_i}{x_i}\right) - 1{,}767 * \left(\frac{y_i}{x_i}\right)^2. \qquad (4.20)$$

Die Regressionkoeffizienten sind nicht signifikant auf dem 5 %-Niveau mit p = 0.076 und p = 0,065, das Bestimmtheitsmaß beträgt R^2 = 0,090. Abb beschreibt, dass zwischen der Veränderung von Angebot und Nachfrage, sowie der dazugehörigen Rate im Fahrtgebiet Europa-Nord Amerika kein Zusammenhang besteht.

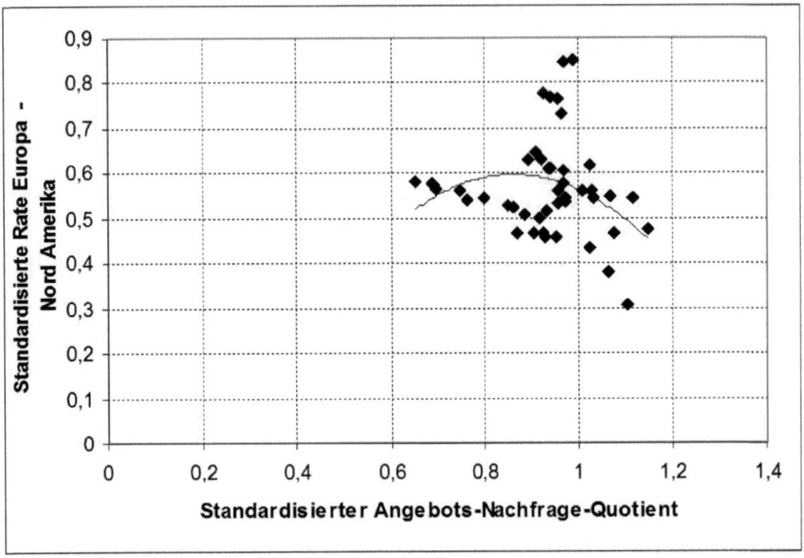

Abb. 4.5: Regression mit geringer Güte von Angebot/ Nachfrage Export OECD Europa und Frachtrate Europa – Nord Amerika, Raten in 1000 USD (Quelle: eigene Darstellung, Daten, Clarkson Research Services Ltd. 2008, OECD.Stat 2008, Schenker AG)

Würde man die Daten eliminieren, in denen die Frachtrate Werte 1500 USD/ TEU oder höher annimmt (hier standardisierte Werte < 0,6), erhielte man eine höhere Güte der Kurve. Dies wäre möglich, wenn von besonderen, z.B. zeitlichen Einflüssen auf hohe Frachtraten auszugehen ist. Da allerdings die Frachtraten ab 1500 USD/TEU auf dieser Tradelane (Handelsroute) keiner Periode zuzuordnen sind, sondern zeitweise, jedoch nicht saisonal auftreten[320], erhält das Ergebnis dieser Vorgehensweise keine Aussagekraft.

Die Regressionsgleichung für den Quotienten von nominaler, weltweiter Schiffskapazität und wertmäßigen Exporten aus Asien($\frac{Y_i}{X_i}$) und die Frachtrate in USD pro TEU (Z_i) auf dem Fahrtgebiet Asien-Europa lautet:

320 Vgl. Anlage 3.

$$\hat{z}_i = -25{,}681 + 4{,}661 * \left(\frac{y_i}{x_i}\right) - 4{,}998 * \left(\frac{y_i}{x_i}\right)^2 . \quad (4.21)$$

Die Regressionkoeffizienten sind nicht signifikant auf dem 5 %-Niveau mit p = 0.068 und p = 0,051, das Bestimmtheitsmaß beträgt $R^2 = 0{,}185$.

Die Regressionsgleichung für den Quotienten von nominaler, weltweiter Schiffskapazität und wertmäßigen Exporten aus Asien($\frac{Y_i}{X}$) und die Frachtrate in USD pro TEU (Z_i) auf dem Fahrtgebiet Asien-Nord Amerika lautet:

$$\hat{z}_i = 7{,}441 + 1{,}225 * \left(\frac{y_i}{x_i}\right) - 1{,}610 * \left(\frac{y_i}{x_i}\right)^2 . \quad (4.22)$$

Die Regressionkoeffizienten sind nicht signifikant auf dem 5 %-Niveau mit p = 0.637 und p = 0,536, das Bestimmtheitsmaß beträgt $R^2 = 0{,}155$.

Für die drei letztgenannten Fahrtgebiete lassen sich keine klaren Zusammenhänge zeigen. Als Zwischenergebnis lässt sich festhalten, dass es nur in drei der sechs Fahrtgebiete (Nordamerika-Europa und Fernost, Europa-Fernost) einen starken Zusammenhang aus Angebot/Nachfrage und dem Marktpreis gibt.

Als Einflussgröße auf die Frachtraten wurde hier lediglich das Angebots-Nachfrageverhältnis untersucht, da dies der Haupttreiber der Frachtraten ist. Wie in Kapitel 2.4 sowie im Experten-Interview mit NÖLL (vgl. Anlage 6) erwähnt, gibt es weitere indirekt quantifizierbare Determinanten. Da in diesem Abschnitt zu klären gilt, ob die implizite Volatilität aus der Veränderung des Angebots-Nachfrageverhältnisses abzuleiten ist, werden weiterhin nur diese Variablen verwendet, weswegen weitere Einflussfaktoren vernachlässigt werden.

4.3.2.3.1.3 Zusammenhang der Volatilitäten von Angebots-/ Nachfragequotienten und der Frachtraten

Abschließend sollen die Standardabweichungen der Variablen anhand der Regressionsanalysen überprüft werden, da die eingangs gestellte Nullhypothese, dass die Volatilität des Angebots-Nachfrageverhältnisses in regionalen, containerisierten Seefrachtmärkten nicht als implizite Volatilität der Marktpreise interpretiert werden kann und somit nur in einem zu geringen Zusammenhang zu der Volatilität der jeweiligen Frachtraten steht, abschließend getestet werden muss. Dazu werden wieder die bereits zuvor verwendeten sechs Fahrtgebiete untersucht. Bei Berücksichtigung der Ergebnisse aus dem vorherigen Abschnitt muss allerdings beachtet werden, dass nur drei der sechs Regressionen eine hohe Güte aufweisen. Es wird sich allerdings herausstellen, dass dies unbedeutend für die Ergebnisse ist.

Auch für die folgenden Regressionen wurden die Annahmen in oben beschriebener Weise überprüft. In allen Fällen waren die Residuen nicht normalverteilt. Dieses stellt jedoch ab Fallzahlen von n > 40, wie hier gegeben, kein Problem dar.[321] Die anderen Annahmen können als erfüllt angesehen werden. Es werden standardisierte Regressionskoeffizienten angegeben.

Unter Verwendung der Daten aus Anlage 3 und Anlage 4 entstehen die unten aufgeführten Regressionsgleichungen mit entsprechenden Regressionskoeffizienten und Bestimmtheitsmaßen (R^2) bei n = 43 Fällen aus den Quartalen Q4-1997 bis Q2-2008:

Die Regressionsgleichung von annualisierter Volatilität des Quotienten aus dem Angebot von globaler Schiffskapazität und wertmäßigen Exporten nach Nordamerika (σ_{y_i}) und annualisierter Volatilität der durchschnittlichen Frachtrate in USD auf dem Fahrtgebiet Europa-Nordamerika ($\sigma_{\hat{z}_i}$) lautet:

$$\sigma_{\hat{z}_i} = 0{,}304 - 0{,}395 * \sigma_{\left(\frac{y_i}{x_i}\right)} + 0{,}311 * \sigma_{\left(\frac{y_i}{x_i}\right)}^{2}. \qquad (4.23)$$

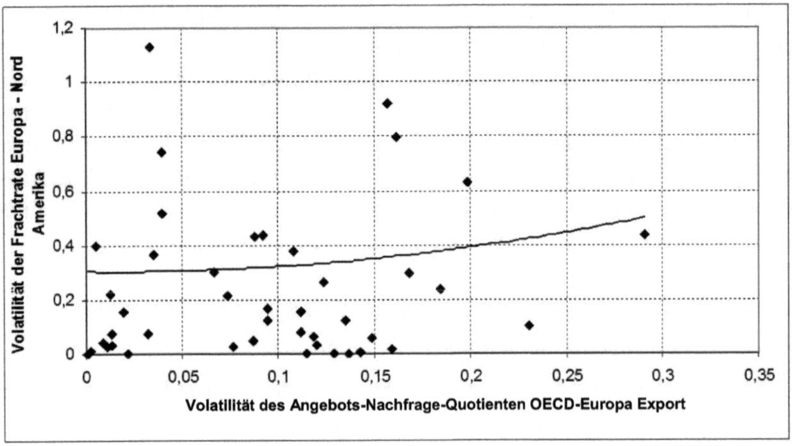

Abb. 4.6: Regression von Volatilität aus Angebot/ Nachfrage Export OECD Europa und Volatilität der Frachtrate Europa – Nord Amerika (Quelle: eigene Darstellung, Daten, Clarkson Research Services Ltd. 2008, OECD.Stat 2008, Schenker AG)

Beide Regressionskoeffizienten sind nicht signifikant mit p = 0,357 und p = 0,468, das Bestimmtheitsmaß beträgt $R^2 = 0{,}024$.

321 Backhaus/Erichson/Plinke/Weiber (2008), S. 91.

Das Streudiagramm in Abb veranschaulicht, dass eine Ableitung der impliziten Volatilität von Frachtraten aus der Volatilität des Angebot-Nachfrageverhältnisses nicht möglich ist. Dieses Ergebnis gilt auch für die weiteren untersuchten Tradelanes.

Die Regressionsgleichung von annualisierter Volatilität des Quotienten aus dem Angebot von globaler Schiffskapazität und wertmäßigen Exporten nach Asien (σ_{y_i}) und annualisierter Volatilität der durchschnittlichen Frachtrate in USD auf dem Fahrtgebiet Europa-Asien ($\sigma_{\hat{z}_i}$)lautet:

$$\sigma_{\hat{z}_i} = 0{,}270 + 0{,}146 * \sigma_{\left(\frac{y_i}{x_i}\right)} - 0{,}277 * \sigma_{\left(\frac{y_i}{x_i}\right)}^{2}. \tag{4.24}$$

Keiner der Regressionskoeffizienten erreicht Signifikanz (p = 0,733 und p = 0,519), das Bestimmtheitsmaß beträgt $R^2 = 0{,}023$.

Die Regressionsgleichung von annualisierter Volatilität des Quotienten aus dem Angebot von globaler Schiffskapazität und wertmäßigen Exporten in den OECD-Europa-Raum (σ_{y_i}) und annualisierter Volatilität der durchschnittlichen Frachtrate in USD auf dem Fahrtgebiet Nordamerika-Europa ($\sigma_{\hat{z}_i}$) lautet

$$\sigma_{\hat{z}_i} = 0{,}212 + 0{,}081 * \sigma_{\left(\frac{y_i}{x_i}\right)} + 0{,}348 * \sigma_{\left(\frac{y_i}{x_i}\right)}^{2}. \tag{4.25}$$

Die Koeffizienten sind nicht signifikant mit p = 0,936 und p = 0,730, R^2 beträgt 0,023.

Die Regressionsgleichung von annualisierter Volatilität des Quotienten aus dem Angebot von globaler Schiffskapazität und wertmäßigen Exporten nach Asien (σ_{y_i}) und annualisierter Volatilität der durchschnittlichen Frachtrate in USD auf dem Fahrtgebiet Nordamerika-Asien ($\sigma_{\hat{z}_i}$) lautet:

$$\sigma_{\hat{z}_i} = 0{,}265 - 0{,}172 * \sigma_{\left(\frac{y_i}{x_i}\right)} - 0{,}009 * \sigma_{\left(\frac{y_i}{x_i}\right)}^{2}. \tag{4.26}$$

Auch hier erreichen beide Regressionskoeffizienten keine Signifikanz (p = 0,633 und p = 0,979), das Bestimmtheitsmaß beträgt $R^2 = 0{,}033$.

Die Regressionsgleichung von annualisierter Volatilität des Quotienten aus dem Angebot von globaler Schiffskapazität und wertmäßigen Exporten in den OECD-Europa-Raum (σ_{y_i}) und annualisierter Volatilität der durchschnittlichen Frachtrate in USD auf dem Fahrtgebiet Asien-Europa ($\sigma_{\hat{z}_i}$) lautet:

$$\sigma_{\hat{z}_i} = 0{,}223 - 0{,}480 * \sigma_{\left(\frac{y_i}{x_i}\right)} + 0{,}477 * \sigma_{\left(\frac{y_i}{x_i}\right)}^{2}. \tag{4.27}$$

Beide Regressionskoeffizienten sind nicht signifikant mit p = 0,216 und p = 0,219, R^2 beträgt 0,039.

Die Regressionsgleichung von annualisierter Volatilität des Quotienten aus dem Angebot von globaler Schiffskapazität und wertmäßigen Exporten nach Nordamerika (σ_{y_i}) und annualisierter Volatilität der durchschnittlichen Frachtrate in USD auf dem Fahrtgebiet Asien-Nordamerika ($\sigma_{\hat{z}_i}$) lautet

$$\sigma_{\hat{z}_i} = 0{,}225 - 0{,}846 * \sigma_{\left(\frac{y_i}{x_i}\right)} + 0{,}521 * \sigma_{\left(\frac{y_i}{x_i}\right)}^{2}. \qquad (4.28)$$

In diesem Fall erreicht der erste Regressionskoeffizient Signifikanz (p = 0,021), der quadratische Term jedoch nicht (p = 0,147), der Determinationskoeffizient beträgt $R^2 = 0{,}182$.

Für die Regressionen 12 bis 18 tendieren die Bestimmtheitsmaße gegen null und keiner der Regressionskoeffizienten ist signifikant. Insgesamt lassen sich keine Beziehungen zwischen den jeweiligen Variablen feststellen, die durch die durchgeführten Regressionen abbildbar sind.

Die Hypothese, dass es keine zu verallgemeinernden Zusammenhänge der Volatilitäten von Angebots-/Nachfragequotienten und der Volatilität der Nachfrage gibt, kann also für alle Fahrtgebiete bestätigt werden. Aus dieser Analyse folgert, dass der Marktpreis in Form der Frachtrate nur schwach auf die Veränderung von Angebot und Nachfrage reagiert.

Ein Grund können die einbezogenen Schiffsgrößen sein. Die so genannte Post Panamax-Klasse mit über 8000 TEU Aufnahmekapazität verkehrt in der Regel lediglich zwischen Europa und Fernost. Stellt man die Angebots-Entwicklung in TEU den Frachtraten auf der Route Fernost-Europa gegenüber, zeigt sich, dass bei zusätzlicher Schiffskapazität, die in den Markt gegeben wird, zwar die Frachtrate beeinflusst wird, allerdings nicht konstant in eine Richtung. Die sich aus den Werten ergebende Regressionsgleichung $Y = 3{,}457 + 1{,}721 * \ln(X)$, mit R^2=0,34 hat ebenfalls nur eine geringer Güte.

Für das weitere Vorgehen bedeutet dies, dass aus Angebot-Nachfrageveränderungen keine implizite Volatilität der Frachtraten abgeleitet werden kann. Für die quantitative Überprüfung des Optionsscheinmodells muss daher mit einer antizipierten historischen Volatilität gearbeitet werden, wodurch allerdings die Risikoabdeckung verringert wird. In der praktischen Umsetzung würde somit die Markteinschätzung als Haupteinflussgröße für die Volatilität gelten oder mit bekannten Zusammenhängen gearbeitet, die im Folgenden erläutert werden.

4.3.2.3.2 Implizite Volatilitätsflächen

Ein bekannter Effekt bei Optionen ist häufig der, dass implizite Volatilitäten größer werden, je weiter der Basiskurs vom Ausübungspunkt entfernt ist (also im oder aus dem Geld liegt). Zeichnet man bei gleich bleibendem Basiskurs die Volatilitäten als Funktion des Strikes in einer Grafik ab, entsteht eine V-förmige Linie, die als lächelnder Mund (englisch: Smile) bezeichnet wird.[322] Die Gegenüberstellung von Volatilität und Restlaufzeit zeigt ebenfalls eine Abhängigkeit, die als Laufzeit der Volatilitäten bekannt ist.

Zeichnet man die Volatilität sowohl vom Strike/Basiskurs-Verhältnis als auch der Restlaufzeit des Derivates ab, entsteht eine dreidimensionale Oberfläche, bei die implizite Volatilität auf der Z-Achse und Restlaufzeit sowie Strike/ Basiskurs-Quotient auf der X- und Y-Achse abgetragen wird. Diese implizite Volatilitätsfläche zeigt somit gleichzeitig den Volatility Smile und die Laufzeit der Volatilitäten. Im unten aufgeführten Beispiel erkennt man in der Vorderansicht den Volatility Smile, der zeigt, dass die Volatilität zu beiden Seiten des Strikes ansteigt. Seitlich ist die Volatilitätsstruktur abgetragen, aus der ersichtlich wird, dass, wie bereits in den vorherigen Kapiteln erwähnt, die Volatilität mit längerer Restlaufzeit zunimmt.[323]

Angewandt kann diese Darstellung noch zu weiteren Erkenntnissen führen. In der Praxis wird diese Darstellung häufig genutzt, um anhand des Flächenverlaufs das Derivat zu analysieren und die implizite Volatilität zu bestimmen. Die gezeigte Fläche basiert auf einer Angabe, die bei der Bewertung durch Banken im so genannten Financial Engineering herangezogen wird, um die Volatilitäten eines neuen Instrumentes zu bestimmen. Wenn beispielsweise eine Option, die eine Restlaufzeit von neun Monaten hat und deren Verhältnis vom Strike-Preis zum derzeitigen Wert des Underlyings 1,05 beträgt, würde in der Praxis gemäß unten stehender Tabelle ein Wert zwischen 14,0 und 13,4 interpoliert. Wahrscheinlich würde dann für eine Option, deren Wert mit einer Black-Scholes-Formel errechnet wird, eine Volatilität von 13,7 % angenommen.

322 Bryis et al. (1999), S. 250.

323 Hull (2009), S. 492f.

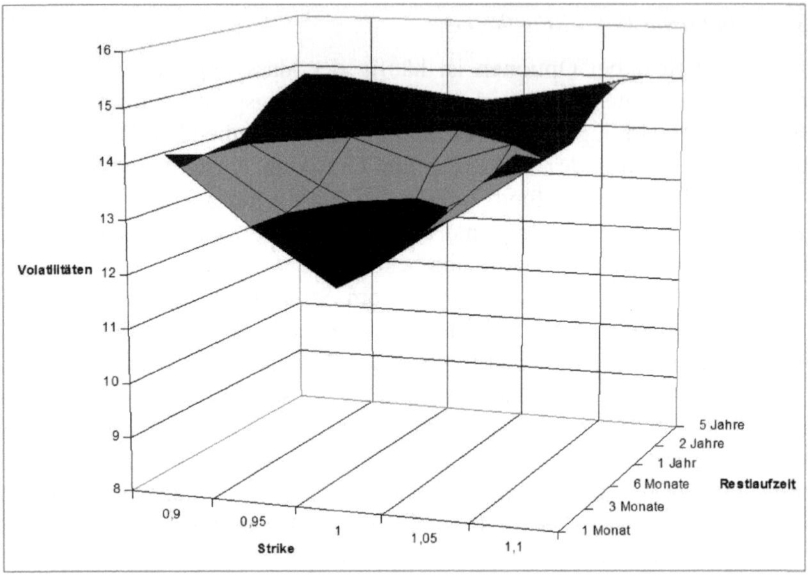

Abb. 4.7: *Die Volatilitätsfläche (Quelle: eigene Darstellung, basierend auf Daten aus Tab. 4.7*

Tab. 4.8: *Basisdaten zur Berechnung der Volatilitätsebene (Quelle: Hull (2009), S. 492)*

	X/ S_0				
	0,90	*0,95*	*1,00*	*1,05*	*1,10*
1 Monat	14,2	13,0	12,0	13,1	14,5
3 Monate	14,0	13,0	12,0	13,1	14,2
6 Monate	14,1	13,3	12,5	13,4	14,3
1 Jahr	14,7	14,0	13,5	14,0	14,8
2 Jahre	15,0	14,4	14,0	14,5	15,1
5 Jahre	14,8	14,6	14,4	14,7	15,0

4.3.3 Wettbewerbsintensität

Wie zuvor dargestellt, reagieren auf manchen Tradelanes (Handelsrouten) die Frachtraten direkt auf eine Änderung des Nachfrage-Angebot-Verhältnisses. Auf anderen Strecken wiederum herrscht ein geringerer Effizienzgrad. In den Gesprächen, die im Vorfeld dieser Dissertation geführt wurden, wurde immer wieder das Argument der Wettbewerbsdichte angeführt, die Ursache für eine Veränderung der Frachtraten, unabhängig von Angebot und Nachfrage sein soll.

Aus betriebswirtschaftlicher Sicht verhält sich die Nachfrage unabhängig davon, wie viele Anbieter das Angebot stellen. Auch in die Optionspreis-Theorie hat dieser Faktor bisher keinen Einzug gehalten, was auch mit dem Irrelevanztheorem beschrieben wird.[324]

In der Volkswirtschaftslehre ist die Wettbewerbsintensität dennoch relevant. Zu ihrer Bestimmung wurden diverse Methoden entwickelt, u.a. der Herfindahl-Hirschmann-Index (HHI). Allgemein gibt dieser die Konzentration von Gruppen in Märkten wieder und bestimmt das Ausmaß der Konzentration der Teilnehmer.[325]

$$H = \sum_{i=1}^{N} \left(\frac{a_i}{N * \bar{a}}\right)^2 \qquad (4.29)$$

Der Konzentrationsgrad (H) bemisst sich durch die Summe der quadratischen Anteilswerte für N Marktteilnehmer mit jeweiligem Absatz (a_i). Bei $H<0{,}10$ geht man von einer geringen, ab $H>0{,}18$ von einer hohen Konzentration im Markt aus. Bei $H=1$ bietet nur ein Anbieter im Markt an.

Wie in Kapitel 2.1.2.1.1 dargestellt, war im Jahr 2008 eine nominale Kapazität von 13.7 Millionen TEU auf dem Weltmarkt verfügbar.[326] Die 25 größten Anbieter hatten dabei einen Marktanteil von 79 %. Deutet man die Absatzmenge als verfügbare Kapazität pro Reederei und errechnet hierzu den Herfindahl-Hirschmann-Index, entsteht ein Konzentrationsgrad von $H= 0{,}079$. Zwar herrscht eine oligopolistische Marktstruktur vor, allerdings verteilen sich die Marktanteile auf die Anbieter so, dass die Wettbewerbsintensität für das Optionspreismodell bzw. die Veränderung der Frachtrate von geringerer Bedeutung ist und somit in das Modell nicht mit aufgenommen wird.

Hier besteht allerdings weiterer Forschungsbedarf, da die Empirie vom Modell abweichen kann. Beispielsweise können externe nicht quantifizierbare Effekte, wie in Kapitel 2.4 beschrieben, in das Modell einbezogen werden. Dies wurde bisher außer Acht gelassen.

324 Black/ Scholes (1973), S. 641.;Deutsch (2004), S. 65.

325 Bontrup (2004), S. 296.

326 Alphaliner (Hrsg.) (2010), S.2.

5 Quantitative Simulation des verwendeten Modells

Der Preis einer Option lässt sich über zahlreiche Methoden bestimmen. Zuvor wurde die Black-Scholes-Formel behandelt, anhand derer ein Wert des Derivates mit historischen Daten gefunden werden kann. Eine historische Simulation führt daher zu einer vollständigen Bewertung, ist allerdings für die Bestimmung zukünftiger Werte ungeeignet. Der entscheidende Nachteil ist also, dass nur bewertet wird, was bereits passiert ist.

Eine weitere Methode stellt die Approximation von Erwartungswerten dar. Je größer allerdings die Zeitspanne des Derivates ist, desto ungenauer kann dessen Wert bestimmt werden. Eine exakte Wertbestimmung gelingt daher nur bei stark vereinfachten Modellen, deren Ergebnisse nur näherungsweise der Realität entsprechen. Wird der Prozess der Approximation vielfach wiederholt, kann der Mittelwert der Ergebnisse einen genaueren Wert liefern. Dieses Verfahren wird auch bei der Monte-Carlo-Simulation angewendet.[327] Bei diesem Verfahren werden z. B. mögliche Verläufe von Seefrachtraten kontinuierlich simuliert, so dass künstliche Marktbeobachtungen im Computer generiert werden können.

Im folgenden Abschnitt soll mittels der Monte-Carlo-Simulation der Wert einer Option anhand der zuvor formulierten Black-Scholes-Gleichung bestimmt werden, die spezifisch für den containerisierten Seefrachten-Markt konzipiert wurde. Dazu folgen nach einer Einführung in die Monte-Carlo-Simulationstechnik die Beschreibung und Analyse der Ergebnisse. Die Monte-Carlo-Simulation bildet mit der Simulation von möglichen Ergebnissen die stochastische Komponente. In Kapitel 6 sollen Experten in Interviews mit den Ergebnissen konfrontiert werden.

5.1 Monte-Carlo-Simulation

Der Kern einer Monte-Carlo-Simulation ist das Erzeugen von Zufall. Der Name wurde daher einem Ort entnommen, an dem dies sehr häufig geschieht, nämlich in den Kasinos der Stadt Monaco (Monte-Carlo).[328] Durch die Weiterentwicklung der Computertechnologie ist es heutzutage möglich, weitaus mehr Zufälle zu generieren, als jemals in Monte-Carlo möglich wären. Es lassen sich also auch für Situationen Vorhersagen treffen, die so in der Realität noch nie

327 Glassermann (2004), S. 39f.

328 Deutsch (2004), S. 171.

vorkamen. Dies begünstigt die Variation von Parametern wie dem Basispreis oder der sogar anterior nur teilweise bestimmbaren Volatilität.

Voraussetzung für die Simulation ist allerdings wieder das Zugrundelegen von bestimmten Annahmen. Neben der Arbitragefreiheits-Bedingung muss der simulierte stochastische Prozess einem Random-Walk mit konstanter Drift und Volatilität entsprechen. Dies unterscheidet sich nicht zu der zuvor gewählten Basis und wird lediglich zur Klarheit angenommen. Besondere Annahmen bei der Simulation der Volatilität werden später erläutert. Weiterhin ist von Bedeutung, dass die Ergebnisse der Simulation hinreichend zufällig sind. Gemeint ist, dass genügend gleichverteilte Zufallszahlen (zwischen 0 und 1) generiert werden, die nicht extern beeinflusst werden.[329] Zum Beispiel: Ein 1000 Hektar großes Quadrat, bei dem die Niederschlagswahrscheinlichkeit gemessen wird, dass allerdings zur Hälfte im Regen, zur anderen in der Sonne steht und evtl. sogar noch Sturm herrscht, ist völlig ungeeignet für eine Simulation. Umgekehrt kann es also im vorliegenden Fall auch sein, dass nun folgend Kurse oder Volatilitäten simuliert werden, die in der Vergangenheit unrealistisch, in der Zukunft jedoch theoretisch möglich sind.

5.2 Ergebnisse

Die Berechnung des arbitragefreien Preises einer Option auf Seefrachtraten kann über stochastische Integrale numerisch gelöst werden. Wie oben beschrieben, müssen im Monte-Carlo-Verfahren Realisierungen einer Brown'schen Bewegung simuliert werden. Die Simulation selbst benötigt normalverteilte Zufallszahlen. In diesem Kapitel werden die Optionspreise auf Seefrachtraten bzw. deren Index berechnet und grafisch dargestellt. Der Einfachheit halber wird hier das Modell mit konstanten Parametern und in stetiger Zeit betrachtet. Die erstere Einschränkung ermöglicht es, mit der Plain-Vanilla-Option (Standard-Option) zu arbeiten. Die Einschränkung des Zeitraums schränkt zwar die Verallgemeinerung ein, gibt dadurch aber interpretierbare Ergebnisse für einen historischen wieder. Unter Variation einiger Parameter werden Veränderungen in Optionsprämien erläutert und erklärt.

In den folgenden Abschnitten werden numerische Beispiele für Seefrachtraten illustriert. Alle Beispiele wurden mit der Programmiersprache MATLAB erstellt. Die MATLAB-Codes dazu finden sich in Anlage 5.

329 Diese Annahmen wurden in Kapitel 4.1 näher erläutert.

5.2.1 Bestimmung der Risikokennzahlen "Greeks"

Das Anfangsinteresse liegt bei der Beobachtung der dynamischen Kennzahlen in Abhängigkeit vom Basiswert. Um Optionen untereinander vergleichen zu können, werden dynamische und statische Kennzahlen verwendet. Statische Kennzahlen ermöglichen eine qualitative Beurteilung der Preise ähnlicher Optionsscheine zu einem bestimmten Zeitpunkt. Ihre Aussage ist begrenzt, so dass sie in dieser Arbeit nicht diskutiert werden. Dynamische Kennzahlen sind hilfreicher. Sie erlauben eine zeitpunktbezogene Abschätzung von Preisentwicklungen von Optionen. Diese Kenngrößen werden meist mit griechischen Buchstaben bezeichnet und daher Greeks (Griechen) genannt.

5.2.1.1 Grundlagen

Die partiellen Ableitungen des Preises V_t eines Derivats nach einzelnen Parametern des Modells sind wichtige Kenngrößen.[330] Sie beschreiben, wie das Derivat unter dem angenommenen Modell auf geringfügige Parameteränderungen reagiert und sind maßgeblich für die Zusammensetzung des Absicherungsportfolios. Ist die Lösung nicht sehr sensitiv gegenüber kleinen Änderungen der Parameter, so heißt das Problem gut konditioniert, andernfalls schlecht konditioniert. Die wichtigsten so genannten Greeks können wie folgt zusammengefasst werden[331]:

Mit ***Delta*** (Δ) werden die ersten partiellen Ableitungen des Preises eines derivativen Produktes nach den Underlyings bezeichnet, d. h. nach den am Markt gehandelten Produkten, die in die Bewertung des derivativen Produktes eingehen.[332]

Mit ***Gamma*** (Γ) wird die zweite partielle Ableitung des Preises, z. B. eines Optionsscheines, nach dessen Underlying bezeichnet. Im Rahmen eines Delta-Hedgings, was im Folgenden näher erläutert wird, sagt die Kennzahl aus, wie oft Anpassungen vorgenommen werden müssen, um ein deltaneutrales Portfolio aufrechtzuerhalten, das risikolos gegenüber Veränderungen des Underlyings gestellt ist.

Das ***Theta*** (Θ) eines Portfolios aus Derivaten ist die Rate, mit der sich der Wert des Portfolios im Zeitablauf ändert, wenn alles andere unverändert bleibt: also die erste partielle Ableitung des Preises eines derivativen Produktes nach der Zeit. Die Rate, mit der sich der Wert des Portfolios gegenüber der Volatilität

330 Bryis et al. (1999), S. 124.

331 Mit Greeks sind die griechischen Buchstaben Delta, Gamma etc. gemeint.

332 Hull (2009), S. 449; Bryis et al. (1999), S. 126., hierzu und im folgenden.

des Basisobjektes ändert, ist das ***Vega*** (Λ)[333], also die erste partielle Ableitung des Preises eines derivativen Produktes nach der Volatilität der Preisprozesse der Underlyings. Ist dieses in absoluten Zahlen hoch, so reagiert der Wert des Portfolios gegenüber kleineren Änderungen der Volatilität sehr sensitiv.

Der Vollständigkeit halber sei noch das ***Rho*** (P) erwähnt, das ausdrückt, wie sich der Wert gegenüber dem risikolosen Zinssatz *r* verändert, sowie das ***Omega*** (Ω), das Auskünfte über die relative Preisänderung der Option aufgrund relativer Änderungen des Aktienkurses gibt.

Aus der Black-Scholes-Formel lassen sich die Greeks analytisch bestimmen.

Tab. 5.1: Die griechischen Risikokennzahlen (Quelle: Deutsch (2004), S. 196)

Symbo	Name	Definition	Symbo	Name	Definition
Δ	Delta	$\frac{dV}{dS}$	Θ	Theta	$\frac{dV}{dt}$
Γ	Gamma	$\frac{d^2V}{dS^2}$	Λ	Vega/ Lambda	$\frac{dV}{d\sigma}$
Ω	Omega	$\frac{S}{V}\frac{dV}{dS}$	P	Rho	$\frac{dV}{dr}$

5.2.1.2 Greeks einer europäischen Call-Option auf Seefrachtraten

Die dynamischen Kennzahlen einer europäischen Call-Option für die Tradelane „Fernost-Nord Amerika" sind in der Abbildung „Entwicklung der dynamischen Kennzahlen für Fernost-Nord Amerika" für verschiedene Laufzeiten illustriert. Die Abbildung wurde mit dem MATLAB-Programm greeks.m erzeugt. Der zugehörige Code ist in Anlage 5 angehängt.

In diesen Beispielen wird angenommen, dass der Ausübungspreis gleich der durchschnittlichen Rate über den betrachteten Zeitraum von 14 Jahren ist, d. h. $X = 1.954$ USD/ TEU, die Volatilität $\sigma = 0.21$ gleich dem Durchschnittswert aus den betrachteten Jahren 1993 bis 2007 und $r = 0.03$ risikofreier Zinssatz von 3 %. Für den Kurs des Basiswerts werden die Werte, die zwischen 1.700 USD/TEU und 2.550 USD/TEU liegen, betrachtet. Dies sind die Maximal- und Minimalwerte zwischen 1993 und 2007, ohne Ausbrüche. Die punktierte Linie zeichnet die dynamischen Kennzahlen Delta, Gamma, Vega und Theta für $t = 0$, die durchgezogene Linie für $t = 0.4$ und die dicke Linie für $t = 0.8$.

333 In der Literatur zu diesem Thema wird der griechische Buchstabe Lambda einheitlich als Vega bezeichnet, vgl. Deutsch (2004), S. 196.

Es zeigt sich also bereits schon hier in der Abbildung „Dynamische Kennzahlen für Fernost-Nord Amerika“, dass die Optionspreisbestimmung ein recht gut koordiniertes Problem darstellt.

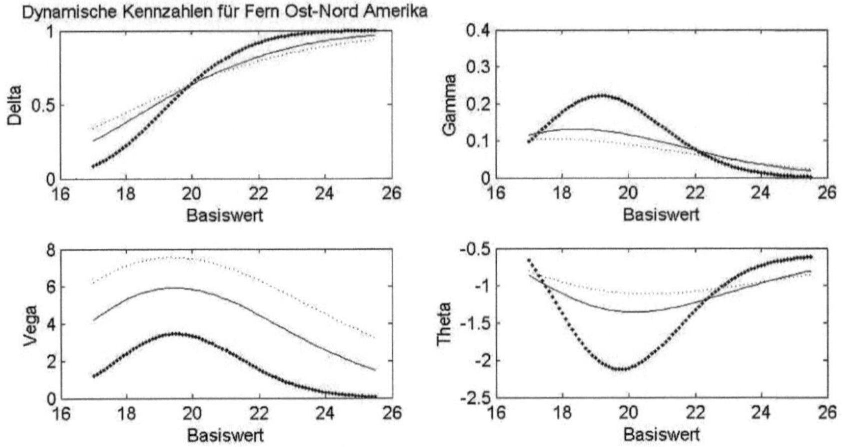

Abb. 5.1: Entwicklung der dynamischen Kennzahlen für Fernost-Nord Amerika (Quelle: eigene Darstellung; Basiswert in Hundert USD)

Aus der Delta-Analyse lässt sich ablesen, dass sich mit steigendem Basiswert zu jedem Zeitpunkt die Änderung des Optionspreises an die Änderung des Underlying-Wertes annähert. Steigt der Basiswert von ca. 1.801 auf 1.802 USD, reagiert der Optionspreis jeweils um ca. die Hälfte mit einem Anstieg. Je kürzer die Restlaufzeit der Seefrachtoption ist, desto mehr nähert sich der Wendepunkt der Delta-Veränderung an den Strike bei 1.954 USD/ TEU an. Im Wendepunkt verzeichnet die Kurve den steilsten Anstieg des Deltas (vgl. Gamma), da in diesem Bereich die Option am Ende der Laufzeit knapp im oder aus dem Geld ist[334] und somit bereits zu den gezeigten Zeitpunkten entweder einen inneren Wert hat (Basiswert > 1.954 USD) oder nicht (Basiswert < 1.954 USD). Im Bereich um den Ausübungspunkt sind also das Risiko und somit die Volatilität am höchsten, was sich leicht am Vega ablesen lässt. In diesem Schaubild (unten links) ist das Vega der Option mit der längeren Laufzeit (dünn gestrichelt) am höchsten, da die Wahrscheinlichkeit, dass diese Option am Ausübungstag tief im oder tief aus dem Geld liegt, noch am größten ist. Anders

334 Vgl. Kapitel 3.3.4.1.

ausgedrückt hat die Seefrachtoption, die nur noch t=0,2 zu laufen hat, den geringsten Zeitwert als Ausdruck des Risikos. Besonders deutlich wird dies durch das Theta (vgl. fett und dünn gestrichelte Linien).

Wird aus dieser Analyse eine Strategie zur Absicherung von Frachtraten (Delta-Strategie) abgeleitet, so wäre diese wie folgt zu definieren:

Halte zu jedem Zeitpunkt t je Einheit Derivat, Δ Einheiten des Basiswertes x.

Dass diese Strategie plausibel ist, kann mithilfe der Analyse verständlich gemacht werden. Für jede an einer Stelle x_1 differenzierbare Funktion f gilt für kleine Δx: $f(x_1 + \Delta x) \approx f(x_1) + f'(x_1) \times \Delta x$.

Je näher Δx bei null liegt, desto genauer stimmt diese Näherungsgleichung. Auf den Basiswert übertragen bedeutet das: Ändert sich der Kurs des Seefrachtindex um einen kleinen Betrag ΔS und bleiben dabei alle anderen relevanten Größen unverändert, so ändert sich der Wert der Einheit des Derivats um annähernd den Betrag dC/dS. Das heißt, dass sich das fiktive Portfolio aus einer Option auf eine Seefrachtrate und den Index bzw. der Rate selbst $-1 \times Derivat + \Delta \times Basiswert$ bei kleinen Kursschwankungen des Basiswerts nur geringfügig im Wert ändert. Im Idealfall, also wenn es gelingt, zu jedem Zeitpunkt exakt dieses Portfolio zu besitzen, ist die Planung vollkommen risikolos.

Aus Abb wird deutlich, dass sich das Delta ständig ändert, wodurch es fortwährend erforderlich ist, Anteile des Optionsscheins in geringem Umfang zu kaufen oder zu verkaufen. Die Absicherungsqualität bzw. Hedge Performance ist beim Delta-Hedging umso besser, je häufiger das Hedge-Portfolio umgeschichtet wird. In der Praxis aber gilt dies nur bedingt, da die real vorhandenen Transaktionskosten nicht ausgeschlossen werden können. Des Weiteren muss berücksichtigt werden, dass es sich hier um einen Index auf ein Bündel von Frachtraten handelt. Das „Portfolio" des Verladers muss nicht der Zusammensetzung der Indizes entsprechen, was somit die Hedge-Performance (Absicherungs-Effizienz) minimiert.

Für einen europäischen Call liegt das Delta immer zwischen 0 und 1, für einen Put zwischen -1 und 0. Ein Short-Call wird beim Delta-Hedging stets durch eine Long-Position im Underlying (Basiswert) und ein Short-Put immer durch eine Short-Position abgesichert. Da sowohl beim Handeln von Calls als auch von Puts bei fallenden Kursen Anteile verkauft und bei steigenden Kursen Anteile gekauft werden müssen, unterstützt die vom Delta-Hedging ausgehende Kaufs- und Verkaufstätigkeit immer den aktuellen Trend, d. h., sie wirkt volatilitätssteigernd.

Die Steigung einer Funktion kann sich auch in sehr kleinen Intervallen stark ändern. Dies führt dazu, dass der Graf der Funktion und die Tangente schnell auseinanderlaufen. Je weniger sich also in der Nähe einer Stelle y die Steigung verändert, desto besser nähert sich die Tangente beim Punkt y den Grafen an. Die Veränderungen der Steigung werden durch die zweite Ableitung gemessen. Ist diese sehr klein oder gar gleich null, so ändert sich die Steigung lokal nur gering oder gar nicht. Entsprechend dieser Überlegungen definiert sich die dynamische Kennzahl Gamma des Portfolios. Hat Gamma den Wert null, wird das Portfolio gammaneutral genannt. Ist ein Portfolio gamma- und zugleich deltaneutral, so ist ein solches Portfolio gegenüber den Kursschwankungen des Basiswerts deutlich stabiler als ein Portfolio, das nur deltaneutral ist.

5.2.1.3 Zusammenhänge

Zwischen den dynamischen Kennzahlen Delta, Gamma und Theta besteht die folgende Beziehung:

$$\Theta + rS\Delta + \frac{\sigma^2 S^2}{2}\Gamma = rV, \qquad (5.1)$$

wobei V eine Call- oder Put-Option bezeichnet. Dies kann hergeleitet werden, da die verzinste Änderung des Portfolios um das jeweilige Delta Gamma, ergänzt über die zeitliche Änderung des Optionswertes genau dem Optionswert entsprechen muss.

Die Werte dieser drei griechischen Buchstaben können daher nicht beliebig zusammengestellt werden. Nur zwei können frei gewählt werden. Der dritte Wert ergibt sich automatisch aus den beiden anderen. Zum Beispiel hat die Gleichung $\Delta = \Gamma = \Theta = 0$ nur eine Konsequenz $rV = 0$, damit folgt daraus, dass $V = 0$ ist. Das heißt wiederum, dass die Seefrachtoption wertlos ist.

Ein anderes sinnvolles Beispiel ist $\Delta = \Gamma = 0 \Rightarrow \Theta = rV$. Bei einem oben beschriebenen Portfolio, das delta- und gammaneutral ist, gibt das Theta die risikolose Wertentwicklung der Seefrachtoption an.

5.2.2 Simulation des Modells und Variation einiger Parameter

In diesem Abschnitt werden Veränderungen im Optionspreis unter Variation der Volatilität und der Laufzeit der Option diskutiert. Zur Bestimmung des Optionspreises wird die Volatilität σ anterior festgelegt. Um präzise Werte für die Optionspreise zu erhalten, ist eine möglichst gute Schätzung der Volatilität bzw. hohe Daten-Qualität von Bid-Ask-Spreads (Angebots-Nachfrage-Differenzen) notwendig. Der Optionspreis $V(S_t,t)$ zum Zeitpunkt $t = 0$ ist durch die Black-Scholes-Gleichung gegeben.

$$V = S_0 N(d_1) - Xe^{-rT} N(d_2)$$ [335] (5.2)

V entspricht dabei dem Wert der Option, S_0 dem gegenwärtigen Wert der zu Grunde liegenden Aktie, X dem Basispreis der Option und T der Restlaufzeit. $N(d_i)$ steht hierbei für die Verteilungsfunktion einer standardnormalverteilten Zufallsvariablen, die mit folgenden Gleichungen definiert ist:

$$d_1 = \frac{\ln(S_0 / X) + (r + \sigma^2 / 2)T}{\sigma\sqrt{T}} \qquad (5.3)$$

und

$$d_2 = d_1 - \sigma\sqrt{T}. \qquad (5.4)$$

Im Folgenden werden europäische Put- und Call-Optionen auf einen Basiswert, d. h. eine Seefrachtrate betrachtet, die einen Anfangswert von S_0 hat, einen konstanten risikofreien Zinssatz $r \geq 0$ und eine konstante Volatilität $\sigma > 0$. Diese unterliegt dem oben beschriebenen Wiener-Prozess W_t.

Die Grundidee der Monte-Carlo-Simulation besteht darin, sich dem Erwartungswert der Seefrachtrate durch Simulation von M Pfaden $\{S_t : 0 < t < T\}$ anzunähern. Diese Vorgehensweise wird in vier Schritte unterteilt:

1. Simulation der Basiswert-Pfade:
   Bestimme für M verschiedene Pfade die Lösungen $S_t^{(k)}, k = 1,..., M$ von $dS_t = rS_t dt + \sigma S_t dW_t$ zum Anfangswert S_0.
2. Berechnung der Auszahlungsfunktion:
   Bestimme für alle $k = 1,..., M$ die Auszahlungsfunktion entsprechend zum Pfad $S_t^{(k)} : V_T^{(k)} := \max\left(0, X - S_T^{(k)}\right)$.
3. Bestimmung des Optionspreises:
   Berechne eine Approximation des fairen Optionspreises

Für den ersten Schritt benötigt die Simulation von M unabhängige Realisierungen eines Wiener-Prozesses und die approximative Berechnung der Lösung der stochastischen Differenzialgleichung zum jeweiligen Pfad des Wiener-Prozesses. Die weiteren Schritte sind elementar.

Wenn die Anzahl M der Monte-Carlo-Simulationen zu klein gewählt wird, dann ist der Preis nicht zu genau. In Abb. 5.2 wird die „Entwicklung der Optionspreise auf den untersuchten Tradelanes" der europäischen Put-Optionen auf einzelne Seefrachtraten in Abhängigkeit von der Anzahl M Monte-Carlo-Simulationen dargestellt.

335 Black/ Scholes (1973), S. 644.;Perridon/Steiner (2007), S. 327.

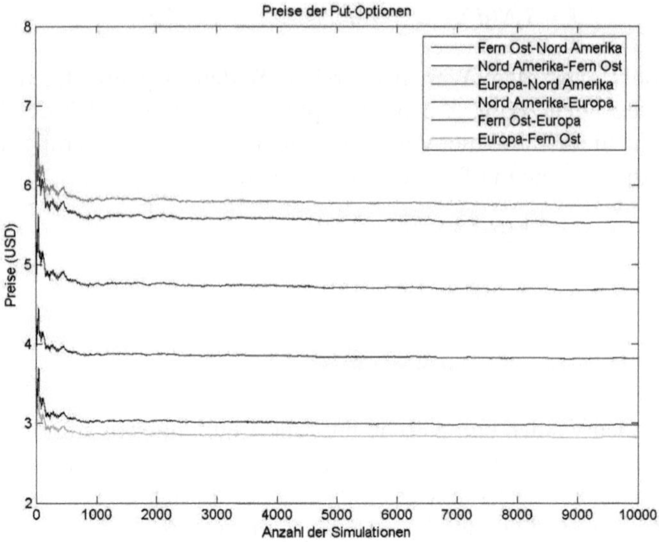

Abb. 5.2: Entwicklung der Put-Optionspreise auf den untersuchten Tradelanes bei Variation der Pfade pro Simulation (Quelle: eigene Darstellung mit Daten der Schenker AG aus Anlage 3, Werte in hundert USD)

Die Preise der Put-Optionen werden mit den Parameterwerten $D = 0$ (d. h., dass auf Seefrachtraten keine Dividenden bezahlt werden) $r = 0{,}03$ und $T = 1$ berechnet. Es wird dabei angenommen, dass der Ausübungspreis X einer Put-Option gleich der durchschnittlichen Seefrachtrate ist (Werte siehe folgende Tabelle) und der Anfangswert S_0 den minimalen Wert der Raten aus dem Zeitraum vom 1. Quartal 1996 bis 2. Quartal 2007 annimmt. Die Werte der europäischen Call-Optionen berechnet werden mittels der Put-Call-Parität-Gleichung berechnet. Ist der europäische Put im Geld, so ist der europäische Call aus dem Geld und umgekehrt. Im Gegensatz zu den anderen Einflussgrößen kann die Volatilität dem Markt nicht unmittelbar entnommen werden, was sich als Nachteil herausstellt. Für die Preisbestimmungen kann daher die historische Volatilität aus den Vergangenheitskursen der Frachtraten (siehe Kapitel 4.3.2.1) gewonnen werden. Aus **Error! Reference source not found.** wird deutlich, dass der Put-Preis der Seefrachtratenindizes auf der Tradelane (Handelsroute) „Fernost-Nord Amerika" ungefähr bei 550 USD liegt. Die Put-Preise auf Seefrachtratenindizes der einzelnen Tradelanes, sind in der unten stehende Tabelle „Preise der europäischen Put-Optionen mit Laufzeit $T = 1$, $r = 0{,}03$" aufgeführt.

Tab. 5.2: Preise der europäischen Put-Optionen mit Laufzeit $T = 1$, $r = 0,03$ (Quelle: eigene Darstellung mit Daten der Schenker AG aus Anlage 3)

Tradelane	**Anfangwert S_0 in USD/ TEU**	**Strikepreis X in USD/TEU**	**Volatilität σ**	**Preis der Put- Option in USD/TEU**
Fernost-Nord Amerika	1.350	1.954	0,21	550
Nord Amerika-Fernost	620	930	0,33	300
Europa- Nord Amerika	725	1.334	0,34	580
Nord Amerika-Europa	575	983	0,29	380
Fernost-Europa	1.010	1.515	0,25	470
Europa-Fernost	490	788	0,33	280

5.2.3 Einflussfaktoren auf den Optionspreis

Größen wie der aktuelle Kurs einer Seefrachtrate S_t, der Ausübungspreis X, der risikoneutrale Zinssatz r und die Restlaufzeit $T-t$ beeinflussen die Preise von Optionen. In diesem Abschnitt wird untersucht, wie diese Größen die aktuellen Preise europäischer Calls und Puts mitbestimmen. Die Überlegungen beschreiben die tendenzielle Auswirkung der Veränderung jeweils einer Größe. Dabei wird angenommen, dass alle anderen Einflussgrößen unverändert bleiben.

5.2.3.1 Kurs einer Seefrachtrate und Ausübungspreis

Diese Größen sind einfach einzuordnen, denn sie beeinflussen mittelbar oder unmittelbar die Auszahlungsfunktionen. Je höher der Ausübungspreis ist, desto niedriger ist der Payoff ($S(T)-X$) eines Calls und desto höher ist der Payoff eines Puts ($X-S(T)$). Das Entsprechende gilt für alle Zeitpunkte bis zur Fälligkeit.

Bezüglich der Seefrachtrate selbst ist es naheliegend, dass ein höherer aktueller Wert eine bessere Ausgangsposition für einen höheren zukünftigen Wert ist. Für eine Frachtrate, die momentan bei 2.000 USD/TEU liegt, wird als wahrscheinlicher unterstellt, dass diese in einem Jahr mindestens den Wert 1.500 USD/TEU annimmt als eine Frachtrate, die aktuell bei 900 USD/TEU liegt. Vergleiche dazu zum Beispiel die Frachtraten auf den Tradelanes „Fernost-Nord Amerika“ und „Nord Amerika-Fernost“ im Zeitraum 3. Quartal 2000 bis 3. Quartal 2001 in Anlage 3 .

Es ergibt sich folgendes Bild: Wächst die Seefrachtrate, so steigt der Preis der europäischen Call-Option. Der Preis der europäischen Put-Option fällt in diesem Fall. Mit wachsendem Ausübungspreis wird der Preis des europäischen Calls niedriger und der Preis des europäischen Puts höher.

Der Einfluss des Ausübungspreises ist elementar. Call-Optionsscheine zu einem Ausübungspreis von 2.500 USD/ TEU auf zwei Tradelanes mit verschiedenen Frachtraten, z. B. 500 USD/TEU und 2.000 USD/TEU, haben im selben Zeitraum verschiedene Werte. Ein Call zum Ausübungspreis von 2.500 USD muss für den zweiten Typ der Frachtrate mehr wert sein als ein Call zum gleichen Ausübungspreis für die Seefrachtrate vom ersten Typ.

5.2.3.2 Zinsen

Bisher wurde angenommen, dass für den risikoneutralen Zinssatz $r = 0{,}03$ gilt. Wie sich der Optionspreis einer Call- oder einer Put-Option entwickelt, wenn der Zinssatz höher oder niedriger als 3 % ist, soll im Folgenden erläutert werden. Hier entfernt sich das Modell sehr weit von der Praxis, da der Einfluss von Zinsen in der heutigen Welt der Seefrachtraten nur geringfügig direkten Einfluss hat. Der Einfluss einer Zinserhöhung auf Optionspreise ist darüber hinaus nicht vollständig bestimmbar. Man stellt fest, dass eine Zinserhöhung zukünftige Zahlungen entwertet, da sich der Diskontierungsfaktor $e^{-r(T-t)}$ verringert. Dies spricht für eine Preissenkung der Optionen. Zinserhöhungen haben aber auch einen ökonomischen Effekt. Wenn sich die risikolose Rendite erhöht, so müssen sich die Erwartungswerte zukünftiger Kurse erhöhen. Dies kann bei einer Put-Option als weiterer entwertender Faktor interpretiert werden, bei einer Call-Option sollte sich das jedoch werterhöhend auswirken. Bei Puts sprechen also beide Aspekte für eine Preissenkung. Bei Calls stellt sich die Frage, welcher der beiden Einflüsse größer ist. Im Black-Scholes-Modell ist immer der Einfluss des zweiten Faktors, der Dividende, größer. Mit einer Zinserhöhung kommt es also zu einer Erhöhung des Call-Preises und einer Senkung des Put-Preises.

5.2.3.3 Laufzeit der Option

Für europäische Call-Optionen auf eine Seefrachtrate wirkt eine längere Restlaufzeit werterhöhend, da das Risiko, dass die Option am Ausübungszeitpunkt aus dem Geld liegt, höher ist.

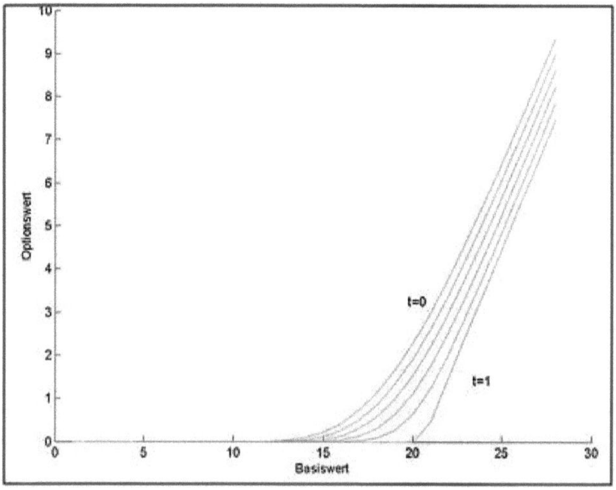

Abb. 5.3: *Werte einer europäischen Call-Option bei unterschiedlichen Laufzeiten (Quelle: eigene Darstellung mit Daten der Schenker AG aus Anlage 3, Werte in hundert USD)*

Die Abbildung „Werte einer europäischen Call-Option“ illustriert diesen Sachverhalt für die Route Fernost-Nord Amerika. Es wird deutlich, dass eine lange Restlaufzeit vorteilhaft ist, wenn die Option aktuell nicht im Geld liegt. In der Abbildung „Werte einer europäischen Call-Option“ werden die Optionsprämien für eine europäische Call-Option der Tradelane „Fernost-Nord Amerika“ für verschiedene Zeiten *t=0; 0,2; 0,4; 0,6; 0,8; 1* in Abhängigkeit des Basiswertes S dargestellt. Die angenommenen Parameter sind $X = 19{,}54$; $T = 1$; $r = 0{,}1$ und $\sigma = 0{,}21$. Hier wurde der risikolose Zinssatz in Höhe von 10% gewählt, um die Verläufe der einzelnen Kurven grafisch besser miteinander zu vergleichen.

Analog werden in Abb. 5.4 Abbunten die Optionsprämien für eine europäische Put-Option in Abhängigkeit des Basiswerts S und der Zeit t dargestellt.

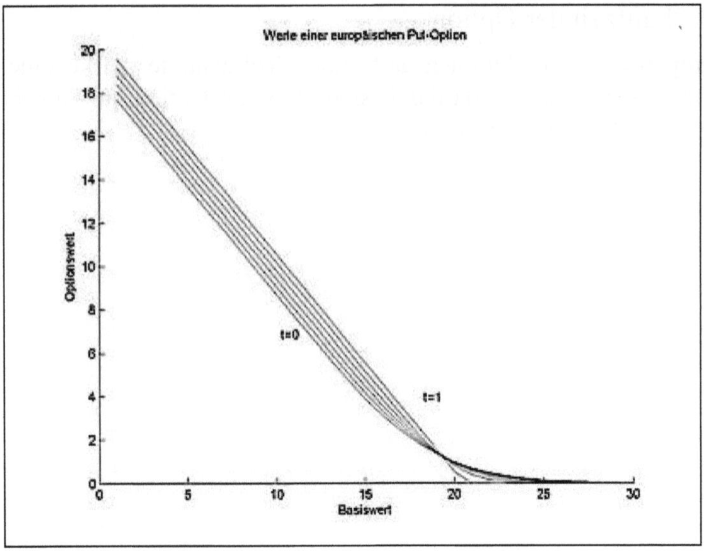

Abb. 5.4: *Werte einer europäischen Put-Option bei unterschiedlichen Laufzeiten (Quelle: eigene Darstellung mit Daten der Schenker AG aus Anlage 3, Werte in hundert USD)*

Diese vier Einflussgrößen haben den Vorteil, dass ihre Werte immer den aktuellen Marktdaten entnommen werden können. Sie reichen aber leider nicht aus, um Optionspreise vollständig zu bestimmen. Es ist darüber hinaus erforderlich, die „Neigung einer Seefrachtrate zu Kursschwankungen“ zu charakterisieren und zu berücksichtigen. Dies führt zu einer fünften Größe, die im Gegensatz zu den anderen Einflussgrößen dem Markt nicht unmittelbar entnommen werden kann.

5.2.3.4 Volatilität

Die Schwankungen einer Seefrachtrate drückt man durch eine einzige positive Zahl aus, die Volatilität. Je größer die Volatilität einer Seefrachtrate ist, desto mehr neigt sie zu Schwankungen. Eine Erhöhung der Volatilität wirkt sich immer preiserhöhend auf die Preise der Calls und Puts aus.[336] Dabei ist es egal, um welche Art der Optionen es sich handelt.[337]

---

336 Vgl. Kapitel 3.3.4.3.

337 Vgl. Kapitel 3.3.4.3.

5.3 Ausblick

Im letzten Abschnitt wurde der Einfachheit halber angenommen, dass der risikofreie Zinssatz und vor allem die Volatilität während der Laufzeit der Option auf Seefrachtraten konstant sind. Diese Vereinfachung kann im Widerspruch zu realen Finanzmarktdaten stehen. Dies ist auch auf dem Seefrachten-Markt erkennbar. Deshalb ist es wesentlich realistischer anzunehmen, dass beide Parameter mit der Zeit variieren. Man könnte die Black-Scholes-Formeln daher wie folgt erweitern:

- Optionen in Finanzmärkten mit variablem, aber bekanntem Zinssatz und variabler, aber bekannter Volatilität,
- Optionen auf mehrere Seefrachtraten oder mehrere Seefrachtratenindizes.

Dabei muss das Verhalten von risikofreiem Zinssatz und der Volatilität über einen längeren Zeitraum beobachtet werden, um daraus Schlussfolgerungen für den Verlauf des risikofreien Zinssatzes bzw. der Volatilität zu ziehen und in einer mathematischen Funktion zu erfassen.

Tatsächlich aber ist die zukünftige Entwicklung von risikofreiem Zinssatz r und der Volatilität σ unbekannt, genauso wie die Kurse der Seefrachtraten. Beide Parameter müssten stochastisch modelliert werden. Eine mögliche Erweiterung wird u.a. von DERMAN/KANI beschrieben.[338]

Die Anwendung dieses Modells auf Frachtraten in der Zeit zwischen 2008 und 2010, die in dieser Arbeit unberücksichtigt bleibt, ist theoretisch möglich. Allerdings ist in der praktischen Umsetzung zwischen zwei Phasen zu unterscheiden. Für Phasen, in denen der Markt Frachtratenbewegungen lediglich in eine Richtung gesehen und auch erwartet hat, ist dieses Modell nur zu Absicherung der äußeren Risikospitzen geeignet. Hiermit sind die Frachtraten gemeint, die sowohl die Reedereien bei sehr niedrigen, als auch Verlader bei sehr hohen Frachtraten in ein unternehmens-gefährendes Risiko versetzen. Außerhalb dieses Risikos ist wird die Ratenentwicklung von den meisten Marktteilnehmern ähnlich eingeschätzt und benötigt daher keiner Absicherung.

Die zweite Phase ist die des Wendepunktes der Frachtraten, welcher sich in den meisten Fahrtgebieten im dritten bzw. vierten Quartal 2009 abgezeichnet hat. Zu dieser Zeit bestand hohe Unsicherheit über die weitere Entwicklung. Eine Absicherung gegen weiter sinkende Raten für Reeder oder stark steigende für Verlader war zu diesem Zeitpunkt sinnvoll.

Eine praktische Umsetzung des Modells ist daher in jeder Ratenentwicklung möglich. Allerdings entziehen die anzuwendenden Risikoprämien den

338 Derman/Kani (1994).

wirtschaftlichen Einsatz der Absicherung. Daher soll im nächsten Kapitel die tatsächliche Umsetzung gegenüber der theoretischen Möglichkeit analysiert werden.

6 Qualitative Überprüfung des Modells

In den vorangegangenen Teilen wurde das erstellte und verwendete Modell auf seine theoretische Brauchbarkeit überprüft. Die Wirkung in einer realen Umwelt ist bisher außer Acht gelassen worden. Zwar sind historische Werte in die Analyse mit eingeflossen, die Umsetzung des Modells in die Praxis bleibt jedoch unbekannt. Eine Überführung in die Praxis stellt sich insofern als Herausforderung dar, als dass die getroffenen Annahmen des Modells nicht ohne Auswirkungen auf die Ergebnisse zu vernachlässigen wären. Dennoch sollte die Wirkung des Modells in die Realität überführt werden, um die getroffenen Annahmen zu überprüfen und den Einstig in eine spätere Verwendung zu ermöglichen. Daher ist eine qualitative Überprüfung des Modells in Form von Experteninterviews gewählt worden.

6.1 Experteninterviews

Das Experteninterview ist eine spezifische Form qualitativer Interviews.[339] Es stammt aus der Sozialforschung und galt lange als „Sonderform der Befragung".[340] Erst in den 90er-Jahren des 20. Jahrhunderts hat sich das Experteninterview in der Methodendebatte als fester Bestandteil der qualitativen Untersuchung etabliert.[341]

Wie der Name der Methode andeutet, werden Experten aus ihrem Fachgebiet befragt. Besondere Merkmale dieser Befragungsmethode bestehen in der Auswahl der Gesprächspartner, Gesprächsführung und Auswertung. Die Relevanz dieser Bestandteile differenziert sie von anderen Interviewformen. Hervorzuheben ist auch, dass sich die Befragten in dieser Form in einer Doppelrolle befinden – als Fachleute und als Person. Dieser Umstand muss bei der Auswertung der Ergebnisse hinsichtlich Validität, Reliabilität und Generalisierbarkeit berücksichtigt werden.[342] Unter den vielen, bisher nur teilweise kategorisierten Unterformen der Experteninterviews wird in dieser Arbeit das Leitfadeninterview gewählt. Da ein konkreter Gegenstand Ziel der Datenerhebung ist und die damit verbundenen Fragen in Themen eingegrenzt werden können, ist es eine effektive Variante des Experteninterviews.[343]

339 Abels/Behrens (2005), S. 175.
340 Scheuch (1967), S. 165f.
341 Bogner/Menz (2005), S. 17.
342 Abels/Behrens (2005), S. 175.
343 Flick (1999), S. 114.

Kennzeichnend für ein Leitfadeninterview ist, dass dem Gespräch eine Übersicht der Themen vorliegt, zu denen befragt bzw. diskutiert werden soll. Dadurch bleibt die Fragestruktur im engeren Sinne offen, bildet allerdings für die spätere Auswertung eine Vergleichbarkeit. Zusätzlich dient der Leitfaden dazu, dass im Gespräch wesentliche Aspekte nicht übersehen werden.[344]

6.2 Interviewleitfaden

Der Interviewleitfaden wurde in vier Teile strukturiert. Im ersten Segment soll die Einschätzung des Risikos abgefragt und diskutiert werden. Die Einteilung des Risikos aus schwankenden Frachtraten auf einer Skala von eins bis fünf hat sich im Verlauf der Gespräche als guter Einstieg in die weitere Diskussion herausgestellt. Diese Frage ist die einzig skalierte und geschlossene Frage. Aus dieser Abschätzung resultiert die darauffolgende Frage nach den Auswirkungen des Risikos aus schwankenden Frachtpreisen.

Im zweiten Segment des Interviewleitfadens werden Maßnahmen diskutiert, die das Risiko aus dieser Volatilität verringern könnten. Dabei wird zwischen bestehenden und noch nicht verfügbaren Maßnahmen unterschieden. Die Gesprächspartner werden ab dieser Stelle gebeten, unter gewissen Annahmen über die derzeit realistischen Gegebenheiten hinweg ihre Meinung zu äußern. Dies bezieht sich zum Beispiel auf die Frage, ob eine erneute Gruppenfreistellung für das Konferenzsystem in der Linienschifffahrt, die bis zum 18. Oktober 2008 bestand, eine Maßnahme zur Reduzierung des Risikos aus volatilen Frachtpreisen wäre.

Im dritten Segment wird mit den Gesprächspartnern das Optionsscheinmodell zur Absicherung gegen das Risiko diskutiert. Das primäre Interesse in diesem Segment besteht in der Konfrontation und somit Überprüfung des Modells mit der Realität. Dazu werden die Erwartungen an das Modell abgefragt und im Anschluss die Annahmen diskutiert. Konkret wird anhand eines Beispiels auch auf das Preisniveau der Optionsscheine im Verhältnis zur Frachtrate und zum Ausübungspreis eingegangen.

Im vierten Segment werden auf Basis des Optionsscheinmodells die aus einer Anwendung in der Praxis resultierenden zukünftigen Entwicklungen diskutiert. Hierbei wurden die Experten zu den Effekten auf die strategische Planung, die Finanzplanung und zur Standortplanung interviewt. Des Weiteren werden die Einflüsse auf die Marktentwicklung sowie die Rolle der Banken und der weiteren Intermediäre diskutiert.

344 Mayer (2006), S. 36f.

Aufgrund der Zugehörigkeit der Gesprächspartner zu unterschiedlichen Interviewgruppen wurden nicht alle Fragen bei jedem Gespräch behandelt. Die Protokolle der Gespräche finden sich in Anlage 6 wieder.

6.3 Auswahl der Interviewpartner

Die Auswahl von Experten kann immer nur im Einzelnen in Relation zum Forschungsgegenstand und dem Erkenntnisinteresse beurteilt werden.[345] Der Expertenstatus ist daher ein soziales und methodisches Konstrukt.[346] Im Allgemeinen sind Experten „FunktionsträgerInnen innerhalb eines organisatorischen oder institutionellen Kontextes", die „Problemlösungen und Entscheidungsstrukturen (re)präsentieren"[347]. Allerdings müssen Experten nicht nur den höheren Funktionsebenen einer Organisation angehören. Differenzierendes Merkmal ist, dass sie in einem bestimmten Fachgebiet mehr Wissen oder Erfahrung haben als Fachfremde. Wissen oder Erfahrung kann dabei einzeln oder in Kombination auftreten.

Wie oben angedeutet, sollen in dieser Arbeit die Experteninterviews das verwendete Modell qualitativ in der Realität „simulieren" und bewerten. Die Auswahl der Experten, also der Interviewpartner, resultiert daher aus deren Fachkenntnis oder Erfahrung in Bereichen, die diese Arbeit tangieren. Dies sind neben der containerisierten Schifffahrt Fachgebiete, die sich mit der Bewertung von Derivaten oder dem Financial Engineering, also der Modellierung von Finanzinstrumenten, beschäftigen. Analog zum Stakeholder-Ansatz von Malik[348] wurden in die Auswahl der Gesprächspartner Vertreter aufgenommen, die jeweils einen Anteil an dem verwendeten Modell hätten, würde es in die Realität überführt und käme hierfür ein Markt zu Stande. Im Bewusstsein, dass eine Verallgemeinerung der Aussagen für die jeweilige Personengruppe eine Unschärfe bei der Auswertung der Antworten darstellt, wurde versucht, die protokollierten Angaben stets in einem Gespräch mit einer weiteren Person abzugleichen. Aufgrund der zeitlichen Abfolge der Interviews und der Heterogenität der Gesprächsteilnehmer konnte dies abschließend nicht immer gelingen.

Mit folgenden Personen wurden Interviews geführt:

345 Meuser/Nagel (2002), S. 73f.

346 Deeke (1995), S. 9.

347 Vgl. Meuser/Nagel (2002), S. 73f.

348 Malik (2008), S. 161f.

Tab. 6.1: Übersicht über die interviewten Personen

Name	Unternehmen/ Organisation	Funktion
Dr. Hans-Heinrich Nöll	Verband Deutscher Reeder e.V.	Hauptgeschäftsführer
Jakob Tolstrup-Møller	BOXTON Maritime AS	Managing Director
Interview anonymisiert	Führendes Technologie- und Dienstleistungsunternehmen mit ca. 50 Mrd. EUR Umsatz	Leiter Logistik
Michael Behrendt	Hapag-Lloyd AG	Vorsitzender des Vorstandes
Peter Ganz	Hapag-Lloyd AG	Mitglied des Vorstandes und verantwortlich für das Finanzressort
Chaim Husson Huijsman	Hewlett-Packard Company, L.P. (vormals)	Ehemaliger Leiter Logistik-Einkauf EMEA
Dr. Wolfgang Dräger	Schenker AG	Leiter Global Product Management Ocean Freight
Dr. Frank Oehne	Norddeutsche Landesbank - Girozentrale- (NORD/LB) A.ö.R.	Bankabteilungsdirektor Verkehrsfinanzierung
Jean-Marie Lamay	HSH Nordbank AG	Commodity Derivatives Trading
Bruno Baer	HSH Nordbank AG	Commodity Derivatives Trading
Karina Albers	Beraterin in der Schifffahrtsindustrie, zuvor Gründerin und Direktorin der Abteilung Frachtderivate eines Hamburger Schiffsmaklers sowie Gründerin der Hanseatic FFA Society	
Capt. Franck J Kayser	The Containership Company	Managing Director
Maxwell Rounds	Morgan Stanley, Inc.	Manager Commodity Trading

6.4 Ergebnisse

In diesem Abschnitt werden die Ergebnisse der Experteninterviews erläutert. Während die Bewertung des Risikos überwiegend homogen ausfällt, äußern sich die Befragten zu zukünftigen Modellen der Absicherung eher skeptisch. Im letzten Kapitel wird gezeigt, dass mit Beginn des Jahres 2010 ein Absicherungsmodell auf Frachtraten in der Praxis umgesetzt wird.

6.4.1 Risikobewertung

Alle dreizehn befragten Personen schätzen das Risiko aus schwankenden Frachtraten in der containerisierten Seeschifffahrt hoch ein. Das Risiko wurde hier stets als ökonomische Wirkung aus dem Risiko durch volatile Preise betrachtet. Die Verladerschaft schätzt das Risiko etwas geringer, als die restlichen befragten Gruppen ein, da hier bereits Mechanismen gefunden wurden, die Volatilität zu begrenzen. Näheres wird im nächsten Kapitel ausgeführt.

NÖLL erläutert im Interview vier bestimmende Komponenten, die zu Risiken führen. Diese ergänzen bzw. bestätigen zusammenfassend die Determinanten für Preisschwankungen aus Kapitel 2.4. Als primäres Element der Preisveränderung sieht NÖLL die unterjährige Änderung der nominalen Schiffskapazität pro Tradelane (Handelsroute).[349] In Phasen gleichmäßiger Marktentwicklungen können Angebotsunter- oder -überdeckungen durch Einsatz von Schiffscharter abgedeckt werden. Allerdings verfehlt dieses Instrument seine Wirkung, wenn die Flexibilisierung des Angebots gegenüber der Nachfrageänderung nicht im vergleichbaren Umfang folgt und durch Determinanten wie maximal verfügbare Kapazität beeinflusst wird. Wie in Kapitel 2.2 beschrieben, ist eine Preisänderung tautologisch. Zusätzlich wird die Volatilität durch jene Chartertonnage begünstigt, die nicht vorab vertraglich durch einen Auftrag einer Linienreederei abgesichert ist.[350] Der über diese Kapazität entstehende Wettbewerb in Zeiten hoher Nachfrage begünstigt die Volatilität sowohl der Charter- als auch dadurch indirekt der Frachtrate. Da sich in diesem Markt eine wettbewerbsorientierte Preispolitik durchgesetzt hat, wie auch auf den Seiten 20ff. beschrieben, nennt NÖLL als dritte und vierte Komponente den Handlungsdruck der agierenden Teilnehmer. Dieser ist gepaart mit der zukünftigen Markterwartung. Als prägnantes Beispiel nennt NÖLL die Frachtratenverläufe von Ende 2007 bis Ende 2009. Der Ratenverfall war anfangs durch die erwartete negative Entwicklung geprägt.[351] Dies lässt sich mit dem Vergleich belegen, dass das Verhältnis aus Angebot- und Nachfrage in dieser Zeit in geringerem Umfang gesunken ist als die Frachtrate selbst.

Die ökonomischen Auswirkungen dieses Risikos unterscheiden sich hinsichtlich Zeit und Stärke. Verallgemeinern lässt sich sagen, dass der positive

349 Vgl. Anlage 6, Interview mit Nöll am 14.10.2009, Frage 1.

350 Vgl. Anlage 6, Interview mit Nöll am 14.10.2009, Frage 1.b.3.

351 Vgl. Anlage 6, Interview mit Nöll am 14.10.2009, Fragen 1.b.2 und 1.b.4.

Zusammenhang aus Kapitalbindung und Risikoausprägung auch für diesen Fall gilt. BEHRENDT/GANZ und NÖLL beschreiben dies mit dem Effekt auf Linienreedereien. Durch den relativ hohen Fixkostenanteil am Gesamtaufwand[352] gegenüber der stark variablen Einnahmequelle entstehen unplanmäßige Über- oder Unterdeckungen im Ergebnisbeitrag. Das Risiko entsteht sowohl aus der Volatilität in der Auslastung der Schiffe – also der Volumina – als auch in der hier betrachteten Höhe der Frachtpreise.

In den Interviews mit der Verladerschaft wurden die wirtschaftlichen Auswirkungen für die Unternehmen in drei Dimensionen unterteilt.[353] Zum einen ist die Planungssicherheit der Deckungsbeiträge durch die unsichere Kostenbasis vor allem bei steigenden Raten gefährdet. Besonders gilt dies in Produktbereichen mit einem hohen Transportkostenanteil an den gesamten Logistikkosten wie bspw. der so genannten weißen Ware. TOLSTRUP MØELLER/KAYSER beschreiben sogar im Interview die Fähigkeit der teilnehmenden Unternehmen, die Margen zu antizipieren, als eine Eintrittsbarriere in den Markt. Nur jene Unternehmen, die das Risiko minimieren, können mit exakteren und somit häufig geringeren Preisen im Markt auftreten und dadurch Marktanteile gewinnen. Die zweite Dimension der Auswirkungen durch volatile Frachtpreise ist die physische Verfügbarkeit des Laderaums.[354] Stark ansteigende Frachtraten folgen aus einer Unterkapazität auf dem Markt. Kurzfristig kann daher die Nachfrage ein Risiko aus der Nichtverfügbarkeit von Containern oder Containerstellplätzen entstehen. Die dritte Dimension wird mit der Qualität der Leistungserbringung beschrieben. In Zeiten niedriger Frachtraten besteht laut Verlader die Gefahr, dass sich bspw. Laufzeiten durch Low Steaming[355] verlängern und sich somit die Qualität des gesamten geplanten Transportablaufs reduziert. Die beiden zuletzt genannten Auswirkungen des Risikos aus volatilen Frachtraten lassen sich im streng theoretischen Kontext nicht direkt nachvollziehen, da dies Folgerungen aus Veränderungen des Marktpreisgleichgewichts sind. Somit werden sie auch bei Einsatz von Finanzmarktinstrumenten nicht zu beseitigen sein.

352 Als wesentliche Kostenarten wurden Schiffsbetriebs-, Versicherungs- und Kapitalkosten genannt.

353 Vgl. Anlage 6, anonymisiertes Interview am 19.11.2009, Frage 1.b.

354 Vgl. Anlage 6, anonymisiertes Interview am 19.11.2009, Frage 1.b.

355 Geringere Fahrtgeschwindigkeit der Schiffe um Treibstoffverbrauch zu reduzieren.

6.4.2 Gegenmaßnahmen

Um in Erfahrung zu bringen, ob in der Praxis sich nicht bereits gängige Methoden etabliert haben, die eine Risikoabsicherung ermöglichen, wurden die Interviewpartner zu einzelnen Maßnahmen befragt.

Da **horizontale Absprachen über Frachtraten** oder Zuschläge im überwiegenden Teil der Welt kartellrechtlich verboten sind, wurden sie in der Vergangenheit und werden besonders in der Zukunft nicht als Instrument eingesetzt. Auch die EU-Gruppenfreistellungsverordnung für die Linienschifffahrt, die am 18. Oktober 2008 aufgehoben wurde, kann nicht als Instrument zur Absicherung gegen das Risiko aus volatilen Frachtraten herangezogen werden. BEHRENDT/GANZ erläutern dazu im Interview, dass im **Konferenzsystem** der vereinbarende Charakter einer Rate fehle. Zwar wurden Preisniveaus vorgegeben, an die die teilnehmenden Unternehmen allerdings nicht gebunden waren. Auch hat der Informationsaustausch über weitere Kennzahlen wie beispielsweise Kapazitäten nicht zu einer Verringerung der Volatilität geführt. „Die Antizipation von Überkapazitäten auf den am Markt verfügbaren Schiffskapazitäten hatte nur einen geringen Einfluss auf die Veränderung dieser selbst.“[356] Dies wird beispielweise mit der Ratenentwicklung auf der Transpazifik-Route belegt. In der jüngsten Krise hat auf dieser Tradelane (Handelsroute) im Vergleich zu den anderen maßgeblichen Routen der stärkste Verfall der Frachtraten stattgefunden, obwohl hier weiterhin ein eingeschränktes Konferenzsystem besteht. Sowohl Preisabsprachen als auch jegliche Form von Konferenzsystemen können daher nicht zur Verringerung des Risikos aus volatilen Frachtraten herangezogen werden.

TOLSTRUP MØELLER/KAYSER erläutern, dass, wie in der Theorie beschrieben wird, auch in der Praxis eine horizontale Vereinbarung in der Seeschifffahrt zwar zu geringerer Volatilität, letztendlich aber durch die Einpreisung des Risikos zu höheren Preisen führen würde. Wenn dies nicht über den Markt selbst geschieht, sei dieser Mechanismus schädigend für die übrigen Beteiligten.[357]

Ebenso glaubt der überwiegende Teil der Befragten nicht an eine „mildernde“ Wirkung aus einem **Leitindex**. BEHRENDT/GANZ nennen dafür drei Gründe: Erstens überholt die Gegenwart die Vergangenheit. Frachtraten, die in einem Index zusammengefasst werden, stellen kein reales Bild dar, da sie stets auf Informationen der Vergangenheit beruhen. Legt man die gleiche Annahme für einen Index wie für ein derivatives Finanzinstrument zu Grunde, wonach aktuelle Kurse nur aus Daten der Gegenwart und Erwartungen der Zukunft ge-

356 Vgl. Anlage 6, Interview mit Behrendt/Ganz am 20.11.2009, Frage 2.a.

357 Vgl. Anlage 6, Interview mit Tolstrup Møeller/Kayser am 10.11.2009, Frage 2.a.

bildet werden, schränkt dies die Verwendung eines Leitindex ein. Allerdings stammen Daten der jüngeren Vergangenheit (Tage) häufig mit denen der Gegenwart überein, so dass weiterhin ein Leitindex gebildet werden kann[358]. NÖLL deutet auch hier auf die rechtlichen Beschränkungen hin, die die EU in den Leitlinien zum Kartellrecht herausgegeben hat.[359] Die Qualität von Mengeneinschätzungen (Volumen in TEU) übertrifft in der Praxis derzeit jedoch die der Preiseinschätzung. Dies resultiert auch aus dem zweiten Argument von BEHRENDT/GANZ, weshalb eine Nutzung eines Leitindex zur Verringerung des Risikos aus volatilen Frachtpreisen nur schwach geeignet ist. Die mengenmäßige Gewichtung eines Index aus Frachtraten divergiert mit hoher Wahrscheinlichkeit von der Zusammensetzung des Unternehmens, die diesen als Basis verwendet.[360] Die dadurch reduzierte Absicherungseffektivität führt evtl. zu zusätzlichem Risiko, da das Grundgeschäft nicht im gewünschten Rahmen abgesichert ist. Zusätzlich, dies ist das dritte Argument, kann die Qualität weiter reduziert werden, da ein Großteil der im Markt verwendeten Raten weitere Komponenten mit einschließt. Derzeit bestehen über 120 Zuschläge, die abhängig von Anbieter und Abnehmer auf verschiedene Art und Weise verrechnet werden.[361]

Zusammenfassend bestätigen TOLSTRUP MØELLER/KAYSER, dass ein Leitindex die Volatilität der Frachtraten nicht verringert. Allerdings würde durch ein solches Instrument Transparenz im Markt geschaffen. Darauf basierend könnten dann Instrumente wie Optionsscheine konstruiert werden, die das Risiko absichern.

Die Verladerschaft hat bereits einen eigenen Mechanismus gefunden, um sich gegen das Risiko aus volatilen Frachtraten abzusichern. Wie HUIJSMAN im Interview erläutert, schließen große Unternehmen mittels ihrer Einkaufsmacht Seefrachtraten stets über einen längeren Zeitraum ab, unabhängig von der Entwicklung innerhalb dieser Periode. Sinkt allerdings das Ratenniveau innerhalb des Zeitraums, kann es dazu führen, dass Unternehmen diese Entwicklung „opportunistisch" nutzen und Verträge zu den geringeren Konditionen vorzeitig verlängern. Teilweise werden jedoch bereits Anpassungsmodi mit Ober- und Untergrenzen vereinbart, bei der eine Verhandlung der Rate nur bei über- bzw. unterschreiten dieser Barrieren stattfindet. Theoretisch gesehen ist diese Form bereits eine Art Forward-Agreement, da sie die in Kapitel 3.3.2 genannten

358 Vgl. Kapitel 4.2.1.2.

359 Die Behandlung der EU-Leitlinien zum Kartellrecht findet sich in Kapitel 4.2.1.2.1 wieder.

360 Vgl. Anlage 6, Interview mit Behrendt/Ganz am 20.11.2009, Frage 2.b.2

361 Vgl. Anlage 6, Interview mit Tolstrup Møeller/Kayser am 10.11.2009, Frage 2.b, sowie Kapitel 2.3.1.3.

Bedingungen erfüllt (ein bestimmtes Gut/Dienstleistung in einer bestimmten Menge zu einem bestimmten Zeitpunkt in der Zukunft zu einem vorher fest vereinbarten Preis zu kaufen bzw. verkaufen).

Beide befragten Verlader geben zwar an, für Raten über einen längeren Zeitraum einen höheren Preis, also eine Art Risikoprämie, in Kauf zu nehmen, letztendlich fehlt jedoch aus den o.g. Gründen die Transparenz über aktuelle Raten, so dass dieses Argument nur mit einem allgemein gültigen Leitindex überprüft werden könnte.

Aus den Antworten lässt sich folgern, dass derzeit in der Praxis kein Instrument verfügbar ist, mit dem man zumindest Teile des Risikos aus volatilen Frachtraten absichern kann.

6.4.3 Umsetzung des theoretischen Modells in der Praxis

6.4.3.1 Nachfrage

Den Interviewpartnern wurde vorab das Optionsscheinmodell mit allen Annahmen erläutert, wodurch eine Diskussion auf einer gemeinsamen Basis stattfinden konnte. Die Mehrheit der Befragten zeigte zwar Interesse für ein solches Instrument. Aufgrund der Komplexität wurde eine Umsetzung in der Praxis skeptisch gesehen. Besonders die Vertreter der Banken sind durch die Effekte der jüngsten Krise in den Jahren 2008/2009, die u. a. auch durch derivative Instrumente ausgelöst wurde, sehr vorsichtig. Da die Banken allerdings eine besondere Rolle in der praktischen Umsetzung einnehmen müssen, wird darauf im gesonderten Kapitel 6.4.3.4 eingegangen.

Sind die Anforderungen an ein derivatives Instrument gegeben, betrachten bspw. BEHRENDT/GANZ die Frage, ob sie ein Optionsscheinmodell in der Praxis für realistisch halten, positiv. Die Verfügbarkeit von geeigneten Produkten hilft jedem, der an einer Absicherung interessiert ist und somit auf ein entsprechendes Angebot stößt.[362] Allerdings wurde von fast allen Befragten darauf hingewiesen, dass der Bedarf für ein solches Produkt aus dem Markt, also der Nachfrage, selbst kommen muss.

Des Weiteren wird betont, dass es nicht Unternehmensziel sein kann, das Kernrisiko der Grundgeschäfte abzusichern, durch das der eigentliche Ergebnisbeitrag erwirtschaftet wird. Mit Optionsscheinen auf Seefrachtraten können Risiko-Spitzen im Rahmen der Beimischungstechnik abgesichert werden, die durch das Unternehmen selbst nicht tragbar wären. Quantitativ ist diese Einschränkung über das Preisniveau des Optionsscheins geregelt. Eine Ab-

362 Vgl. Anlage 6 , Interview mit Behrendt/Ganz am 20.11.2009, Frage 3.a.

sicherung des gesamten Risikos würde zu Prämien führen, deren Investment unwirtschaftlich wäre, da kein Gewinn erzielt werden kann (vgl. Arbitragefreiheit).

Um die generelle Erwartung des Preisniveaus in der Praxis zu überprüfen, wurden die Gesprächspartner mit dem errechneten Beispiel aus Tabelle 12 konfrontiert:

Tab. 6.2: Preise der europäischen Put-Option mit Laufzeit T = 1, r= 0,03

Fahrtroute	**Anfangwert in S_0 USD/ TEU**	**Strikepreis X in USD/ TEU**	**Volatilität σ**	**Preis der Put-Option in USD/TEU**
Fernost-Nord Amerika	1.350	1.954	0,21	550
Nord Amerika-Fernost	620	930	0,33	300
Europa-Nord Amerika	725	1.334	0,34	580
Nord Amerika-Europa	575	983	0,29	380
Fernost-Europa	1.010	1.515	0,25	470
Europa-Fernost	490	788	0,33	280

Die erste Reaktion bei Betrachtung der letzten Spalte bestand häufig darin, die genannten Preise als zu hoch zu betrachten.[363] Dies zeigt, dass trotz der komplexen Berechnung eines fairen Preises keine Zahlungsbereitschaft im Markt vorhanden ist. Die Herausforderung bei Überführung des Modells in die Praxis besteht also darin, bei gewünschten Ausstattungsmerkmalen des Instruments die Erwartungen des Marktes zu treffen. Dies führte zur Frage, welche Quantile bei einer standardnormal verteilten Risikoverteilung aus volatilen Frachtraten mindestens oder maximal abzusichern sind. TOLSTRUP MØELLER/KAYSER bezeichneten die äußeren 10 % der Verteilung als spezifisches Segment, während BEHRENDT/GANZ bis zu 25 % nannten. Eventuell mag der Bezug beider Angaben nicht übereinstimmen, jedoch ist dieses

363 Vgl. Anlage 6, Interview mit Tolstrup Møeller/Kayser am 10.11.2009, Frage 3.b.; Interview mit Dräger, Frage 3.c.

„Bauchgefühl“ eine Indikation dafür, dass ein mögliches Optionsscheinangebot im Markt vorerst keine strukturverändernde Funktion einnimmt.

Die daraus resultierende Frage an die Gesprächspartner, ob und wie sich die Marktverhältnisse unter Einsatz von Optionen ändern, wurde vergleichbar beantwortet. Die am Markt teilnehmenden Unternehmen sowie deren Aufgabe würden sich unter Einsatz von derivativen Instrumenten nicht verändern.[364] Allerdings würde sich nach Einschätzung einiger Gesprächspartner das Bewusstsein für das Risiko erhöhen. Dies hat jedoch keinen Einfluss auf die Finanz- oder strategische Planung einschließlich einer Logistik- oder Standortstrategie. Hintergrund ist das reaktive Konstrukt, das meist gegen nicht selbst beeinflussbare Risiken absichert. Ohne ein bestehendes Risiko aus volatilen Frachtraten würde auch ein Optionsscheinhandel nicht stattfinden. Strategische Ziele und die sich daraus ableitenden Finanzziele beziehen sich auf Handlungsfelder, die zum größten Teil durch proaktive/eigene Maßnahmen erreicht werden. Die Entwicklung z. B. neuer Produkte oder der Eintritt in neue Märkte bedienen sich anderer Instrumente.[365] Auch die Marktentwicklung wäre nach Ansicht der Gesprächspartner nur gering durch ein Vorhandensein eines Optionsscheinmodells betroffen. Lediglich die befragte Verladerschaft sieht hier eine Chance für die bisher vom Risiko betroffenen Güter mit hohem Transportkostenanteil.

Allerdings erwarten die Teilnehmer von einem Optionsscheinmodell eine höhere Markttransparenz in Bezug auf faire Preise durch eine Indikation über zukünftige Ratenentwicklungen und das grundlegende Vorhandensein eines Leitindex. Dies würde auch zur Folge haben, dass die Konzentration in Preisverhandlungen bzw. Ausschreibungen sich teilweise auf andere Aspekte verlagert.[366]

Da die Banken eine zusätzliche Rolle einnehmen, soll deren Aufgabe im nächsten Abschnitt gesondert behandelt werden.

6.4.3.2 Einschränkungen

Als Grundlage zur Bildung des Optionsscheinmodells wurden die Annahmen nach Black-Scholes zu Grunde gelegt.[367] Eine Bedingung des Modells ist, dass

---

364 Vgl. Anlage 6, Interview mit Tolstrup Møeller/Kayser am 10.11.2009, Frage 4.c.

365 Anlage 6, Interview mit Behrendt/Ganz am 20.11.2009, Frage 4.a.

366 Anlage 6, Interview mit Behrendt/Ganz am 20.11.2009, Frage 4.a.

367 Es ist anzumerken, dass sich in der Finanzkrise, in den Jahren 2008 und 2009, das Black-Scholes-Modell als schwache Bewertungsbasis herausgestellt hat. In der Umsetzung müssen die Einschränkungen des Modells beachtet, bzw. Anpassungen vorgenommen werden, die eine Nutzung zu jeglicher Marktphase zulassen.

Optionsscheine theoretisch eine unendliche Laufzeit haben können. In der Praxis stellt sich allerdings heraus, dass eine Laufzeit über zwei Jahre auf wenig Kaufinteresse stößt. Das Risiko und die daraus resultierende Volatiliät steigt mit der Anzahl an Monaten und somit auch der Preis. ROUNDS beschreibt es mit den Worten, dass Markteilnehmer lieber das „Bekannte, Unbekannte" kennen, was sich in diesem Zeitrahmen abspielt, als das „Unbekannte, Unbekannte" in der Zeit darüber hinaus.[368] Dies ist zu vergleichen mit der Beliebtheit von Kasinos, bei denen die Spieler unbewusst die Eintrittswahrscheinlichkeiten kennen, das Unbekannte also bekannt ist.

Diese Einschränkung lässt sich ebenfalls mit Abb. 4.7 erklären. Eine höhere Restlaufzeit führt immer zu höheren Volatiliäten, folglich Preisen. Besonders bei Laufzeiten von über sechs Monaten wird der Abstand zum Strike unbedeutender.

Mit Abb. 4.7 lässt sich eine weitere Einschränkung aus der Praxis zum theoretischen Modell beschreiben. In der Black-Scholes Welt kann zu jedem Ausübungs-Basispreis Abstand ein Wert eines Derivats berechnet werden. ROUNDS weißt darauf hin, dass je weiter sich der Basispreis vom Strike entfernt, die Volatilitäten steigern und die Liquidität des Produktes sinkt. Dies führt dazu, dass anders als angenommen, das Derivat N I C H T zu jeder Zeit handelbar ist. Er erläutert, dass Derivate, deren Basispreis 60 % unter und 50 % über dem Ausübungspreis liegen, unattraktiv für den Markt sind. In der Modell-Welt wurde dieser Faktor nicht berücksichtigt.[369]

In der Praxis realisiert sich dieses Risiko in sich vergrößernden Bid-Ask-Spreads. Mit anderen Worten wird das Handeln des Derivats unattraktiv, da die Spanne zwischen An- und Verkaufswert durch eine Wertsteigerung erzielt werden muss.

Ursachen für einen Anstieg des Abstands zwischen Ausübungs- und Basispreis sind mit den Risiken des Basiswertes verbunden, wie in Kapitel 3.2 beschrieben. Theoretisch sind alle Risiken a priori bekannt. Wie die jüngsten Entwicklungen der Märkte zeigen, werden jedoch Marktteilnehmer von Ereignissen überrascht, die vorab nicht messbar waren. Als Beispiel nennt ROUNDS Erdbeben oder vergleichbare Naturereignisse, die den Kapitalmarkt beeinflussen.

Wesentlich bedeutender, so ROUNDS, für Derivate ist jedoch die Hedgeperformance.[370] Im Black-Scholes-Modell wurde davon ausgegangen, dass die Optionsscheine sich stets in einem liquiden Markt bewegen, also zu jeder Zeit

368 Anlage 6 , Interview mit Rounds am 14.07.2011, Frage 2.
369 Anlage 6 , Interview mit Rounds am 14.07.2011, Frage 2.
370 Anlage 6 , Interview mit Rounds am 14.07.2011, Frage 5.

gehandelt werden können. Diese Annahme gilt jedoch nicht für die Praxis. Das oben erstellte Modell wurde auf einem Index aus Fahrtroute mit der Gewichtung zu einem festgelegten Zeitpunkt erstellt. Es ist keine Besonderheit, dass sich in einem Index Gewichte auch kurzfristig ändern. Dadurch verschlechtert sich die Absicherungsqualität des Instruments gegenüber den Risiken, die dem Index unterliegen. Dies führt wiederum dazu, dass die Liquidtät des Instruments sich verringert. Im schlimmsten Fall ist es nicht zu jeder Zeit handelbar.

ROUNDS merkt an, dass in der Regel der Emittent des Instruments nicht umgehend die Gewichtung im Derivat rebalanciert. Vielmehr versucht man vorab, den Index mit möglichst vielen Input-Faktoren auszustatten. ROUNDS rät daher, nicht weniger als 15 Einfluss-Größen in den Index mit aufzunehmen. Im oben erstellen Modell bedeutet dies, dass mindestens 15 Fahrtrouten in den Index aufgenommen werden, der das Underlying für das Derivat bildet. In Anbetracht auf die Monte-Carlo-Simulation ist dies gegeben. Eine Veränderung der Gewichtung während der Laufzeit eines Optionsscheins stellt allerdings eine Ergänzung zum Modell dar.[371]

Eine weitere Methode, die Liquidät eines Instrumentes zu erhalten, ist dieses mit anderen Derivaten zu verknüpfen, deren Underlying eine hohe Liquidität aufweist. Im Kapitel 4.3.2.1 wurden die Korrelationen von Fahrtgebieten untersucht. Verknüpft man diese, können fehlende Liquiditäten im Handel über andere Derivate ausgeglichen werden. Verändert sich beispielsweise die Zusammensetzung Index auf der Tradelane Europa-Fernost, und das dazugehörige Derivat wird nicht in dem Maße angepasst, dass das Instrument weiterhin handelbar ist, kann das Risiko weiter über ein Derivat auf einer anderen Fahrtroute abgesichert werden, deren Entwicklungen derer Europa-Fernost ähneln. Dies Methode wird Cross-Trade gennant.

Eine letzte Größe, auf die ROUNDS hinweist, die im Modell konstant gehalten wurde, sind Zinsen. In der Praxis kann nicht garaniert werden, dass das Zins-Niveau während der Laufzeit von Optionen stabil bleibt. Sinken die Zinsen, werden die Preise des Derivats ebenfalls geringer. Dies geht mit der Risikoneutralitätsbedingung einher, bei der das Resultat einer Anlage zu risikolosem Zins oder des Kaufs des Underlyings mit Absicherung über ein Optionsmodell ein vergleichbares Ergebnis haben muss.[372]

Da jedoch Leitzinsveränderungen relativ selten geschehen und die Auswirkungen auf den Preis aufgrund der geringen Änderung relativ gering sind, kann dieser Faktor, wie in Kapitel 5.2.3.2, vernachlässigt werden.

371 Anlage 6 , Interview mit Rounds am 14.07.2011, Frage 5.

372 Anlage 6 , Interview mit Rounds am 14.07.2011, Frage 1.

6.4.3.3 Besonderheiten des Marktes

Wie oben beschrieben handelt es sich bei dem Underlying um eine Dienstleistung, deren Angebot flüchtig ist. Das Optionsscheinmodell musste daher auf die Besonderheiten im Kapitel 5 angepasst werden. Auf ebensolche weisen auch die Experten in ihren Aussagen hin.

ROUNDS und GANZ merken an, dass die Ergebnisse aus einem Black-Scholes-Modell am meisten der Praxis ähneln, die ein relativ risikoaverses Underlying haben, bei denen entweder die Variablen größtenteils vorab bekannt sind oder die Schwankungen der Variablen so gering sind, dass sie einer Konstanten gleichen.[373] Dies kann in diesem Fall nicht gelten, da die Schwankungen, wie Kapitel 4.3.2 gezeigt hat, nicht zu vernachlässigen sind. ROUNDS erklärt jedoch, dass in der Praxis bei unbekannten Underlyings das Black-Scholes-Modell zu Beginn herangezogen wird, um eine Preisspanne zu berechnen. Bekommen im Laufe der Zeit die Marktteilnehmer eine bessere Einschätzung zu der Entwicklung der Variablen, wird das Black-Scholes-Modell vernachlässigt. Die Vorgehensweise wurde daher bestätigt.

Zu berücksichtigen ist jedoch, dass zu Beginn die Optionspreise über dem Black-Scholes-Modell liegen werden, da in der Regel der Markt ein zusätzliches Risiko-Potential hinzurechnet. Dies hat wiederum zwei Folgen. Zum einen haben die Experten oben angegeben, dass die errechneten Optionspreise bereits außerhalb der vermutlich tragbaren Spannbreite liegen. Zum anderen wird die implizite Volatilität zu Beginn sehr hoch sein, da sich die verfügbaren Marktinformationen lediglich auf einen kurzen Zeitraum beziehen. ROUNDS merkt an, dass in der Praxis ein Vergleich zu ähnlichen, bestehenden Produkten erstellt wird. Da das erstellte Optionsscheinmodell keine vergleichbaren „Vorgängerversionen" hat, ist die zusätzliche Risikoprämie des Marktes gegeben. Die resultiert in fallenden Optionspreisen in der anfänglichen Periode, die einen Kauf dieses Derivats unattraktiv macht. Hinzu kommen die größeren Bid-Ask Spreads, auf die zuvor näher eingegangen wurde.

Eine weitere Besonderheit des containerisierten Seeverkehrsmarktes sind die Saisonalitäten. Wie in Kapitel 4.3.2.2 dargestellt führen Saisonalitäten bereits heute nicht zu höheren Volatilitäten sowohl vor als auch nach der Saisonalitätsperiode. Auch ROUNDS erklärt, dass Saisonalitäten den Preis der Optionsscheins erhöhen, allerdings in dem Ausmaß, wie sich das Underlying entwickelt.[374] Das bedeutet, dass Derivate, die in einer Saison mit höheren Preisen, wie im Herbst im containerisierten Seeverkehr, einen höheren Preis bei der Emission des Finanzinstruments haben. Zwar wurde in dieser Arbeit lediglich auf europäische

373 Anlage 6 , Interview mit Rounds am 14.07.2011, Frage 7.

374 Anlage 6 , Interview mit Rounds am 14.07.2011, Frage 3.

Optionen eingegangen, jedoch weist ROUNDS darauf hin, dass amerikanische Optionen äußerst selten vor Fälligkeit ausgeübt werden, so dass die in Kapitel 5 getroffene Annahme für beide Modelle Gültigkeit hat.

Ähnliches gilt für Zuschläge, wie Treibstoff- oder Währungszuschlag. Hier wurde bereits in Kapitel 4.2.1.4 geklärt, dass diese keinen Einfluss auf das Optionsscheinmodell haben. Hintergrund sind die Risiken aus Veränderungen der Treibstoffpreise oder Währungsschwankungen, zu denen bereits Instrumente am Finanzmarkt verfügbar sind, diese also separat abgedeckt werden können.

6.4.3.4 Umsetzungsprozess

Wie in Kapitel 3.3 ff. für andere Märkte skizziert, würde die praktische Umsetzung für Optionsscheine im containerisierten Seefrachten-Markt wie folgt aussehen: Das Index veröffentlichende Institut publiziert mindestens zweimal pro Woche zu einem festgelegten Zeitpunkt unabhängige Quotierungen für Frachtraten, die auf Preisquotierungen von internationalen Schiffsmaklern oder Raten von Verladern, Spediteuren und Reedereien beruhen. Aus dem Mittelwert der Quotierungen findet, bereinigt um Ausreißer, das so genannte Fixing statt. Die konkrete Preisstellung wird durch zugelassene Derivate-Händler (meistens Banken) durchgeführt.

Mit allen Gesprächspartnern wurde diskutiert, welche Rolle die Banken bei der Emittierung von Optionsscheinen im containerisierten Schifffahrtsmarkt hätten. Alle Befragten vertraten die Meinung, dass die Finanzinstitutionen zwar eine erweiterte Aufgabe einnehmen, dadurch aber keine dominantere Funktion im Markt übernehmen. Durch gesetzliche und unternehmensinterne Compliance-Regelungen wird ein Informationstransfer innerhalb von Banken verhindert, der sonst durch die nichtöffentlich zugänglichen Kenntnisse aus der Schiffsfinanzierung sowie der Ratenentwicklung zu einer hohen Einflussnahme der Banken im Markt führen könnte. Somit entwickeln die Finanzinstitutionen zusätzlich zu den Aufgaben der Fremdkapitalbeschaffung und der Abwicklung im Tagesgeschäft das Derivate-Geschäft im Schifffahrtsektor.

Die zusätzliche Aufgabe der Banken lässt sich im folgenden Schaubild erkennen, in dem die Handelsströme von Optionsscheinen in der Seeschifffahrt dargestellt sind:

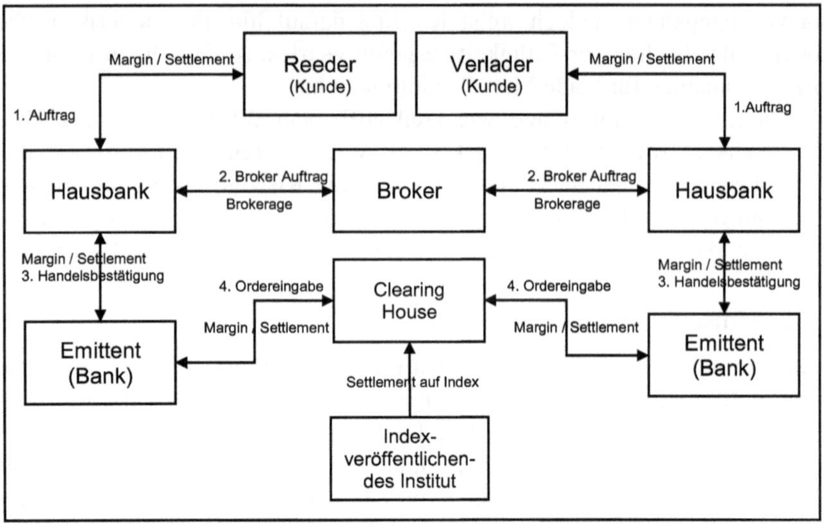

Abb. 6.1: Handelsströme im angewandten Optionsscheingeschäft (eigene Darstellung in Anlehnung an Bremer Landesbank)

Die grundlegenden Handelsschritte beginnen mit dem Auftrag entweder der Anbieter- (Reederei) oder der Nachfrageseite (Verlader), im Weiteren Kunden genannt, an die Hausbank mit dem Erwerb von Optionsscheinen auf den Index. Speditionen handeln aufgrund ihrer Händlerfunktion je nach Geschäftsmodell zu beiden Seiten. Zusätzlich zu den bestehenden Teilnehmern im Markt würden Parteien mit dem Ziel der Spekulation anstelle der Absicherung des Risikos agieren. Auch diese Investoren sind notwendig, da sie das evtl. unwahrscheinlichere Gegenrisiko auf sich nehmen und somit zur Liquidität im Markt beitragen.

Die Hausbank hat die Aufgabe, die Nachfrage nach dem Derivat sowohl beim Händler (Broker) zu platzieren als auch an die emittierende Bank weiterzuleiten und zu beauftragen. Dort wird der Kunde auch mit einem eigenen Konto geführt. Der Broker übernimmt den tatsächlichen Handel mit den Papieren, sofern dies nicht elektronisch vom Emittenten abgewickelt wird. Das Finanzinstitut, das die Optionsscheine begibt (emittiert), nimmt die Abrechnung (Settlement) mit dem Clearinghouse vor. Wie auf Seite 45ff. beschrieben, findet die technische Abwicklung der Ausgleichszahlungen nach Abschluss des Derivate-Geschäfts über diese Institution statt. Das Clearinghouse ist eine zwischenparteiliche Vereinigung oder Gesellschaft, die mit der Börse selbst verbunden ist. Sobald sich zwei Parteien über einen Preis geeinigt haben, werden die Margins an das Clearinghouse gezahlt. Diese Institution ist also der Garantieträger des Vertrages für Käufer und Verkäufer. Sie garantiert, dass alle Verpflichtungen aus den geschlossenen Vereinbarungen eingehalten und erfüllt werden.[375] Die Quotierung der Bewertungskurse erfolgt letztendlich durch das Index veröffentlichende Institut.

Grundsätzlich ist die Hausbank der Kontrahent für den Kunden, die für das Kommissionsgeschäft im eigenen Namen, aber für fremde Rechnung handelt. Der zentrale Kontrahent für den Emittenten ist das Clearinghouse. Es besteht also keine Rechtsbeziehung zwischen Clearinghouse und Kunde. Als Vergütung erhalten der Broker und das Clearinghouse eine volumenabhängige Handelsgebühr. Die Emittierende sowie die Hausbank rechnen eine Managementgebühr ab. Die gesamte Abrechnung erfolgt ausschließlich durch Barausgleich.

Die Bankenvertreter haben in den Gesprächen im Hinblick auf die aktive Umsetzung eines am Markt handelbaren Modells ihre Skepsis gezeigt. OEHNE (Nord/LB) glaubt nicht daran, dass nach der Krise der Jahre 2008/2009 Finanzinstitutionen ein Risiko durch Emittieren eines Derivates auf einen neuen Markt eingehen. LAMAY/BAER (HSH Nordbank) lehnen eine Umsetzung nicht grundsätzlich ab. Eine Einführung von derivativen Instrumenten würde jedoch zuerst in Form von Over-the-Counter-Produkten[376] erfolgen.

375 Ritchken (1996), S. 15f.

376 Vgl. Kapitel 3.3.5.

7 Zusammenfassung und Ausblick

Mit dieser Arbeit wurden zwei Ziele verfolgt. Zum einen wurde ein Finanzmarktmodell für den containerisierten Seeverkehr erstellt, anhand dessen eine Absicherung des Risikos aus volatilen Frachtraten möglich ist. Zum anderen wurde dieses Modell empirisch überprüft. Dies geschah mittels Monte-Carlo-Simulation, in der die zu Grunde gelegten Parameter aus Marktdaten der Jahre 1993 bis 2007 stammten. Eine weitere Überprüfung erfolgte in Experten-Interviews, in denen die Einschätzungen zu den Teilbereichen des Modells und dessen Anwendung diskutiert wurden.

Die Ergebnisse der einzelnen Abschnitte lassen sich wie folgt zusammenfassen:

- Ein Plain-Vanilla-Optionsscheinmodell (Standard-Optionsschein) nach Black-Scholes kann für den containerisierten Seeverkehr angewendet werden, um Risiken aus Frachtratenvolatilitäten abzusichern. Dabei müssen folgende Punkte beachtet werden:
- Als Underlying (Basiswert) fungiert ein Index aus Seefrachtraten, der zu jeder Zeit den fairen Spot-Preis für die jeweilige Tradelane (Handelsroute) wiedergibt. In der Praxis bedeutet dies, dass der Preis mindestens wöchentlich neu berechnet wird.
- Das Underlying muss frei von historischen Einflüssen sein und sich lediglich auf den aktuellen Marktpreis und zukünftige Erwartungen beziehen. Auch jede Form von Zuschlägen wird außer Acht gelassen.
- Bei schwach liquiden Märkten ist das Modell z.B. in Form einer asiatischen Option anzupassen (s.u.). In diesem Modell wird allerdings von liquiden Märkten ausgegangen.
- Eine Saisonkomponente wird in das Modell nicht einbezogen, da festgestellt wurde, dass saisonale Schwankungen keinen Einfluss auf die Volatilität und maximal auf den Marktpreis in der jeweiligen „Saison“ haben. Die Absicherung der höheren Frachtraten ist daher im Rahmen der allgemeinen Markterwartung einbezogen. Das bedeutet, dass die in Kapitel 2.3.1.3 erwähnten Zuschläge den Nachfrageüberhang abdecken und Verlader diese Komponenten bereits einkalkulieren.
- Die Volatilitäten als Risikofaktoren lassen sich nicht aus der Differenz Angebot von Schiffskapazität und Nachfrage in Form von Welthandelsdaten ableiten. Zur Preisbestimmung des Optionsscheins muss daher auf implizite Volatilitätsflächen (vgl. Kapitel 4.3.2.3.2) oder historische Volatilitäten (vgl. Kapitel 4.3.2.1) zurückgegriffen werden.

- Wettbewerbsintensitäten der Anbieter von Schiffskapazitäten wurden außer Acht gelassen, da zum Zeitpunkt der Untersuchung die Bedingung eines konzentrierten Marktes, im Sinne des Hirschmann Herfindahl-Hirschmann-Index, nicht erfüllt war.

Optionspreise für Seefrachtraten auf sechs Tradelanes (Handelsrouten) wurden berechnet und exemplarisch für historische Anfangswerte, Strike-Preise (Ausübungs-Preise) und Volatilitäten berechnet. Dabei ließ sich Folgendes feststellen:

- Wächst die Seefrachtrate, so steigt der Preis der europäischen Call-Option. Der Preis der europäischen Put-Option fällt in diesem Fall. Mit wachsendem Ausübungspreis wird der Preis des europäischen Calls niedriger und der Preis des europäischen Puts höher.
- Mit einer Zinserhöhung kommt es zu einer Erhöhung des Call-Preises und einer Senkung des Put-Preises.
- Für europäische Call-Optionen auf eine Seefrachtrate wirkt eine längere Restlaufzeit werterhöhend – analog für eine Put-Option wertvermindernd.

In der abschließenden qualitativen Überprüfung des Modells in Experteninterviews haben sich weitere Erkenntnisse ergeben, die das Ergebnis beeinflussen.

- Die gegenwärtige Einschätzung des Risikos aus volatilen Frachtraten ist hoch. Beeinflusst wird dies dadurch, dass bisher nur schwache Ansätze zur Absicherung im Markt existieren. An die absichernden Effekte durch horizontale Absprachen, Konferenzsysteme oder einen zentralen Leitindex für Frachtraten glauben die wenigsten Gesprächspartner.
- Mit einem Finanzmarktinstrument würden die Teilnehmer jedoch nur die Risikospitzen absichern und das Grundrisiko der geschäftlichen Aktivität selbst tragen.

In der Modellierung wurden Annahmen getroffen, die nur bedingt eine Überleitung in die Realität finden. Für eine praktische Anwendung müsste daher das Optionsscheinmodell angepasst werden. Auch aus den Experteninterviews haben sich Hinweise ergeben, das Modell zu erweitern. Hieraus leitet sich weiterer Forschungsbedarf ab, der sich wie folgt zusammenfassen lässt:

- Wie die Analyse der historischen Frachtraten gezeigt hat, sind diese nicht normalverteilt. Der Random Walk (symmetrische Zufallsbewegung) legt jedoch als Grundlage eine lognormale Verteilung von Werten zu Grunde. Auch ist nicht gesichert, dass sich Frachtratenentwicklungen stets ihrem

Mittelwert anpassen.[377] In der Überführung in die praktische Anwendung schränkt dies die Verallgemeinerung bzw. neutrale Bewertung von fairen Optionspreisen ein.

- In der quantitativen Überprüfung des Modells wurde von konstanten Zinssätzen und Volatilitäten ausgegangen. Eine Erweiterung des Modells könnte variable, aber bekannte Zinssätze bzw. Volatilitäten einbeziehen. Allerdings verringert dies ebenfalls die Allgemeingültigkeit der Preisberechnung.
- Da bei der hier gewählten europäischen Form des Optionsscheins ein zusätzliches Risiko für den Stillhalter besteht, da nur der Ausübungstag für die letztendliche Wertstellung der Prämie entscheidet, könnte dies mittels exotischer Optionen (Optionen mit veränderten Rahmenbedingungen zu den europäischen oder amerikanischen) vermindert werden. Es bieten sich bspw. asiatische Optionen an, indem der Durchschnittswert des Underlyings über eine gewisse Laufzeit als bindend gilt.
- Im verwendeten Modell wurde stets von vollkommener Markttransparenz ausgegangen. Mehrere Gesprächspartner weisen jedoch darauf hin, dass die „Psychologie des Marktes“ eine entscheidende Rolle spielt. Beispielsweise müsste dann die verworfene Wettbewerbskomponente mit aufgenommen werden. Wie diese bzw. die weiteren psychologischen Effekte genau quantifiziert und in das Modell einbezogen werden können, müsste geklärt werden.
- Zuletzt wurde dargestellt, wie der Handel mit Optionsscheinen in der Praxis vollzogen werden kann. Dabei wurde das Interesse aller genannten Marktpartner vorausgesetzt. Besonders in „Krisenzeiten“ ist diese Annahme eventuell eingeschränkt.

Zum Oktober 2009 veröffentlicht das Chinese Ministry of Communications den neuen Shanghai Containerised Freight-Index mit einer Preisfeststellung jeden Freitag um 15.00 Uhr Ortszeit. Der Index setzt sich aus den vier Routen von Shanghai nach Nordeuropa, ins Mittelmeer sowie an die US-Ostküste und – Westküste zusammen. Die Preisfeststellung erfolgt über die wöchentliche, gleichgewichtete Angabe von Containerfrachtraten pro TEU von 30 so genannten Panelisten. Die Gruppe setzt sich aus 15 Containerreedereien und 15 Logistikdienstleistern bzw. Verladern zusammen. Während unter den Reedereien die namhaften, großen Anbieter anzutreffen sind, setzt sich die zweite Gruppe aus hauptsächlich lokalen, z.T. staatlichen Unternehmen zusammen.

---

377 Mean Reversion, vgl. Voraussetzungen für eine Black-Scholes-Gleichung in Kapitel 4.1.

Clarkson Research Services und weitere Broker haben seit dem ersten Quartal 2010 begonnen, auf diesem Index Derivate zu emittieren und im Auftrag der Kunden zu handeln. Die ersten Verträge wurden mit einer Marge von 10-15% des Vertragswertes geschlossen. Derzeit wird erwartet, dass ca. 10% des Volumens im Container-Markt gegen Volatilitäts-Risiken abgesichert wird.[378] Die gehandelten Instrumente sind derzeit nur individualisierte Over-the-counter Forward Agreements bzw. Swaps. Allerdings wurde mit diesem Schritt bewiesen, dass auch in der Praxis jedes andere Derivate-Modell und somit auch Optionsscheine auf Containerfrachtraten absicherbar sind.

378 Garfield (2010), S. 15.

Literaturverzeichnis

ABELS, G./ BEHRENS, M. (2005): ExpertInnen-Interviews in der Politikwissenschaft, in: Das Experteninterview – Theorie, Methode, Anwendung, 2. Aufl., (Hrsg.: Bogner, A./Littig, B./Menz, W.), Wiesbaden 2005, S. 173-190.

ABERLE, G. (1992): Wettbewerbstheorie und Wettbewerbspolitik, 2. Aufl., Stuttgart, Berlin, Köln 1992.

ABRAHAM, H. J. (1974): Das Seerecht: Ein Grundriss mit Hinweisen auf die Sonderrechte anderer Verkehrsmittel, vornehmlich das Binnenschiffahrts- und Luftrecht, 4. Aufl., Berlin, New York 1974.

ALBRECHT, P./MAURER, R. (2002): Investment- und Risikomanagement, Stuttgart 2002.

ARDITTI, F.D. (1996): DERIVATIVES, BOSTON 1996.

AUER, L. VON (2005): Ökonometrie: Eine Einführung, 3. überarb. Aufl., Berlin 2005.

BACKHAUS, K./ ERICHSON, B./ PLINKE, W./ WEIBER, R. (2008): Multivariate Analysemethoden, Berlin, Heidelberg 2008.

BAXMANN, U.G. (2001): Kreditrisikomanagement im Bankwesen, Frankfurt 2001.

BECKERT, E./BREUER, G. (1991): Öffentliches Seerecht, Berlin, New York 1991.

BEIKE, R./BARCKOW, A. (2002): Risk-Management mit Finanzderivaten, Berlin 2002.

BIEBIG, P./ALTHOF, W./WAGENER, N. (2004): Seeverkehrswirtschaft, München 2004.

BINNENSCHIFFFAHRTSGESETZ (2008): Geltung ab 17.12.1963 im Bundesgesetzblatt Teil III, Gliederungsnummer 4103-1, veröffentlichte bereinigte Fassung; zuletzt geändert durch Artikel 33 G. v. 23.11.2007 BGBl. I S. 2614.

BJERKSUND, P./ EKERN, S. (1995): Contingent Claims Evaluation of Mean Reverting Cash Flows in Shipping, in: Real Options in Capital Investment-Models, Strategies and Applications (1995) (Hrsg.: Tirgerorgis, L.), S. 206 - 218.

BLACK, F. (1976): The pricing of commodity contracts, in: Journal of Financial Economics (1976), 3, o. O. 1976, S. 167-179.

BLACK, F./ SCHOLES, M. (1973): The Pricing of Options and Corporate Liabilities, in: The Journal of Political Economy (1973), 81, Chicago, 3, S. 637 - 654

BLANCO, L. O. (2007): Shipping Conferences under EC Antitrust Law. Criticism of a Legal Paradox, Oxford 2007.

BOGNER, A./MENZ, W. (2005): Expertenwissen und Forschungspraxis: Die modernisierungstheoretische und methodische Debatte um die Experten, in: Das Experteninterview – Theorie, Methode, Anwendung, 2. Aufl., (Hrsg.: Bogner, A., Littig, B., Menz, W.), Wiesbaden 2005, S. 7-30.

BONTRUP, H.-J. (2004): Volkswirtschaftslehre: Grundlagen der Mikro- und Makroökonomie, 2. Aufl., München 2004.

BREITKOPF, S. (2008): Interview, in: Derivate Magazin (2008), 1, S. 62.

BRYS, E./BELLALAH, M./ MAI, H.M./ DE VARENNE, F. (1999): Options, Futures and Exotic Derivatives, Chichester 1999

CANIAN, L./FIGELWSKI, S. (1993): The information content of implied volatility, in: Review of Financial Studies (1993), 6, S. 659-681.

CHANG, Y./CHANG, H. (1996): Predictability of the dry bulk shipping market by BIFFEX, in: Maritime Policy & Management (1996), 23, S. 103-114.

CHICAGO BOARD OF TRADE (HRSG.) (2006): The Chicago Board of Trade handbook of futures and options, Chicago 2006.

CLANCY, B./HOPPIN, D./BLANCAS, L./ HOLOHAN, R./ ZHANG, C. (2007): Behind the numbers, in: American Shipper 6 (2007), 49, S. 8-21.

CLARKSON RESEARCH SERVICES (HRSG.) (2008): Container Intelligence Quarterly, Third Quarter (2008).

CONTAINERISATION INTERNATIONAL INFORMA PLC (HRSG.) (2007): Market Analysis – Future Supply and Demand for Liner Services 2007/ 2009, London 2007.

CONTAINERISATION INTERNATIONAL INFORMA PLC (HRSG.) (2010): Monthly Update – February 2010, London.

COX., J./ ROSS, S./RUBINSTEIN, M. (1979): Option Pricing: A Simplified Approach, in: Journal of Financial Economics (October 1979), 7, S. 229-264.

CULLINANE, K./MASON, K./CAPE, M. (1999): A comparison of models forecasting the Baltic Freight Index: Box Jenkins revised, in: International Journal of maritime economics 1 (1999), 2, S. 15-39.

DEEKE, A. (1995): Experteninterviews – ein methodologisches und forschungspraktisches Problem, in: Experteninterviews in der Arbeitsmarktforschung. Diskussionsbeiträge zu methodischen Fragen und praktischen Erfahrungen. Beiträge zur Arbeitsmarkt- und Berufsforschung (Hrsg.: Brinkmann, C. et al.), Nr. 191, Nürnberg 1995, S. 7-22.

DENNING, C.K./RILEY, W.B./DELOOZE, J.P. (1994): Baltic Freight Futures: Random Walk or seasonally predictable?, in: International Review of Economics and Finance 3 (1994), 4, S. 399-428.

DERMAN, E./KANI, I. (1994): The Volatility Smile and its Implied Tree, in: Quantitative Strategies Research Notes, (Hrsg.: Goldman Sachs Inc.) 1994.

DEUTSCH, H.-P. (2004): Derivate und interne Modelle. Modernes Risikomanagement, 2., überarb. u. erw. Aufl., Stuttgart 2001.

DEUTSCHE BAHN AG (2008): Daten & Fakten zum Geschäftsbericht des Jahresabschlusses 2008, Berlin 2008.

DEUTSCHE POST AG (2008): Geschäftsbericht zum Jahresabschluss 2008, Bonn 2008.

DIKOS, G./PAPAPOSTOLOU, N. (2002): THE ASSESSMENT OF MARKET EFFICIENCY IN THE SHIPPING SECTOR: A NEW APPROACH, IN: MARITIME POLICY & MANAGEMENT, 2002, S. 179-181.

DILLER, H. (2008): Preispolitik, 4., vollst. neu bearbeitete und erw. Aufl., Stuttgart 2008.

DREWRY SHIPPING CONSULTANTS LTD. (HRSG.) (2006): The Drewry Annual Container Market Review and Forecast 2006/ 2007, (Hrsg.: Dekker, N.), London 2006.

DREWRY SHIPPING CONSULTANTS LTD. (HRSG.) (2008): Container Shipping Insight 2Q/08, (Hrsg.: Damas, P./ Dekker, N.), London 2008.

DREWRY SHIPPING CONSULTANTS LTD. (HRSG.) (2010): Using International Freight Forwarders - Costs, Contracts and Best Practices, (Hrsg.: Damas, P.), London 2010.

DYNAMAR B.V. (HRSG.) (2010): DynaLiners, (Hrsg.: Visser, D. Waals, F.), Weekly News Summary, Analysis and Commentary on Liner Shipping, 09 (2010), 20, London 05.03.2010.

EDWARDS, F.R./MA, C.W. (1992): Futures and Options, New York 1992.

ELLER, D. (1999): Dublin - St. Louis mystery, in: Containerisation International 2 (1999), 32, S. 42-43.

EXLER, M. (1996): Containerverkehr: Reichweiten und Systemgrenzen in der Weltwirtschaft, Erlangen-Nürnberg 1996.

FABOZZI, F/MODIGLIANI, F. (1996): Capital Markets, New Jersey 1996.

FLICK, U. (1999): Qualitative Forschung. Theorie, Methoden, Anwendung in Psychologie und Sozialwissenschaften, Berlin 1999.

GARATT, M. (2007): The Holistic Approach, in: Containerisation International (2007), 3, S. 42-47.

GARFIELD, G. (2010): First cleared deal to get ball rolling, in: TradeWinds, 2. Juli 2010, S. 15.

GEUTHER, R. (1990): Der Wettbewerb in der Containerlinienschiffahrt, Göttingen 1990.

GLASSERMANN, P. (2004): Monte Carlo Methods in Financial Engineering, New York 2004.

GÖBEL, S./SCHUMANN, M. (2007): Containerfinanzierung aus Bankensicht, in: Grundlagen der Schiffsfinanzierung (Hrsg.: Winter, H./ Hennig, C./ Gerhard, M.), Frankfurt a. M. (2007), S. 720-732.

GOULIELMOS A.M./PSIFIA, M. (2006): Shipping finance: time to follow a new track, in: Maritime Policy & Management, 2006, S. 301-320.

HAIGH, M. (2000): Cointegration, unbiased expectations, and forecasting in the BIFFEX freight futures market, in: The journal of futures market 20 (2000), 6, S. 545–571.

HALE, C./VANAGS, A.: Spot and Period Rates in the Dry Bulk Market, in: Journal of Transport Economics and Policy 23 (1989), S. 281–291.

HAMBURG SÜD (HRSG.) (2008): Präsentation anlässlich des Investor Days von Kühne & Nagel AG, Hamburg 08. Mai 2008.

HARPER R./KELLER J.G./PFEIL, C.M. (2005): Does Risk Management Make Financial Markets Riskier?, in: Frenkel, M. / HommelL, U. / Rudolf, M. (2005): Risk Management - Challenge and Opportunity. Berlin 2005, S. 765-784.

HAUCK, W. (1991): Optionspreise, Wiesbaden 1991.

HAUTAU, U. (2002): Seeverkehrsmärkte im wettbewerbspolitischen Wandel: dargestellt am Beispiel der Container-Linienschifffahrt auf der Nordatlantik- und Fernost-Route, Frankfurt a. M. et al. 2002.

HEIDELOFF, C./LEMPER, B./ZACHCIAL, M. (1998): Changing Times Ahead?, in: Hansa, 135 (1998), 9, S. 12-19.

HERBER, R. (1999): Seehandelsrecht: Systematische Darstellung, Berlin, New York 1999.

HIRSHFELDER, J./HIRSHFELDER, D.: Price theory and applications, New Yersey 1998.

HOLDERIED, C. (2005): Güterverkehr, Spedition und Logistik: Managementkonzepte für Güterverkehrsbetriebe, Speditionsunternehmen und logistische Dienstleister, Berlin 2005.

HOLLMANN, M. (2006): Großverlader werden profitieren, in: Deutsche Logistik Zeitung (DVZ), 11.05.2006, S. 13.

HOLST, B. (2007a): Grundlagen der Schifffahrt, in: Winter, H./ Hennig, C./ Gerhard, M. (Hrsg.): Grundlagen der Schiffsfinanzierung, Frankfurt a. M. 2007, S. 47-91.

HOLST, B. (2007b): Bewertung von Schiffen, in: Grundlagen der Schiffsfinanzierung (Hrsg.: Winter, H./ Hennig, C./ Gerhard, M.), Frankfurt a. M. 2007, S. 222-261.

HÖPFNER, K.-U. (2007): Schiffsfinanzierungen als strategisches Geschäftsfeld von Banken – ein Überblick, in: Winter, H./ Hennig, C./ Gerhard, M. (Hrsg.): Grundlagen der Schiffsfinanzierung, Frankfurt a. M. 2007, S. 5-41.

HOROWITZ, A.J. (2006): Statewide Travel Forecasting Models, o.O. 2006.

HORVÁTH, P./MÖLLER, K. (2003): Target Pricing und Profit Planning, in: Diller, H./ Herrmann, A. (Hrsg.): Handbuch Preispolitik, 1. Aufl., Wiesbaden 2003, S. 455-480.

HSH NORDBANK AG (HRSG.) (2004): Securituzation Reserach: Ocean Star 2004 PLC – A Shipping Primer, Kiel 2004.

HULL, J. (2009): Optionen, Futures und andere Derivate, 7., aktual. Aufl., München/ Wien 2009.

HULL, J./WHITE A. (1993): The Pricing of options on assets with stochastic volatilities, in: Journal of Finance, 42, o. O. 1993, S. 327-343.

IHDE, G.B. (2001): Transport, Verkehr, Logistik: Gesamtwirtschaftliche Aspekte und einzelwirtschaftliche Handhabung; 3., völlig überarb. und erw. Aufl., München 2001.

INSTITUTE OF SHIPPING ECONOMICS AND LOGISTICS (HRSG.) (2007): Shipping Statistics and Market Review: World Merchant Fleet, Bremen 2007.

INSTITUTE OF SHIPPING ECONOMICS AND LOGISTICS (HRSG.) (2008): ISL Shipping Statistics Yearbook, Bremen 2008.

ISERMANN, H. (1999): Produktionstheoretische Fundierung logistischer Prozesse, in: Zeitschrift für Betriebswirtschaft, Ergänzungsheft 4 (1999), S. 67-87.

JAIN, R.K. (2001): Putting volatility to work, in: Active Trader, o.O. April 2001, S. 1-11.

JANßEN, B./RUDOLPH, B. (1992): Der Deutsche Aktienindex DAX, Konstruktion und Anwendungsmöglichkeiten, Frankfurt a. M. 1992.

JOHANSEN, S. (1988): Statistical analysis of cointegration vectors, in: Journal of Economic Dynamics and Control 12 (1988), S. 231-254.

JÜRGENSEN, H. (1971): Rationalisierungseffekt von Linienkonferenzen in Fahrtgebieten von besonderem Interesse für die kontinentaleuropäische Schiffahrt, Göttingen 1971.

KAVUSSANOS, M. G. (1996): Comparison of volatility in the dry bulk shipping sector, in: Journal of Transport Economics 31 (1996), 1, S. 67–82.

KAVUSSANOS, M. G. / NOMIKOS, N. (2000a): Constant vs. time varying hedge ratios and hedging efficiency in the BIFFEX market, in: Transportation Research 36 (2000), S. 229-248.

KAVUSSANOS, M. G./ALIZADEH, A. A. (2002): The Expectations Hypothesis of the Term Structure and Risk Premia in Dry Bulk Shipping Freight Markets, in: Journal of Transport Economics and Policy 36 (2002), S. 267–304.

KAVUSSANOS, M. G./NOMIKOS, N. (1999): The Forward Pricing Function of the Shipping Freight Futures Market, in: The Journal of Futures Markets 19 (1999), 3, S. 353-376.

KAVUSSANOS, M. G./NOMIKOS, N. (2000b): Future Hedging when the Structure of the Underlying Asset Changes: The Case of the BIFFEX Contract, in: The Journal of Futures Markets 20 (2000), 8, S. 775-801.

KAVUSSANOS, M.G. (2002): Business risk measurement and management in the cargo carrying sector of the shipping industry, in: The Handbook of Maritime Economics and Business, London 2002, S. 661-692.

KAVUSSANOS, M.G./TALLEY, W.K. (2006): Shipping finance and port issues, in: Transportation Research: Part E: Logistics Review and Transportation Review, 2004, S. 271-272.

KAVUSSANOS, M.G./VISVIKIS, I.D. (2003a): FFA's can stabilize revenue), in: Lloyd's Shipping Economist (LSE), London, February 2003.

KAVUSSANOS, M.G./VISVIKIS, I.D. (2003b): Financial derivative contracts in the shipping industry and the price discovery function of freight forward agreements (FFA), in: Lloyd's Shipping Economist (LSE), London, July 2003.

KAVUSSANOS, M.G./VISVIKIS, I.D. (2004): Market Interactions in returns and volatilities between spot and forward shipping marktes, in: Journal of Banking and Finance 28 (2004), 8, S. 2015-2049.

KAVUSSANOS, M.G./VISVIKIS, I.D. (2006a): Shipping freight derivatives: a survey of recent evidence, in: Maritime Policy & Management, 33 (2006), 3, S. 233-255.

KAVUSSANOS, M.G./VISVIKIS, I.D. (2006b): Derivatives and Risk Management in Shipping, London 2006.

KLEINMAN, G. (2001): Warentermingeschäfte: Rohstoffe auf den Weltmärkten erfolgreich traden, übersetzt von Monika Ratnamaheson, Boston 2001.

KNIESE, G.: Futureshedging auf Ölmärkten, Wiesbaden 1997.

KOEKEBAKKER, S. ÅDLAND, O. (2004): Modelling forward freight rate dynamics. Empirical evidence from time charter rates, in: Maritime Policy & Management 31 (2004), 4, S. 319-335.

KOEKEBAKKER, S. /ÅDLAND, O. /SØDAL, S. (2005): Modelling freight rate derivatives. Conference Proceedings, 15th Annual Conference of the International Association of Maritime Economists (IAME), Limassol, Cyprus, 23-25 June 2005.

KOEKEBAKKER, S./ÅDLAND, O./SØDAL, S. (2006): Are Spot Freight Rates Stationary?, in: Journal of Transport Economics and Policy 40 (2006), 3, S. 449-472.

KOLB, R. (1993): Financial Derivatives, New York 1993.

KROPP, U. (2007): Risikomanagement im Bereich Schiffsfinanzierung, in: Grundlagen der Schiffsfinanzierung (Hrsg.: Winter, H./ Hennig, C./ Gerhard, M.), Frankfurt a. M. 2007, S. 774-790.

KRUSCHWITZ, L. (2007): Finanzierung und Investition, 5., überarb. u. erw. Aufl., München, 2007

KÜHNE + NAGEL, INC. (2008): Geschäftsbericht zum Jahresabschluss 2008, Schindellegi 2008.

KUMMER, S. (2007): Folien zur Vorlesung Sommersemester 2007, Wien 2007, S. 1-32.

KUMMMEROW, H.W. (2005): Ship Financing: A hands-on introduction, Wassertruedingen 2005.

LEMPER, B. (2007): Volkswirtschaftliche Aspekte der Schifffahrt in: Winter, H./ Hennig, C./Gerhard, M. (Hrsg.): Grundlagen der Schiffsfinanzierung, Frankfurt a. M. 2007, S. 116-155.

LEMPER, B. (2009): Die See beruhigt sich wieder, in: Deutsche Logistik-Zeitung (DVZ), 05.12.2009, Sonderbeilage Container, S. 1f.

LEMPER, B./HADER, A. (2002): Entwicklungstendenzen des seewärtigen Welthandels, in : Schriftenreihe der Deutschen Verkehrswissenschaftlichen Gesellschaft e.V. (Hrsg.: Böhme, H.), Reihe B, 245: Perspektiven und Probleme des Weltseeverkehrs im neuen Jahrhundert, Bergisch Gladbach 2002, S. 15-59.

LOHSE, B. (2002): Risikomanagement in Dienstleistungsunternehmen - ein integratives Modell unter Berücksichtigung des KonTraG, Karlsruhe 2002.

LONG, D. (2004): International Logistics: Global Supply Chain Management, 2. Aufl., Dordrecht, 2004

LORENZ, W. (2005): Leitfaden für Spediteure und Logistiker in Ausbildung und Beruf, Hamburg 2005.

MALIK, F. (2008): Unternehmenspolitik und Corporate Governance: Wie sich Organisationen von selbst organisieren, Frankfurt 2008.

MALONE, S. (2002): Alternative Price Processes for Black-Scholes: Empirical Evidence and Theory, o.O. 2002.

MANOLIS, G./KAVUSSANOS, M./NOMIKOS, N. (2000): Futures hedging when the structure of the underlying asset changes: The case of the BIFFEX contract, in: The journal of futures market 20 (2000), 8, S. 775-801.

MARÍN, P./SICOTTE, R. (2003): Exclusive Contracts and Market Power. Evidence From Ocean Shipping, in: Journal of Industrial Economics 51 (2003), 2, S. 193-214.

MAYER, H. (2006): Interview und schriftliche Befragung: Entwicklung, Durchführung und Auswertung, Berlin et al. 2006.

MDS TRANSMODAL LTD. (HRSG.) (2007): Supply and Demand in the Container Trades, Chester 2007.

MERTON, R (1973): Theory of Rational Option Pricing, in: The Bell Journal of Economics and Management Science (1973), 4, o.O., 1, S. 141 - 183

MEUSER, M./ NAGEL, U. (2002): Experteninterviews – vielfach erprobt, wenig bedacht. Ein Beitrag zur qualitativen Methodendiskussion, in: Das Experteninterview – Theorie, Methode, Anwendung (Hrsg.: Bogner, A., Littig, B., Menz, W.), 2. Aufl., Wiesbaden 2005, S. 71-93.

MODIGLIANI, F./MILLER, M. (1958): The Cost of Capital, Corporation Finance and the Theory of Investment, in: American Economic Review (Juni 1958), S. 261-297.

MOOG, H. (1999): Rechnerische Fundierung der Preisfindung: eine Konzeption für vorhandene Gemeinschaftspositionen, Wiesbaden 1999.

MÜLLER-MÖHL, E. (1999): Optionen und Futures, Grundlagen und Strategien für das Termingeschäft in Deutschland, Österreich und der Schweiz, 4. Aufl., Stuttgart 1999.

NEUSSER, K. (2006): Zeitreihenanalyse in den Wirtschaftswissenschaften, Bern 2006.

O.V. (2004): A Survey on Finance Professors Views' on Derivatives, in ISDA: [www.isda.org/press/pdf/Academic-Survey-Report.pdf] (download vom: 5.11.2008).

O.V. (2006): Competition: repeal of block exemption for liner hipping conferences, in: EUROPÄISCHE KOMMISSION, IP/06/ 1249 und Memo 06/ 344 vom 25. September 2006.

O.V. (2006): Containership Evolution, in: HANSA International Maritime Journal, Nr. 8, 2006, S. 44-49.

O.V. (2007): Leitlinien für die Anwendung von Artikel 81 des EG-Vertrags auf Seeverkehrsdienstleistungen - Entwurf Text von Bedeutung für den EWR, in: EUROPÄISCHE KOMMISSION, Amtsblatt Nr. C 215 vom 14.09.2007, S. 3-15.

O.V. (2008): Die Stunde der ELAA, in: Hapag-Lloyd News, 33, November 2008, Nr. 336.

O.V. (2008): Kartellrecht: Kommission nimmt Leitlinien für die Anwendung der EU-Wettbewerbsregeln auf Seeverkehrsdienstleistungen an, in: EUROPÄISCHE KOMMISSION, IP/08/1063 vom 01. Juli 2008.

o.V. ALPHALINER (HRSG.) (2009): ALPHALINER, WEEKLY NEWSLETTER, 51, 2009, 15.12.2009

o.V. ALPHALINER (HRSG.) (2010): ALPHALINER, MONTHLY MONITOR, 2010.

o.V. DIN (1999): ISO-Container der Reihe 1, Klassifikation, Maße, Gesamtgewichte, ISO 668:1995, 10, 1999.

OEHLER, A./UNSER, M. (2002): Finanzwirtschaftliches Risikomanagement, Berlin 2002.

PAWLIK, T. (1999): Seeverkehrswirtschaft: internationale Transportwirtschaft; eine betriebswirtschaftliche Einführung, Wiesbaden 1999.

PECHTL, H. (2005): Preispolitik. Grundwissen der Ökonomie, Basel et al. 2005.

PERRIDON, L./STEINER, M. (2007): Finanzwirtschaft der Unternehmung, 14., überarb. u. erw. Aufl., München 2007.

POZDNAKOVA, A. (2008): Liner Shipping and EU Competition Law, Alphen aan den Rijn 2008.

PRAUSE, F. (1979): Das Recht des Schiffskredits: Unter besonderer Berücksichtigung des Schiffsachenrechts und des Schiffsregisterwesens, Berlin, New York 1979.

PREDÖHL, A. (1958): Verkehrspolitik, Göttingen 1958.

RITCHKEN, P. (1996): Derivative Marktes, New York 1996.

ROGLER, S. (2002): Risikomanagement im Industriebetrieb, Wiesbaden 2002.

RÖHL, C./HEUSSINGER, W.: Generation Zertifikate. Die Emanzipation der Geldanlage, München 2003.

RUDOPLH, B./SCHÄFER, S. (2005): Derivative Finanzinstrumente: Eine anwendungsbezogene Einführung in Märkte, Strategien und Bewertung, Berlin 2005.

RUSHTON, A./OXLEY, J./COUCHER, P.(2000): The Handbook of Logistics and Distribution Mangement, London, Dover 2000.

SAMUELSON, P.A./NORDHAUS, W.D. (2007): Volkswirtschaftslehre, 3. aktual. u. erw. Aufl., 2007.

SCHELP, J. (2007): Schiffshypothekendarlehen im internationalen Kontext, in: Grundlagen der Schiffsfinanzierung (Hrsg. Winter, H./ Henning, C./ Gerhard, M.), Frankfurt a. M. 2007, S. 415-438.

SCHEUCH, E. (1967): Das Interview in der Sozialforschung, in: Handbuch der empirischen Sozialforschung, (Hrsg.: Köng, R.), Bd. 1, 2. Aufl., Stuttgart 1967, S. 136-196.

SCHLITT, P. (2006): Nervosität. Trotz guter Wachstumsraten stehen die Frachtraten und damit die Erträge der Containerreeder unter Druck, in: Frankfurter Allgemeine Zeitung, Nr. 300, Frankfurt, 27. Dezember 2006.

SCHNEIDER, J. (1961): Empirische Untersuchungen über den Einfluss von Frachtraten, Frachteinnahmen und Schiffsbaupreisen auf den Bau von seegehenden Güterschiffen 1900 – 1958, in: Schriftenreihe des Verkehrswissenschaftlichen Seminars der Universität Hamburg (Hrsg.: Voigt, F./ Jürgensen, H.), 6, Hamburg 1961

SCHULTE, M. /HORSCH, A. (2002): Wertorientierte Banksteuerung: Risikomanagement, Frankfurt am Main 2002.

SEIDELMANN, C. (2004): Kombinierter Verkehr, in: Handbuch Logistik (Hrsg.: Isermann, H./ Tempelmeier, H.), 2. Aufl., Berlin, Heidelberg, New York 2004, C3-12-C3-19.

SEIDENSCHWARZ, W. (2003): Target Costing, in: Handbuch Preispolitik (Hrsg.: Diller, H./Herrmann, A.), Wiesbaden 2003, S. 439-453.

SHU, J./ ZHANG, J. (2002): The Relation between implied and realized volatility of S&P500 Index, Hong Kong University of Science and Technology, Hong Kong 2002, S. 1-10.

STOPFORD, M. (1997): Maritime Economics, 2. Aufl., London, New York 1997.

STUCKI, T. (1992): Eigenschaften der impliziten Volatilitäten der SOFFEX-Optionen, in: Finanzmarkt und Portfolio Management, 6 (1992), 4, S. 396-412.

SZCZESNY, A. (2005): Optionsscheine, Zertifikate und strukturierte Produkte, (Hrsg.: HSBC Trinkhaus & Burkhardt KGaA), 5., erw. Aufl., Düsseldorf 2005.

TASTO, M. (2009): Starke Impulse aus Asien, in: Deutsche Logistik-Zeitung (DVZ), 05.12.2009, Sonderbeilage Container, S. 5.

TEBROKE, H.-J./LAURER, T. (2005): Betriebliches Finanzmanagement, Stuttgart 2005.

TRAUTMANN, S. (1999): Aktienoptionen an der Frankfurter Optionsbörse im Lichte der Optionsbewertungstheorie, in: Finanzmarkt und Portfolio Management, 3 (1999), 3, S. 210-225.

TUONG, L. T./VISSCHER, S. T. (1990): The Hedging Effectiveness of Dry-Bulk Freight Rate Futures, in: Transportation Journal 29 (1990), 4, S. 58-65.

TVEDT, J. (1998): Valuation of a European Futures Option in the BIFFEX Market, in: The Journal of Futures Market, 18 (1998), 2, S. 167-175.

TVEDT, J. (2003): A new perspective on price dynamics of the dry bulk market, in: Maritime Policy & Management 30 (2003), 3, S. 221-230.

UBS AG (HRSG.) (2008): Q-Series: Industrial Transportation, London, 23. Juli 2008.

VEENSTRA, A. (1999): The term structure of ocean freight rates, in: Maritime Policy & Management 26 (1999), 3, S. 279–293.

WALL, F./LANGE, K. (2001): Risikomanagement nach dem KonTraG. München 2001.

WANNEWETSCH, H. (2006): Integrierte Materialwirtschaft und Logistik: Beschaffung, Logistik, Materialwirtschaft und Produktion, Berlin et al. 2006.

WÖHE, G. (2008): Einführung in die Allgemeine Betriebswirtschaftslehre, 23., vollständig neu bearb. Aufl., München 2008.

WOLF, K./RUNZHEIMER, B. (2003): Risikomanagement und KonTraG. Konzeption und Implementierung, Wiesbaden 2003

WOLF, P. (1986): How Futures are tracking Baltic freight Index, in: Futures Magazine February (1986), S. 72-74.

WOLKE, T. (2008): Risikomanagement, München 2008.

WÖRNLEIN, P. (2008a): Alles wird verhandelbar, in: Deutsche Logistik-Zeitung (DVZ), 15.06.2008, S. 12.

WÖRNLEIN, P. (2008b): Es gibt Traditionen, die nicht mehr zeitgemäß sind, in: Deutsche Logistik-Zeitung (DVZ), 10.06.2008, S. 8.

ZACHCIAL, M. (1991): Verfahren zu Prognose der Seeverkehrsmärkte, in: Simulationssysteme für die Land-See-Logistik (Hrsg.: Speidel, V.), Bremen 1991, S. 35-52.

ZACHCIAL, M. (1999): Allianzen in der Containerschiffahrt, in: Strategische Allianzen im Bereich Transport, Verkehr, Logistik (Schriftenreihe der Deutschen Verkehrswissenschaftlichen Gesellschaft: B215), Bergisch Gladbach 1999, S. 75-85.

ZACHCIAL, M. (2001a): Ratenentwicklung in der Weltschifffahrt, in: Hansa 138 (2001), 5, S. 18-22.

ZACHCIAL, M. (2001b): Determinanten des Weltcontainerverkehrs, in: Hansa 138 (2001), 5, S. 23-24.

ZACHCIAL, M. (2008): Prognose der Seeverkehrsmärkte, in: Internationales Verkehrswesen, Sonderheft: 100 Jahre Deutsche Verkehrswissenschaftliche Gesellschaft e.V. 1908-2008, Hamburg 2008, S. 74-79.

ZACHCIAL, M./FITTER, J./SOLZBACHER, F. (1975): Preisbildungstheorie und -politik im Verkehrswesen (Forschungsberichte des Landes Nordrhein-Westfalen, Nr. 2524), Opladen 1975.

ZACHCIAL, M./VOIGT, F./SOLZBACHER, F. (1976): Determinanten der Nachfrage nach Verkehrsleistungen (Forschungsberichte des Landes Nordrhein-Westfalen, Nr. 2602), Opladen 1976.

ZANNETOS, S. (1966): Economic Theory and Ocean Transportation of Oil, in: The Theory of Oil Tanker Rates, M.I.T Monographies in Economics, Cambridge 1961, S. 23-29.

Anlagen

Anlagenverzeichnis

Anlage 1: Schiffstypen und ihre Untergruppierungen

Hauptschiffsgruppe	Untergruppe
Stückgutschiff (Break-Bulk)	Stückgutschiffe, Bulk Carrier, Bulk/ Cement Carrier, Selfunloader
Containerschiffe	Containerschiffe, Binnen-Containerschiffe, Feeder-Containerschiffe
Tanker	Rohöltanker, Obo, Produktentanker, Chemikalientanker, Shuttle-Tanker, Floating Storage Tanker, FSPO (Floating Production Storage Offloading)
Gastanker	LPG Gastanker (Liquid Petroleum Gas), LNG Gastanker (Liquid Natural Gas), Ethylen Gastanker, Feeder Gastanker, Binnen Gastanker
Trockengutschiffe	Multi Purpose Schiffe, Schwergutschiffe, Minibulker, Binnen Trockengutschiffe
Kühlschiffe	Kühlschiffe
RoRo Schiffe (Roll-on Roll-off)	RoRo/RoLo Schiffe (Roll-on Roll-off/ Roll-on Lift-off), Autotransporter
Passagierschiffe/ Fähren	Passagierschiffe, Binnen-Passagierschiffe, Kreuzfahrtschiffe, Binnen-Kreuzfahrtschiffe, RoRo-Fähren/ Katamaran-Fähren, Luftkissenboote
Schlepper/ Versorger	Schlepper, Versorger, Ankerzieher/ Versorger, Plattform-Versorger
Fischerei Fahrzeuge	Fischerei-Schiffe
Spezialschiffe	Bargen, Pontons, Floating Production Units, Viehtransporter, Kabelleger, Eisbrecher, Bagger, Binnen-Spezialschiffe, LCSV (Large Contruction Supply Vessel), Emergency Rescue Response Vehicle
Schwimmdocks	Schwimmdocks

Quelle: Holst (2007a), S. 47.

Anlage 2: Gruppierungen der Länder in Regionen (Quelle: Schenker AG)

Landesname (engl.)	(Sub-)Region (engl.)	Region
AFGANISTAN	Near Middle East	NME
ALBANIA	Europe	Europa
ALGERIA	Africa	Afrika
ANGOLA	Africa	Afrika
ANGUILLA	Latin America	Lateinamerika
ANTIGUA AND BARBUDA	Latin America	Lateinamerika
ARGENTINA	Latin America	Lateinamerika
ARMENIA	Europe	Europa
ARUBA	Latin America	Lateinamerika
AUSTRALIA	Oceania	Fernost
AUSTRIA	Europe	Europa
AZERBAIJAN	Europe	Europa
BAHAMAS	Latin America	Lateinamerika
BAHRAIN	Near Middle East	NME
BANGLADESH	India/Bangladesh/Sri Lanka	Fernost
BARBADOS	Latin America	Lateinamerika
BELARUS	Europe	Europa
BELGIUM	Europe	Europa
BELIZE	Latin America	Lateinamerika
BENIN	Africa	Afrika
BERMUDA	United States	Nordamerika
BOLIVIA	Latin America	Lateinamerika
BONAIRE	Latin America	Lateinamerika
BOSNIA HERZEGOWINA	Europe	Europa
BOTSWANA	Africa	Afrika
BRAZIL	Latin America	Lateinamerika
BRITISH INDIES	Africa	Afrika
BRITISH VIRGIN ISLANDS	Latin America	Lateinamerika
BRUNEI DARUSSALAM	Far East	Fernost

Landesname (engl.)	(Sub-)Region (engl.)	Region
BULGARIA	Europe	Europa
CAICOS ISLANDS	Latin America	Lateinamerika
CAMBODIA	Far East	Fernost
CAMEROON, REPUBLIC OF	Africa	Afrika
CANADA	Canada	Nordamerika
CAPE VERDE	Africa	Afrika
CARIBBEAN ISLAND	Latin America	Lateinamerika
CAYMAN ISLANDS	Latin America	Lateinamerika
CENTRAL AFRICAN REPUBLIC	Africa	Afrika
CHAD	Africa	Afrika
CHILE	Latin America	Lateinamerika
CHINA	Far East	Fernost
COCOS ISLANDS	India/Bangladesh/Sri Lanka	Fernost
COLOMBIA	Latin America	Lateinamerika
COMOROS	Africa	Afrika
CONGO	Africa	Afrika
CONGO, DEMOCRATIC REPUBLIC OF	Africa	Afrika
COOK ISLANDS	Oceania	Fernost
COSTA RICA	Latin America	Lateinamerika
CROATIA	Europe	Europa
CUBA	Latin America	Lateinamerika
CURACAO	Latin America	Lateinamerika
CYPRUS	Europe	Europa
CZECH REPUBLIC	Europe	Europa
DENMARK	Europe	Europa
DJIBOUTI	Africa	Afrika
DOMINICA	Latin America	Lateinamerika
DOMINICAN REPUBLIC	Latin America	Lateinamerika
EAST TIMOR	Far East	Fernost
ECUADOR	Latin America	Lateinamerika
EGYPT	Africa	Afrika

Landesname (engl.)	(Sub-)Region (engl.)	Region
EL SALVADOR	Latin America	Lateinamerika
ERITREA	Africa	Afrika
ESTONIA	Europe	Europa
ETHIOPIA	Africa	Afrika
FALKLAND ISLANDS	Latin America	Lateinamerika
FIJI	Oceania	Fernost
FINLAND	Europe	Europa
FRANCE	Europe	Europa
FRENCH GUIANA	Latin America	Lateinamerika
FRENCH POLYNESIA	Oceania	Fernost
GABON	Africa	Afrika
GAMBIA	Africa	Afrika
GEORGIA	Europe	Europa
GERMANY	Europe	Europa
GHANA	Africa	Afrika
GIBRALTAR	Europe	Europa
GRAND TURK	Latin America	Lateinamerika
GREECE	Europe	Europa
GREENLAND	Europe	Europa
GRENADA	Latin America	Lateinamerika
GUADELOUPE	Latin America	Lateinamerika
GUAM	Oceania	Fernost
GUATEMALA	Latin America	Lateinamerika
GUINEA	Africa	Afrika
GUINEA-BISSAU	Africa	Afrika
GUYANA	Latin America	Lateinamerika
HAITI	Latin America	Lateinamerika
HONDURAS	Latin America	Lateinamerika
HUNGARY	Europe	Europa
ICELAND	Europe	Europa
INDIA	India/Bangladesh/Sri Lanka	Fernost
INDONESIA	Far East	Fernost

Landesname (engl.)	(Sub-)Region (engl.)	Region
IRAN	Near Middle East	NME
IRAQ	Near Middle East	NME
IRELAND	Europe	Europa
ISRAEL	Near Middle East	NME
ITALY	Europe	Europa
IVORY COAST	Africa	Afrika
JAMAICA	Latin America	Lateinamerika
JAPAN	Far East	Fernost
JORDAN	Near Middle East	NME
KAZAKHSTAN	Near Middle East	NME
KENYA	Africa	Afrika
KIRIBATI	Oceania	Fernost
KUWAIT	Near Middle East	NME
KYRGYZSTAN	Near Middle East	NME
LATVIA	Europe	Europa
LEBANON	Near Middle East	NME
LIBERIA	Africa	Afrika
LIBYA	Africa	Afrika
LITHUANIA	Europe	Europa
LUXEMBOURG	Europe	Europa
MACEDONIA	Europe	Europa
MADAGASCAR	Africa	Afrika
MALAYSIA	Far East	Fernost
MALDIVES	India/Bangladesh/Sri Lanka	Fernost
MALTA	Europe	Europa
MARSHALL ISLANDS	Oceania	Fernost
MARTINIQUE	Latin America	Lateinamerika
MAURITANIA	Africa	Afrika
MAURITIUS	Africa	Afrika
MAYOTTE	Africa	Afrika
MEXICO	Latin America	Lateinamerika
MICRONESIA	Oceania	Fernost

Landesname (engl.)	**(Sub-)Region (engl.)**	**Region**
MOLDAVIA	Europe	Europa
MONACO	Europe	Europa
MONGOLIA	Far East	Fernost
MONTSERRAT	Latin America	Lateinamerika
MOROCCO	Africa	Afrika
MOZAMBIQUE	Africa	Afrika
MYANMAR, UNION OF	Far East	Fernost
NAMIBIA	Africa	Afrika
NEPAL	India/Bangladesh/Sri Lanka	Fernost
NETHERLANDS	Europe	Europa
NEW CALEDONIA	Oceania	Fernost
NEW ZEALAND	Oceania	Fernost
NICARAGUA	Latin America	Lateinamerika
NIGER	Africa	Afrika
NIGERIA	Africa	Afrika
NORTH KOREA	Far East	Fernost
Landesname (engl.)	(Sub-)Region (engl.)	Region
NORWAY	Europe	Europa
OMAN	Near Middle East	NME
PACIFIC ISLANDS	Oceania	Fernost
PAKISTAN	India/Bangladesh/Sri Lanka	Fernost
PALAU	Oceania	Fernost
PANAMA	Latin America	Lateinamerika
PAPUA NEW GUINEA	Oceania	Fernost
PARAGUAY	Latin America	Lateinamerika
PERU	Latin America	Lateinamerika
PHILIPPINES	Far East	Fernost
POLAND	Europe	Europa
PONAPE	Oceania	Fernost
PORTUGAL	Europe	Europa
PUERTO RICO	Latin America	Lateinamerika

Landesname (engl.)	**(Sub-)Region (engl.)**	**Region**
QATAR	Near Middle East	NME
REUNION	Africa	Afrika
ROMANIA	Europe	Europa
RUSSIA	Europe	Europa
RWANDA	Africa	Afrika
SAIPAN ISLANDS	Oceania	Fernost
SAMOA, WESTERN	Oceania	Fernost
SAO TOME AND PRINCIPE	Africa	Afrika
SAUDI ARABIA	Near Middle East	NME
SENEGAL	Africa	Afrika
SERBIA AND MONTENEGRO	Europe	Europa
SEYCHELLES	Africa	Afrika
SIERRA LEONE	Africa	Afrika
SINGAPORE	Far East	Fernost
SLOVAKIA	Europe	Europa
SLOVENIA	Europe	Europa
SOLOMON ISLANDS	Oceania	Fernost
SOMALIA	Africa	Afrika
SOUTH AFRICA	Africa	Afrika
SOUTH KOREA	Far East	Fernost
SPAIN	Europe	Europa
SRI LANKA	India/Bangladesh/Sri Lanka	Fernost
ST. CROIX	Latin America	Lateinamerika
ST. EUSTATIUS	Latin America	Lateinamerika
ST. HELENA	Africa	Afrika
ST. KITTS-NEVIS	Latin America	Lateinamerika
ST. LUCIA	Latin America	Lateinamerika
ST. MAARTEN	Latin America	Lateinamerika
ST. PIERRE AND MIQUELON	Canada	Noramerika
ST. VINCENT	Latin America	Lateinamerika
SUDAN	Africa	Afrika

Landesname (engl.)	(Sub-)Region (engl.)	Region
SURINAME	Latin America	Lateinamerika
SWEDEN	Europe	Europa
SWITZERLAND	Europe	Europa
SYRIAN ARAB REPUBLIC	Near Middle East	NME
TAIWAN	Far East	Fernost
TAJIKISTAN	Near Middle East	NME
TANZANIA	Africa	Afrika
THAILAND	Far East	Fernost
TOGO	Africa	Afrika
TONGA	Oceania	Fernost
TRINIDAD AND TOBAGO	Latin America	Lateinamerika
TRUK	Oceania	Fernost
TUNISIA	Africa	Afrika
TURKEY	Europe	Europa
TURKMENISTAN	Near Middle East	NME
TUVALU	Oceania	Fernost
UGANDA	Africa	Afrika
UKRAINE	Europe	Europa
UNITED ARAB EMIRATES	Near Middle East	NME
UNITED KINGDOM	Europe	Europa
UNITED STATES	United States	Nordamerika
URUGUAY	Latin America	Lateinamerika
US VIRGIN ISLANDS	Latin America	Lateinamerika
UZBEKISTAN	Near Middle East	NME
VANUATU	Oceania	Fernost
VENEZUELA	Latin America	Lateinamerika
VIETNAM	Far East	Fernost
WAKE ISLANDS	Oceania	Fernost
YEMEN	Near Middle East	NME
ZAMBIA	Africa	Afrika
ZIMBABWE	Africa	Afrika

Anlage 3: Frachtratenindizes nach Tradelanes (Quelle: Schenker AG)

Diser Anhang enthält vertrauliche Daten der SCHENKER AG. Veröffentlichungen oder Vervielfältigungen des Anhangs – auch nur auszugsweise – sind ohne ausdrückliche Genehmigung der SCHENKER AG nicht gestattet. Dieser Anhang der Dissertation ist nur den Gutachtern sowie den Mitgliedern der Prüfungskommission zugänglich zu machen.

Anlage 4: Angebot und Nachfrage nach Region (Quelle:OECD.Stat, CLARKSON RESEARCH SERIVCES (2008): elektronischer Datensatz)

Nachfrage in Gütern (Wert), in Mrd. US-Dollar. Die Gruppe Fernost stellt die Summe der Länder China, Indien, Japan und Süd-Korea dar.

	Angebot			**Nachfrage**			
	mio TEU	Exporte	Exporte	Exporte	Importe	Importe	Importe
Jahr - Quartal	**Nominale weltweite Containerkapazität**	**Nord Amerika**	**OECD - Europa**	**Fernost**	**Nord Amerika**	**OECD - Europa**	**Fernost**
1996-01	2,93	74,44	199,98	59,95	84,38	193,46	55,87
1996-02	3,02	76,81	195,86	59,59	86,79	189,15	56,41
1996-03	3,13	77,03	201,35	59,89	89,35	193,10	55,63
1996-04	3,21	79,33	205,47	61,88	91,06	197,59	57,44
1997-01	3,30	81,73	196,37	61,65	94,18	189,35	57,25
1997-02	3,39	84,30	197,99	65,74	96,55	191,28	55,90
1997-03	3,50	86,27	195,65	65,86	100,14	188,82	55,65
1997-04	3,66	85,92	204,23	65,19	101,24	197,58	53,74
1998-01	3,83	85,43	200,68	64,33	102,35	196,89	48,79
1998-02	3,96	83,83	204,58	61,31	103,18	199,46	45,51
1998-03	4,06	82,75	204,50	59,40	102,11	201,43	44,91
1998-04	4,15	86,10	212,31	61,56	105,15	210,93	46,54
1999-01	4,22	84,99	203,06	61,44	107,04	200,74	49,44
1999-02	4,25	86,97	198,68	62,23	112,47	196,82	51,12
1999-03	4,31	90,86	207,15	67,85	118,06	204,92	54,61
1999-04	4,35	94,23	214,44	72,75	123,05	212,86	59,47
2000-01	4,44	98,25	215,79	75,42	129,68	217,23	64,97
2000-02	4,52	101,19	215,30	78,86	134,97	217,18	66,78
2000-03	4,62	104,71	215,37	80,75	139,76	218,79	70,00
2000-04	4,75	104,54	217,39	79,16	139,84	221,79	71,15
2001-01	4,89	102,82	227,68	76,73	136,30	226,11	68,63
2001-02	5,01	98,46	215,97	71,79	129,40	214,15	65,76
2001-03	5,16	92,40	215,78	71,10	124,47	211,02	65,17
2001-04	5,32	89,39	212,81	69,04	120,27	205,69	62,18
2002-01	5,48	89,14	213,12	72,36	122,19	205,18	63,23
2002-02	5,64	92,88	227,73	77,64	129,38	217,99	67,77
2002-03	5,78	94,04	241,98	83,01	132,02	231,99	73,40
2002-04	5,92	92,76	245,49	84,90	133,79	238,39	76,01
2003-01	6,05	93,78	262,81	88,84	137,00	258,07	83,89
2003-02	6,18	93,66	272,68	92,21	137,51	266,36	83,04
2003-03	6,34	95,68	274,65	97,49	138,29	265,60	87,45
2003-04	6,46	100,47	297,42	107,74	144,40	289,89	94,21
2004-01	6,58	104,12	317,61	114,70	150,86	309,76	106,13
2004-02	6,72	108,49	319,44	121,26	160,02	313,70	109,11
2004-03	6,89	111,06	327,05	123,74	164,33	324,53	110,68
2004-04	7,07	113,70	351,95	133,61	172,37	349,81	119,03
2005-01	7,23	116,27	354,32	137,46	176,03	353,64	122,94
2005-02	7,44	120,23	358,01	143,06	180,31	356,57	129,49

Jahr - Quartal	Angebot mio TEU Nominale weltweite Containerkapazität	Nachfrage Exporte Nord Amerika	Exporte OECD - Europa	Exporte Fernost	Importe Nord Amerika	Importe OECD - Europa	Importe Fernost
2005-03	7,68	123,31	357,09	147,03	186,19	357,33	134,12
2005-04	7,95	130,03	358,79	150,82	196,85	360,77	139,33
2006-01	8,21	133,99	378,25	159,90	199,35	379,52	147,61
2006-02	8,53	137,45	404,33	168,05	205,41	405,62	151,12
2006-03	8,87	140,11	410,53	176,85	211,28	416,96	159,39
2006-04	9,79	142,36	426,12	181,75	206,51	429,92	160,93
2007-01	9,57	144,00	440,66	191,31	209,25	442,90	164,88
2007-02	9,90	150,35	454,32	199,53	215,74	459,29	174,44
2007-03	10,25	157,33	475,46	208,68	222,59	483,66	180,76
2007-04	10,58	161,86	503,14	216,75	228,93	511,98	195,66
2008-01	10,90	168,65	540,62	229,65	236,11	548,10	213,53
2008-02	11,29	178,31	567,88	241,72	245,89	575,96	227,97

Anlage 5: Programmcodes aus MATLAB zur Monte-Carlo-Simulation

```
% Skript-File: greeks
% Das Programm greeks.m berechnet und zeichnet die dynamischen
% Kennzahlen einer  europäischen Call-Opton: Delta, Gamma, Vega
% und Theta.
%%%%%%%%%%%%%%%%%%%%%%%%PARAMETERWERTE%%%%%%%%%%%%%%%%%%%%%%%%%%%
X=19.54; r=0.03; sigma=0.21; T=1; S=[17:0.1:25.5]; t=0;
%%%%%%%%%%%%%%%%%%%%%%%%%%%%%%%%%%%%%%%%%%%%%%%%%%%%%%%%%%%%%%%%%%%%
style = ':-.';
for j=1:3
   t=0.4*(j-1);
   d1=(log(S/X)+(r+0.5*sigma^2)*(T-t))/(sigma*sqrt(T-t));
   d2=d1-sigma*sqrt(T-t);
   n1=0.5*(1+erf(d1/sqrt(2)));
   n2=0.5*(1+erf(d2/sqrt(2)));
   n=exp(-d1.^2/2)/sqrt(2*pi);
   % Berechnung und grafische Darstellung der Kennzahl Delta
   subplot(3,2,1), plot(S,n1,style(j))
   xlabel('Basiswert')
   ylabel('Delta')
   hold on
   title('Dynamische Kennzahlen für Fernost-Nord Amerika')
   % Berechnung und grafische Darstellung der Kennzahl Gamma
   subplot(3,2,2), plot(S,n./(S*sigma*sqrt(T-t)),style(j))
   xlabel('Basiswert')
   ylabel('Gamma')
   hold on
   % Berechnung und grafische Darstellung der Kennzahl Vega
   subplot(3,2,3), plot(S,S*sqrt(T-t).*n,style(j))
   xlabel('Basiswert')
   ylabel('Vega')
   hold on
   % Berechnung und grafische Darstellung der Kennzahl Theta
   subplot(3,2,4), plot(S,-S*sigma.*n./(2*sqrt(T-t))...
      -r*X*exp(-r*(T-t))*n2,style(j))
   xlabel('Basiswert')
   ylabel('Theta')
   hold on
End
```

```
% Funktion-File: putpreis
% Die Funktion PUT = PUTPREIS(S,X,r,sigma,T) berechnet den Preis
% einer europäischen Put-Option mittels Monte-Carlo-Simulationen
function put = putpreis(S0,X,r,sigma,T)
randn('state',3);
n=50; h=1/n; M=10000;
% Simultane Erzeugung der Wiener-Prozesse zu M Pfaden
dW=sqrt(h)*randn(n,M);
% Simultane Berechnung der Kurse für alle M Pfade
S=zeros(n+1,M);
S(1,:)=S0; % Anfangswerte
for i=1:n
  S(i+1,:)=S(i,:).*(1+r*h+sigma*dW(i,:));
End
% Simultane Berechnung der Auszahlungsfunktion
```

```
payoff=max(0,X-S(n+1,:));
% Simultane Berechnung des Schätzers und der Optionspreise
put=exp(-r*T)*(cumsum(payoff)./(1:M));
```

```
% Skript-File: putpreise
% Das Programm putpreise.m zeichnet eine Grafik der Putpreise
% der Seefrachtraten von sechs verschiedenen Tradelanes
% in Abhängigkeit von der Anzahl der Monte-Carlo-Simulationen
%%%%%%%%%%%%%%%%%%%%%%%%%%PARAMETERWERTE%%%%%%
%%%%%%%%%%%%%%%%%%%%%%%
r=0.03; T=1;
%%%%%%%%%%%%%%%%%%%%%%%%%%%%%%%%%%%%%%%%%%%%%%
%%%%%%%%%%%%%%%%%%%%%%%%%%%
plot(putpreis(13.50,19.54,r,0.21,T),'m-')
hold on
plot(putpreis(6.20,9.30,r,0.33,T),'r-')
plot(putpreis(7.25,13.34,r,0.34,T),'g-')
plot(putpreis(5.75,9.83,r,0.29,T),'b-')
plot(putpreis(10.10,15.15,r,0.25,T),'k-')
plot(putpreis(4.90,7.88,r,0.33,T),'c-')
legend('Fernost-Nord Amerika','Nord Amerika-Fernost',...
   'Europa-Nord Amerika','Nord Amerika-Europa',...
   'Fernost-Europa', 'Europa-Fernost')
xlabel('Anzahl der Simulationen')
ylabel('Preise (USD)')
title('Preise der Put-Optionen')
```

```
% Funktion - File: call
% Die Funktion C = CALL(S,X,r,sigma,T) berechnet die Prämie
% einer europäischen Call-Option gemäß der Black-Scholes Formel
function C = call(S,t,X,r,sigma,T)
d1=(log(S/X)+(r+0.5*sigma^2)*(T-t))/(sigma*sqrt(T-t));
d2=d1-sigma*sqrt(T-t);
n1=0.5*(1+erf(d1/sqrt(2)));
n2=0.5*(1+erf(d2/sqrt(2)));
if (T-t)>0
   C=S.*n1-X*exp(-r*(T-t))*n2;
Else
   C=max(S-X,0);
End
```

```
% Funktion - File: put
% Die Funktion P = PUT (S,X,r,sigma,T) berechnet den Preis
% einer europäischen Put-Option gemäß der Black-Scholes-Formel.
function P = put(S,t,X,r,sigma,T)
d1 = (log(S/X)+(r+0.5*sigma^2)*(T-t))/(sigma*sqrt(T-t));
d2 = d1-sigma*sqrt(T-t);
n1 = 0.5*(1+erf(-d1/sqrt(2)));
n2 = 0.5*(1+erf(-d2/sqrt(2)));
if (T-t)>0
   P = X*exp(-r*(T-t))*n2-S.*n1;
Else
   P=max(X-S,0);
End
```

```
% Skript-File: restlaufzeitdescalls
% Das Programm restlaufzeitdescalls.m zeichnet die Werte einer
% europäischen Call-Option auf die Tradelane
```

```
% "Fernost-Nord Amerika" in Abhängigkeit des Basiswerts S und
% der Zeit t
%%%%%%%%%%%%%%%%%%%%%%%%%PARAMETERWERTE%%%%%%%%%%%%%%%%%%%%%%%%%%%%%
S=[0:27]; X=19.54; T=1; r=0.1; sigma=0.21;
%%%%%%%%%%%%%%%%%%%%%%%%%%%%%%%%%%%%%%%%%%%%%%%%%%%%%%%%%%%%%%%%%%%%%%%%%
hold on
for t=0:0.2:1
   C=call(S,t,X,r,sigma,T);
   plot(C,'g')
End
gtext({'t=0'})
gtext({'t=1'})
xlabel('Basiswert')
ylabel('Optionswert')
title('Werte einer europäischen Call-Option')
```

```
% Skript-File: restlaufzeitdesputs
% Das Programm restlaufzeitdesputs.m zeichnet die Werte einer
% europäischen Put-Option auf die Tradelane
% "Fernost-Nord Amerika" in Abhängigkeit des Basiswerts S und
% der Zeit t
%%%%%%%%%%%%%%%%%%%%%%%%%PARAMETERWERTE%%%%%%%%%%%%%%%%%%%%%%%%%%%%%
S=[0:27]; X=19.54; T=1; r=0.1; sigma=0.21
%%%%%%%%%%%%%%%%%%%%%%%%%%%%%%%%%%%%%%%%%%%%%%%%%%%%%%%%%%%%%%%%%%%%%%%%%
hold on
for t=0:0.2:1
   P=put(S,t,X,r,sigma,T);
   plot(P,'b')
end
gtext({'t=0'})
gtext({'t=1'})
xlabel('Basiswert')
ylabel('Optionswert')
title('Werte einer europäischen Put-Option')
```

```
% Skript-File: preisgrenzen
% Das Programm preisgrenzen.m zeichnet die Preisgrenzen
% für einen amerikanischen Put auf die Seefrachtrate der
% Tradelane "Fernost-Nord Amerika" bei bekanntem Preis des
% zugehörigen europäischen Puts
%%%%%%%%%%%%%%%%%%%%%%%%%PARAMETERWERTE%%%%%%%%%%%%%%%%%%%%%%%%%%%%%
X=19.54; r=0.1; sigma=0.21; T=1; t=0; S=[0:50];
%%%%%%%%%%%%%%%%%%%%%%%%%%%%%%%%%%%%%%%%%%%%%%%%%%%%%%%%%%%%%%%%%%%%%%%%%
plot(put(S,t,X,r,sigma,T),'g-')
hold on
plot(max(X-S,0),'b-')
plot(put(S,t,X,r,sigma,T)+(1-exp(-r*(T-t)))*X,'r-')
gtext({'<- pos. Zeitwert'})
gtext({'neg. Zeitwert ->'})
xlim([0 50])
xlabel('Basiswert S')
ylabel('Optionspreis')
```

```
legend('europ.Put','Payoff')
title('Preisgrenzen für einen amerikanischen Put')
```

```
% Skript-File: vergleich
% Das Programm vergleich.m zeichnet die Optionswerte
% einer europäischen und einer amerikanischen Put-Option
% auf die Tradelane "Fernost-Nord Amerika"
%%%%%%%%%%%%%%%%%PARAMETERWERTE%%%%%%%%%%%%%%%
%%%%
X=19.54; r=0.1; sigma=0.21; T=1; t=0; S=[0:50];
%%%%%%%%%%%%%%%%%%%%%%%%%%%%%%%%%%%%%%%%%%%
%%%%%%%
plot(put(S,t,X,r,sigma,T),'g')
hold on
AP=aput(X,r,sigma,T,1);
plot(AP(1,:),AP(2,:))
xlim([0 50])
xlabel('Basiswert S')
ylabel('Optionspreis')
legend('europ.Put','amerik.Put')
title('Preise einer amerikanischen und einer europäischen Option')
```

```
% Funktion - File: aput
% Die Funktion AP = APUT(X,r,sigma,T,omega) berechnet die Werte
% einer amerikanischen Put-Option mit der Crank-Nicolson-
% Diskretisierung und dem Projektions-SOR-Verfahren
function AP = aput(X,r,sigma,T,omega)
a=5; N=100; M=5;
T0=sigma^2*T/2;              % transformierte Endzeit
h=2*a/N;                     % Ortsschrittweite
s=T0/M;                      % Zeischrittweite
alpha=s/h^2; k=2*r/sigma^2;    % Abkürzungen
x=[-a:h:a]; S=X*exp(x);        % Abkürzungen
% Definition von f(i,j)
for j=1:M+1
   f(:,j)=exp(0.5*(k-1)*x+0.25*(k+1)^2*(j-1)*s*ones(1,N+1))'...
      .*max(0,1-exp(x))';
End
u=f(:,1)'; loop=zeros(1,N+1);    % setzt M < N+2 voraus
% Projektons-SOR-Verfahren
for j=1:M
   u(1)=f(1,j+1); u(N+1)=f(N+1,j+1);
   b(2:N)=(alpha/2)*(u(1:N-1)+u(3:N+1))+(1-alpha)*u(2:N);
   b(1)=(1-alpha)*u(1)+(alpha/2)*u(2)+(alpha/2)*(f(1,j)...
      +f(1,j+1));
   b(N+1)=(alpha/2)*u(N)+(1-alpha)*u(N+1);
   tol=1e-10; error=1;
   while error>tol
      error=0;
      for i=2:N
         z=((alpha/2)*(u(i-1))+b(i))/(alpha+1);
         z=max(u(i) +omega*(z-u(i)),f(i,j+1)');
         error=error+(u(i)-z)^2;
         u(i)=z;
      End
      loop(j)=loop(j)+1;
   End
end
% Rücktransformation
```

```
Preis=X*exp(-0.25*(k+1)^2*T0)*exp(-0.5*(k-1)*x).*u;
AP=[S;Preis;loop];
```

Anlage 6: Protokolle der Experteninterviews

Experteninterview mit **Dr. Wolfgang Dräger**,

Senior Vice President Global Product Management Ocean Freight, Schenker AG

Datum: 11.09.2009

1. Welchen Anteil hat der Markt für Spedition im interkontinentalen Containerseeverkehr?

Der relevante Markt für Speditionen beträgt ca. 1/3 des Gesamtmarktes. Die Großkunden und Commodity-Segmente sind nach wie vor in der Hand der Reeder. Dieser Anteil wurde auf Basis der Einschätzungen durch Reeder und Spediteure ermittelt.

2. Einschätzung des Risikos
   a. Welchen Anteil hat der Markt für Spedition im interkontinentalen Containerseeverkehr?

Der relevante Markt für Speditionen beträgt ca. ein Drittel des Gesamtmarktes. Hauptsächlich das mittlere und untere mengenmäßige Kundenaufkommen wird von Logistikdienstleistern bedient, während Reedereien die oberen zwei Drittel direkt bearbeiten.

   b. Wie hoch schätzen Sie das Risiko durch schwankende Frachtraten ein (Skala 1, niedrig bis 5, hoch)?

Das Risiko durch schwankende Frachtraten ist hoch und daher auf der Skala mit fünf zu bewerten.

   c. Wodurch sind die Schwankungen der Frachtraten bedingt?

Die Schwankungen der Frachtraten haben zahlreiche Faktoren als Ursache. Die messbaren Faktoren sind insbesondere Angebot und Nachfrage nach Schiffskapazität, die den Marktpreis beeinflussen. Ein Teil zusätzlicher Einflüsse ist allerdings nicht direkt messbar. Dazu zählen die Haltung der Kunden den Dienstleistern, also den Spediteuren oder Reedereien, gegenüber, das strategische Ziel einer Marktführerschaft der Reedereien auf den einzelnen Tradelanes, vor allem aber die Einschätzung des Marktes in der Zukunft von den einzelnen Beteiligten.

Auch sind langfristige Trends zu beachten, zu denen auch Skaleneffekte in den Transportketten zählen. Die Globalisierung hat hierzu bedeutend beigetragen, so dass in manchen Marktsegmenten eine weitere Steigerung bereits limitiert ist.

d. Welche Auswirkungen hat das Risiko durch Schwankungen der Frachtpreise im Seeverkehr?

Für die Verlader ist die geringe Planbarkeit der Produktpreise eine Herausforderung. Dieses Risiko wird z.T. auf die Anbieter übertragen, indem Seefrachtverträge über einen möglichst langen Zeitraum abgeschlossen werden. Derzeit bezieht sich dies meistens auf die Großkunden, die bei Spediteuren traditionell einen geringeren Anteil am Gesamtumsatz haben. Das Risikoabdeckung der restlichen Kunden erstreckt sich maximal auf ein Quartal und ist somit limitiert. In der Regel wird eine Spot-Rate mit einer marktüblichen Marge an die Kunden offeriert.

3. Durch welche Maßnahmen könnte man das Risiko verringern?

Preisabsprachen, wären diese erlaubt, sind ein denkbares Instrument. Allerdings ist an eine Umsetzung nicht denkbar. Ein Leitindex läuft Gefahr, von einer Seite „geschönt" zu werden und kann daher mehr schaden als nutzen.

4. Optionen als Absicherung
   a. Was ist Ihre generelle Meinung von Optionen und halten Sie ein Optionsscheinmodell zur Absicherung des Risikos im Seefrachten-Markt für realistisch?

Optionen als Instrument der Absicherung sind ein nützliches Instrument. In der Seefracht würden sie aber eher für größere Einzelgeschäfte über einen längeren Zeitraum dienen, da ansonsten der administrative Aufwand für das Tagesgeschäft zu hoch wäre.

Auch Kunden würden erst auf ein Absicherungsmodell zurückgreifen, wenn sie das Risiko aus Frachtratenschwankungen nicht auf den Spediteur oder die Reederei übertragen könnten.

   b. Ist das gezeigte Preisniveau im Modell durchsetzbar?

Bei einer Basisrate von 500 USD, 400 USD BAF, 50 USD CAF und PSS 150-250/ TEU wären vermutlich Kunden bereit, eine Prämie von max. 25 USD/ TEU zu zahlen, um sich gegen ansteigende Frachtraten abzusichern.

Allerdings sind die großvolumigen Verträge fast ausschließlich auf All-In-Raten gepreist, so dass die Bezeichnung der Basisfracht schwierig ist.

5. Zukünftige Entwicklung
   a. Würde ein solches Modell eingeführt, welche Parteien sind an einem solchen Modell beteiligt?

Schiffseigner, Reedereien, Verlader, Spediteure und Banken sind die traditionellen Parteien in der containerisierten Seeschifffahrt, die auch direkt oder indirekt an einem solchen Modell partizipieren würden. Auch die Politik und Verbände würden ein Augenmerk auf ein solches Modell legen. Die EU-Wettbewerbskommission würde sich dies genauer ansehen, ebenso die FMC in den USA.

b. Würde sich das Risiko durch dieses Modell realistisch verringern?

Nein, das Risiko selbst würde sich nicht ändern, denn Demand/Supply haben eine zu große Wirkung, als dass ein Absicherungsinstrument diesen Effekt verringert.

Experteninterview mit **Dr. Hans-Heinrich Nöll**,

Hauptgeschäftsführer Verband Deutscher Reeder

Datum: 14.10.2009

1. Einschätzung des Risikos
   a. Wie hoch schätzen Sie das Risiko durch schwankende Frachtraten ein (Skala 1-5)?

Das Risiko durch schwankende Frachtraten wird auf 4-5 eingeschätzt.

   b. Wodurch sind die Schwankungen der Frachtraten bedingt?

Die Veränderung der Frachtraten über Zeit kann in vier Kategorien unterteilt werden, die teilweise in Abhängigkeit zueinander stehen:

1. Die auf dem Markt verfügbare nominale Schiffskapazität ist das primär beeinflussende Element der Preisbildung. Dieses setzt sich aus eigenen und gecharterten Schiffen der Reedereien zusammen. In Zeiten gleichmäßiger Marktentwicklungen kann durch Einsatz von Schiffscharter kurz- bzw. mittelfristig auf Nachfragespitzen oder -tiefen reagiert werden. Allerdings erzielt dieses Instrument der Reedereien ab einem gewissen Grad an Nachfragewachstum oder Nachfrageverfall keine Wirkung. Da das Angebot daher nur zäh und stufenweise der Nachfrage folgt, folgern Änderungen der Preisniveaus unmittelbar.

2. Die nachfrageorientierte Preispolitik in der containerisierten Seeschifffahrt wird durch die oligopolistische Marktstruktur zu einer wettbewerbsorientierten Preispolitik. Die an diesem Wettbewerb teilnehmenden Linienreedereien konkurrieren mittels Kapazitäten über Marktanteile. Daher bestimmt nicht nur die Nachfrage über das zur Verfügung gestellte Angebot, sondern auch die Wettbewerbssituation bzw. der daraus resultierende Handlungsdruck, wodurch Veränderungen in Frachtraten begünstigt werden.

3. Die Volatilitäten werden zusätzlich durch freie Chartertonnage begünstigt, die nicht selbst durch die Linienreedereien in Auftrag gegeben und die sie folglich nicht selbst kontrollieren. Bei kurz- bis mittelfristigen Nachfrageschwankungen entsteht Wettbewerb über diese Kapazität, die von unabhängigen Teilnehmern beeinflusst wird.

Die Chartertonnage beeinflusst daher die Frachtraten, auch wenn die Vergangenheit gezeigt hat, dass die Verläufe der Raten nicht stets parallel waren.

4. Bei Analyse der Ratenverläufe von Ende 2007 bis Ende 2009 wird der vierte Einflussfaktor auf Schwankungen der Marktpreise deutlich. Der

Ratenverfall in diesem Zeitraum war vor allem am Anfang durch erwartete Entwicklungen geprägt. Die Frachtraten sind schneller gesunken, als die Nachfrage im Verhältnis zum Angebot abgenommen hat. Dieser Faktor auf Volatilitäten der Raten ist nur schwer antizipierbar.

Ein aussagekräftiges Verhältnis von Angebot, Nachfrage und Wettbewerb als Indikator für zukünftige Ratenentwicklungen ist bei Betrachtung der Summe aus den vier Faktoren schwer zu identifizieren.

c. Welche Auswirkungen hat das Risiko durch Schwankungen der Frachtpreise?

Frachtraten sind eine der Haupteinnahmequellen der Linienreedereien. Verändern sich diese, nimmt dies direkten Einfluss auf das operative Ergebnis. Die dem entgegenstehenden Kosten sind wie zuvor beschrieben kurzfristig kaum anzupassen. Fixe Kosten haben bei Linienreedereien einen relativ hohen Anteil am Gesamtaufwand, die sich hauptsächlich aus Schiffsbetriebskosten, Versicherungskosten und den Kapitalkosten zusammensetzen. Letztere wirken mit einem zusätzlichen Risiko auf die Linienreedereien, da die Kapitalkosten zeitlich versetzt und daher unabhängig zum Betrieb und somit zur Erlössituation auftreten.

Da wie zuvor festgestellt die Schwankungen von Frachtraten durch den Markt und Wettbewerb beeinflusst werden, ist eine Antizipation der Ergebnissituation von Linienreedereien nur ungenau möglich.

2. Durch welche Maßnahmen könnte man das Risiko verringern?
   a. Wären Preisabsprachen möglich, würden diese das Risiko verringern?

Am 18. Oktober 2008 ist die europäische Gruppenfreistellungsverordnung für Konferenzen in der Linienschifffahrt aufgehoben worden. Der containerisierte Schifffahrtsmarkt ist dadurch anderen freien Märkten gleichgestellt, in denen Kartelle verboten sind. Weiterhin möglich ist die Bildung von Konsortien auf technisch/wirtschaftlicher Basis, allerdings ohne Preisabsprachen, zur Schaffung von Synergieeffekten auch im Interesse der Verlader.

b. Gäbe es einen Leitindex, wäre dies ein Ansatz?

In den Leitlinien zum Kartellrecht ist angemerkt, dass die kartellrechtlich unerwünschten Ergebnisse auch nicht mittelbar, z.B. durch einen Austausch von marktrelevanten Informationen, herbeigeführt werden dürfen.

Wird ein Index aus aufgezeichneten Informationen durch Dritte gebildet, wird dadurch lediglich die Vergangenheit abgebildet. Gibt ein Leitindex aktuelle Marktinformationen wieder, ist dies vergleichbar mit einem Austausch marktrelevanter Informationen und somit rechtlich problematisch.

c. Welche weiteren Modelle könnten das Risiko verringern?

In Bezug auf die europäischen Leitlinien zur Anwendung des Kartellrechts in der Seeschifffahrt ist jedes Modell, das einem Austausch von Informationen oder der Bildung von Kartellen ähnelt, verboten. Die Linienschifffahrt ist daher anderen freien Marktbereichen gleichgestellt.

3. Optionen als Absicherung
   a. Halten Sie ein Optionsscheinmodell zur Absicherung des Risikos im Seefrachten-Markt für realistisch?

Ich bin skeptisch.

b. Ist das Preisniveau im Modell durchsetzbar (Anlage 1)?

Ein solches Preismodell gehört in den Bereich der Entwicklung des Marktes (Evolution) und ist daher parallel den Bedürfnissen der Teilnehmer zu sehen.

Weitere Aussagen über die Abschätzungen zu Preisniveaus entziehen sich daher einer realistischen Aussage.

Expert interview with **Jakob Tolstrup Møller,** BOXTON Maritime AS and **Capt. Franck J Kayser,** Managing Director, The Containership Company

Date: November 10, 2009

1. Risk assessment
   a. How do you rank the current risk in containerized ocean freight (Scale 1, low – 5, high)?

The current risk in containerized ocean shipping is currently ranked as very high.

   b. Which impact does risk out of volatile freight rate has on the market participants?

The freight rate volatility makes it difficult for market participants to enter into contracts with the customers. This is valid for all kinds of products, which need to be transported in containerized ocean freight. The reason is that with volatile freight rates companies' ability to estimate exact costs and hence plan product prices is limited. Therefore volatility directly relates into risk in each contract negotiation for both counterparts.

Volatility in ocean freight rates can also be understood as a barrier to the market, in terms of closing deals. Those, who are able to limit their risk, are able to perform a more exact profit and loss calculation and therefore need to ask for a smaller premium in terms of profit margin. Those who are directly faced with the volatility need to build in another cost factor to cover that risk. Hence risk is an additional factor in the sellers or buyers cost planning.

2. By which measures risk could be lowered or hedged?
   a. If price fixings were allowed, would this lower the risk?

The agreement on prices among competitors would not change the cost situation of the shippers. In price fixings, liner companies would estimate a certain rate level necessary for a defined period of time. The volatility would be priced into the all-in rate, which is above the true market level. Hence the volatility would be lower, but in effect the cost the same or even higher.

   b. Would a leading index of freight rates help?

An index showing a median price per Tradelane would stabilize the market. The precondition needs to apply that it is based on actual freight rates, which need to be transparent to all participants. The market volatility would not be diminished, but based on the index, instruments to hedge the risk out of volatility can be calculated and traded. It also helps to understand the market developments or cycles. Today one reason for volatile markets is the intransparency of the rates, also because of the different methodologies to include surcharges. Currently there are about more than 120 surcharges in place, which are separate from the freight rate.

c. Do you think any that other instrument, which is currently not available at the market, could help hedging the risk?

If the selling or buying parties are able to limit or evaluate future freight rate developments more precisely and not only to hedge the surcharges, all parties profit from a sharper price calculation.

3. Options on freight rates
   a. Do you evaluate an option, compared to those already available in financial markets, as a realistic instrument to be implemented?

Any fair priced derivative could be used to hedge the risk out of volatile freight rates.

b. Will the price level for options be accepted (see attachment 1)?

The price level of the theoretically calculated option premiums are too high to be accepted by the market. Instead of a full hedge, the market would only require and be able to pay for an instrument, which partly covers the risk up to a certain risk level. Otherwise the Strikes need to be set to a higher level, to lower the option prices.

Depending on the market expectation at that point of time, the rates' cycle and the single Tradelanes, customers would accept a premium to insure the risk up to 10% of the total transportation cost, or even up to their calculated profit.

c. What needs to be changed?

A prerequisite for the stability of the instruments in the market is the liquidity. The market makers (i.e. the banks) need to ensure that the derivatives are tradable at all time to a fair price.

The benefit is that the container business is the only commodity worldwide, which is a pre-defined standard in itself. Hence the product quality for shipping containers from Point A to B is fully transparent.

By focussing on pure freight rates, on the one hand an implementation would be difficult, as offered rates are usually combined with other surcharge elements, which follow volatility, depending on other influences than the freight rate. On the other hand, an option to hedge the risk of containerized ocean freight needs to have the pure freight rate, or an index out of it, as the underlying. Only this enables the market participants to hedge the risk relating from freight rate volatility.

4. Future Development

a. If options on containerised freight rates were available at the market, which parties would be involved?

The initial parties being involved will be the direct stakeholders of the ocean transportation, which are the liner companies, the shippers and the financiers. On top of these group speculators (mainly banking institutes) are participating in the market, which will cover a large portion of the traded volume. Those are purely trading the derivatives without a true underlying risk.

b. If carriers could hedge their risk against volatile freight rates, which effect would this have for their financial/strategic planning?

Those which are effectively hedging their risk are more successful on a long term perspective. Especially in times were short term developments endanger the financial stability, those companies survive, which were able to manage the risk properly.

c. By implementing those instruments, will the carriers' role be changed?

The hedging of risks will not change the role of the carriers, as their primary task is still to transport containers and receiving fees in form of freight rates.

Instruments, hedging risk of market volatility, are changing the way of making business today in terms of the mindset how – for which periods – agreements are closed. All cost elements will become or made transparent so that trading on ocean freight transportation is turning into a more structured market.

d. Would options change the market development of containerised ocean freight?

The market structure would become more transparent, but it is not changing its development. Containerized ocean freight is an enabler to release the competitive advantage between countries. Thus it is driven by world trade, which needs a freight element.

e. Would banks take a more dominant role or even directly influence the market?

Firstly the market will be too transparent so that no single institutes can drive e.g. option prices in one way or the other. Secondly, dominance in a market, in terms of influencing market developments, needs investment. Currently banking institutes are not able or have other interests than influencing the derivatives market of containerized ocean freights. Thirdly the current situation shows, that the possible clients for banks emitting derivatives are not necessarily bound to hedge their risk. Therefore a dominant role cannot be reached, as no one is fully dependent on hedging instruments.

Further on smaller market participants will disappear as there are loosing trust in the market. With that the liquidity is decreasing, which cannot be in the interest even of the dominant player.

f. Do freight options have an influence on the relationship between carriers and their customers (shippers/ forwarders)?

The key issue, which in market phases like the current one, comes up, are the discussions about used and non-used space. To hedge risk with options, the two parties need to close agreements on a space used/ non-used basis, which is necessary to work in a certain frame.

Experten-Interview mit dem Leiter Logistik eines führenden Technologie- und Dienstleistungsunternehmens mit ca. 50 Mrd. EUR Umsatz

Datum: 19.11.2009

1. Einschätzung des Risikos
    a. Wie hoch schätzen Sie das Risiko durch schwankende Frachtraten ein (Skala 1, niedrig – 5, hoch)?

Aus allgemeiner Sicht des Marktes ist das Risiko auf der Skala mit 5 zu bewerten. Allerdings lässt sich das Risiko von großen Verladern mit 3-4 einschätzen, da bereits ein Teil des wirtschaftlichen Einflusses aus schwankenden Frachtraten abgefedert werden kann. Dies geschieht mittels Bündelung von Volumen, so dass der Abschluss von Frachtraten bereits unter Marktniveau liegt.

   b. Welche Auswirkungen hat das Risiko durch Schwankungen der Frachtpreise im Seeverkehr auf Ihr Unternehmen?

Die wirtschaftlichen Auswirkungen des Risikos durch volatile Frachtrate lassen sich in drei Dimensionen aufteilen.

Zum einen gefährdet die unsichere Kostenbasis, vor allem bei steigenden Raten, die Planungssicherheit der Deckungsbeiträge. Dies gilt besonders für Produkte mit hohem Anteil der Transportkosten an den Gesamtkosten, was vor allem bei voluminösen Sendungen mit geringerem Gesamtwert auftritt.

Zum anderen entsteht durch die Verfügbarkeit von Laderaum ein weiteres Risiko, welches u.a. durch das Niveau der Frachtraten beeinflusst ist.

Die dritte Dimension stellt die Qualität der Leistungen dar. Steigen die eigenen Frachtraten geringer als das Marktniveau, entsteht eine potenzielle Gefahr, dass sich Laufzeiten verlängern bzw. die Qualität des gesamten Transportablaufs, durch den Carrier bedingt, verringert.

Diese Risiken sind bekannt und werden durch vertragliche Maßnahmen in Form genauer Spezifikationen reduziert.

2. Durch welche Maßnahmen könnte man das Risiko verringern?
    a. Gäbe es einen Leitindex, wäre dies ein Ansatz?

Die internen Überlegungen des Unternehmens zu diesem Thema fokussieren sich auf einen Leitindex. Andere Unternehmen im Marktumfeld haben bereits mit vergleichbaren Modellen begonnen, in der Verladerschaft einen Leitindex zu etablieren. Der Anspruch ist allerdings, eine neutrale Transparenz zu schaffen, die die Realität und nicht die Ziele einzelner Parteien wie z.B. der Carrier abbildet.

   b. Welche weiteren Modelle könnten das Risiko verringern?

Durch einen Abschluss von Frachtraten über einen längeren Zeitraum von bis zu zwei Jahren lässt sich das Risiko zumindest auf der Verladerseite reduzieren. Allerdings muss mit diesem Mechanismus bereits eine Risikoprämie gezahlt werden. Dies geschieht in Form eines Ratenabschlusses über dem aktuellen Marktniveau. In diesen Fällen überwiegt die Planungssicherheit. Die genaue Höhe wird im Rahmen der Ausschreibung herausgearbeitet.

Bei Forderungen von Preisreduktionen im Rahmen des marktüblichen Niveaus werden Ratenbindungen um den gleichen Zeitraum verlängert, um dem Carrier eine Sicherheit zu bieten.

2. Optionen als Absicherung
   a. Halten Sie ein Optionsscheinmodell, vergleichbar denen am Finanzmarkt, zur Absicherung des Risikos im Seefrachten-Markt für realistisch?

Ein Optionsscheinmodell bedarf gewisser Voraussetzungen, die im Unternehmen geschaffen werden müssen. Zum einen ist dies das generelle Verständnis für derivative Instrumente bzw. konkret Optionsscheine. Kleinere und mittelgroße Verlader sind zur Analyse des abzusichernden Risikos und für den Handel mit diesen Instrumenten zum Großteil nicht entsprechend aufgestellt. Auch die Umsetzbarkeit ist eingeschränkt.

Bei großen Unternehmen ist im Gegensatz in den Fachabteilungen (z.B. im Treasury) das notwendige Wissen vorhanden. Allerdings sind die Zahlungsströme komplexer, da die Erfassung des Bedarfs und der Einkauf von Logistikdienstleistungen sowie zusätzlich die Absicherung des Risikos von unterschiedlichen Organisationseinheiten durchgeführt werden. Die Dezentralität der Aufgabenverteilung bildet eine erhebliche Hürde. Zu klären wäre, wer für zusätzliche Absicherungen bei sich stark verändernden Marktpreisen aufkommt, wenn Derivate nachgekauft werden müssten.

   b. Ist Preisniveau im Modell auf einem tragbaren Niveau (siehe Anlage 1)?

Das Preismodell zeigt die Herausforderung, dass Unternehmen häufig Door-to-Door-Dienstleistungen einkaufen. Eine Absicherung der einzelnen Frachtraten verändert zwar nicht das Risiko, jedoch die Vergleichbar- und somit Messbarkeit des tatsächlichen Underlyings.

Das theoretisch berechnete Preisniveau im Vergleich zur Tragbarkeit in der Realität zu hoch.

   c. Was müsste am Modell verändert werden?

Die Modellannahmen sind z.T. nicht in der Realität wiederzufinden bzw. lassen sich in der Realität nicht implementieren. Daher sind bei Überleitung in den Markt die Annahmen zu überprüfen.

3. Zukünftige Entwicklung
   a. Wäre ein Optionsscheinmodell am Markt verfügbar, welche Parteien sind an einem solchen Modell beteiligt und mit welcher Funktion (Schiffseigner, Reedereien, Verlader, Spediteure, Banken, Verbände, Politik)?

Die Hauptakteure im Markt mit Optionsscheinen auf Frachtraten sind die am Frachtstrom beteiligten Parteien, die also physisch handeln. Dies sind die Reedereien und Verlader. Allerdings sind zur reinen Absicherung des Risikos dies Spediteure nicht notwendig: Jedoch sind die Banken ein nicht unerheblicher Stakeholder als Emittent der Instrumente.

In einem gewissen Rahmen müsste auch dieser Markt durch Verbände bzw. politisch-gesetzliche Bedingungen gesteuert werden. Daher sind auch diese Parteien, wenn auch nicht aktiv, an einem Derivate-Markt für Frachtraten beteiligt.

   b. Würde sich das Risiko durch dieses Modell realistisch für Ihr Unternehmen verringern?

Unter den zuvor genannten Voraussetzungen (marktnahe Instrumente, transparente Zahlungsströme innerhalb der Organisation, Anpassung der Annahmen an die Realität etc.) würde der Einsatz von Optionsscheinen das Risiko von volatilen Frachtraten verringern.

   c. Wenn Sie sich gegen Schwankungen der Seefrachtraten absichern könnten, welche Effekte hätte dies auf Ihre Finanzplanung/ strategische Planung?

Der Einsatz von Optionsscheinen zur Absicherung des Risikos würde in einem sehr begrenzten Rahmen stattfinden. Daher haben solche Instrumente vorerst keinen Einfluss auf die Finanz- oder sogar strategische Planung.

   d. Würde sich durch eine abgesicherte Kostenseite die Logistikstrategie/ Standortstrategie Ihres Unternehmens verändern?

Die Logistikstrategie im Rahmen des Sourcings würde sich ebenfalls durch den Einsatz der Instrumente nicht verändern.

   e. Verändert sich die Rolle Ihrer Anbieter von containerisierter Seefracht in der Marktpreisgestaltung, wenn Raten über einen Zeitraum von ein bis zwei Jahren absicherbar wären?

Die Konzentration in Preisverhandlungen bzw. Ausschreibungen würde sich teilweise auf andere Aspekte verlagern.

f. Würde eine Absicherung die Marktentwicklung in Ihrem Segment beeinflussen?

In Bereichen, in denen die Transportkosten einen großen Anteil an den Gesamtkosten haben, erhöht sich die Planungssicherheit bis zu einem Punkt, an dem die Kalkulation des Deckungsbeitrages und somit des Produktpreises deutlich exakter wird. Über eine genauere Preissteuerung lassen sich bei diesen Produkten dann auch Marktanteile gewinnen.

g. Würden die Banken eine dominantere Rolle einnehmen und direkt in den Markt eingreifen?

Die Banken würden zwar eine bedeutendere Rolle im Markt einnehmen, die allerdings nicht als dominant einzustufen ist.

h. Würde sich ein Markt-Preis-Gleichgewicht schneller/verzögert einstellen und somit die Preisgestaltung verändern?

Ein Gleichgewicht aus Nachfrage und Angebot und Preisen würde sich, verglichen mit der jetzigen Situation, schneller einstellen, da mehr Transparenz im Markt vorhanden ist.

Experten-Interview mit

Michael Behrendt, Vorsitzender des Vorstandes und

Peter Ganz, Mitglied des Vorstandes, verantwortlich für das Finanzressort

Hapag-Lloyd AG

Datum: 20.11.2009

1. Einschätzung des Risikos
   a. Wie hoch schätzen Sie das Risiko durch schwankende Frachtraten ein (Skala 1, niedrig – 5, hoch)?

In der containerisierten Seefracht hat sich ein hohes Risiko durch schwankende Frachtraten als geschäftstypisch eingestellt, das auf der Skala mit 4 bis 5 zu bewerten ist.

   b. Welche Auswirkungen hat das Risiko durch Schwankungen der Frachtpreise auf Ihr Unternehmen?

Fixe Kosten haben bei Linienreedereien einen relativ hohen Anteil am Gesamtaufwand. Demgegenüber stehen die Frachtraten als Haupteinnahmequelle, die der bekannten Volatilität unterliegen. Abhängig vom Niveau der Frachtraten, multipliziert mit den Volumina, entstehen dadurch positive oder negative Deckungsbeiträge.

2. Durch welche Maßnahmen könnte man das Risiko verringern?
   a. Wären Preisabsprachen möglich, würden diese das Risiko verringern?

Das Konferenzsystem, das mit Aufhebung der Gruppenfreistellungsverordnung für die Linienschifffahrt am 18. Oktober 2008 – bis aus den Transpazifik-Verkehr – aufgelöst wurde, gab Frachtraten vor, an die die Teilnehmer nicht gebunden waren. Der vereinbarende Charakter einer Rate war daher auch in der Vergangenheit nicht gegeben. Zu Beginn des Konferenzsystems bis in die 20er-Jahre des vergangenen Jahrhunderts konnte man mit einem Informationsaustausch über Frachtraten die Volatilität eventuell verringern. In Anbetracht der Schifffahrtszyklen der jüngeren Zeit hat in Bezug auf die Verringerung des wirtschaftlichen Risikos das Konferenzsystem jedoch keine Wirkung erzielt. Die Antizipation von Überkapazitäten auf die am Markt verfügbareren Schiffskapazitäten hatte nur geringen Effekt auf die Veränderung dieser selbst. Ein Beleg ist auch in der aktuellen Krise zu finden. Im Transpazifik-Verkehr hat, im Vergleich zu den anderen bedeutenden Tradelanes, der stärkste Verfall der Frachtraten stattgefunden, obwohl hier das Konferenzsystem weiterhin Bestand hat. Daher können Preisabsprachen oder Konferenzsysteme zur Verringerung des Risikos nicht als Maßnahme herangezogen werden.

b. Gäbe es einen Leitindex, wäre dies ein Ansatz?

Ein Leitindex zur Reduzierung des Risikos aus schwankenden Frachtraten lässt sich aufgrund von drei Argumenten nur bedingt einsetzen:

1. Die derzeitigen Schätzungen von Marktvolumen und Frachtraten für den gegenwärtigen Zeitpunkt und die Zukunft basieren auf Informationen der Vergangenheit und geben daher kein reales Bild wieder. Dies lässt sich im Nachhinein mit dem Vergleich dieser Forecasts und den tatsächlich eingetretenen Daten belegen. Dabei ist die Qualität der Mengeneinschätzung stets höher als die der Preise.

2. Die mengenmäßige Gewichtung der Preisindizes divergiert mit hoher Wahrscheinlichkeit von der Zusammensetzung des eignen Unternehmens. Folglich ist die Korrelation der Indizes zum Grundgeschäft im Rahmen der vorgegebenen Bandbreiten zu halten, um die notwendigen Hedge-Effektivitäten zu erreichen. Ist dies nicht der Fall, bauen sich Trading-Books auf, die wiederum Ergebnisvolatilitäten auslösen.

3. Das Angebot in Form von Frachtraten beinhaltet häufig weitere Komponenten als nur die reine Rate. Neben Zuschlägen werden häufig die Inlandsverkehre in die Kalkulation mit einbezogen. Ein neutraler Index auf Basis dieses heterogenen Ratengefüges ist daher schwer ermittelbar.

Um die Modellwelt in die Realität zu überführen, bedarf es daher Anpassungen. Als Voraussetzungen für derivative Instrumente muss ein tragfähiger Index existieren.

3. Optionen als Absicherung
   a. Halten Sie ein Optionsscheinmodell, vergleichbar mit denen am Finanzmarkt, zur Absicherung des Risikos im Seefrachten-Markt für realistisch?

Gegeben der zuvor genannten Anforderungen sind auch Optionsscheinmodelle denkbar. Wenn geeignete derivative Produkte vorhanden sind, hilft es dem Markt, da jeder, der an einer Absicherung interessiert ist, auf ein entsprechendes Angebot stößt. Allerdings müssen Unternehmen darauf achten die Hedge-Effektivitäten einzuhalten und, mit oder ohne Hedge-Instrumente, stets eine Liquiditätsreserve vorhalten.

Des Weiteren ist es nicht Unternehmensziel das Kernrisiko der Grundgeschäfte, durch das ein Gewinn erzielt werden soll, vollkommen auszuschließen.

Daher werden die Instrumente im Rahmen einer Beimischungstechnik als Teilabsicherung eingesetzt.

b. Ist das Preisniveau im Modell durchsetzbar (siehe Anlage 1)?

Das theoretisch berechnete Preisniveau ist unabhängig von der Realität zu sehen. Die Höhe der Optionspreise muss jedoch in der Anwendung bestehen. Die Erfahrung lehrt, dass je kleiner die Märkte sind, desto schwieriger ist es, die tatsächlichen Preise zu erzielen. Daher weichen die realen Preise anschließend von einer rein theoretischen Berechnung ab.

4. Zukünftige Entwicklung
   a. Wenn Sie sich gegen Schwankungen der Seefrachtraten absichern könnten, welche Effekte hätte dies auf Ihre Finanzplanung/ strategische Planung?

Die Absicherung von Risiken aus volatilen Frachtraten würde zur Absicherung von „Risikospitzen" verwendet und sich daher lediglich auf die äußeren maximal 25 % der Risikoverteilung reduzieren. Die Ausgrenzung des Kernrisikos ist abgesehen von der herausfordernden Umsetzung nicht das Ziel einer möglichen Planung.

Eine strategische Planung muss sich auf Handlungsfelder beziehen, die zum größten Teil durch proaktive/eigene Maßnahmen erreichbar sind. Die Erreichung strategischer Ziele kann daher nur sehr bedingt durch den Einsatz von Instrumenten erfolgen, die zur Risikoabsicherung eingesetzt werden. Die Entwicklung neuer Märkte oder Produkte bedient sich anderer Maßnahmen. Daher haben derivative Finanzinstrumente nur einen sehr geringen Einfluss auf die strategische Planung.

   b. Würde sich durch eine abgesicherte Ergebnisseite der strategische Fokus Ihres Unternehmens verändern?

Der strategische Fokus des Unternehmens sollte sich nicht durch den Einsatz von derivativen Instrumenten verändern. Die Absicherung von Preisschwankungen in Bunker-Öl bildet ein gutes Beispiel auch für die Absicherung von Frachtraten.

   c. Würden die Banken eine dominantere Rolle einnehmen und direkt in den Markt eingreifen?

Aufgrund der vorherrschend strikten Compliance-Vorgaben innerhalb der Finanzinstitute ist die Einnahme einer dominanteren Position im Markt, z.B. durch die gewonnene Ratentransparenz, auszuschließen.

   d. Haben die Absicherungsinstrumente einen Einfluss auf das Verhältnis zu den Verladern?

Hedgegeschäfte würden die Kundenbeziehungen zu Verladern nicht verändern.

Experten-Interview mit **Chaim Husson Huijsman**

Ehemaliger Leiter Logistik-Einkauf Hewlett-Packard EMEA

Datum: 03.12.2009

1. Einschätzung des Risikos
   a. Wie hoch schätzen Sie das Risiko durch schwankende Frachtraten ein (Skala 1, niedrig – 5, hoch)?

Besonders in der jüngeren Zeit hat sich ein erhebliches Risiko durch schwankende Frachtraten besonders bemerkbar gemacht. Bei einem Ausgangswert im April 2008 von 100 befand sich bereits im August 2008 das Niveau der Frachtraten auf 75, während der Tiefpunkt Anfang 2009 bei 35 erreicht wurde.

Erst in den vergangenen Monaten konnte man sehen, dass die Linienreedereien in gemeinsamer Aktion agieren, um aus dem Ratental zu gelangen. Allerdings ist es wahrscheinlich, dass in Zukunft mindestens ein Reeder ausschert und somit das derzeitige Konstrukt sich selbst aufhebt. Historisch gesehen hat stets ein Wettbewerb geherrscht.

b. Welche Auswirkungen hat das Risiko durch Schwankungen der Frachtpreise im Seeverkehr auf Ihr Unternehmen?

Von schwankenden Frachtraten profitiert, je nach Trendrichtung, stets eine Partei. Bei einem Niveau von 35, wie oben genannt, profitieren die Verlader. Allerdings ist auch bewusst, dass dieses Niveau nachhaltig nicht gehalten werden kann. Auf einem solchen Niveau können selbst die Kostenführer unter den Reedereien nicht produzieren.

Eine Auswirkung für Verlader ist, dass Transportmittel substituiert werden, dies sieht man bei hohen Frachtraten, z.B. bei der Verlagerung von Luftfracht auf Sea/Air-Kombinationen oder vom Seeverkehr auf die Schiene.

Eine weitere Auswirkung ist die direkte Kostenwirkung auf die Deckungsbeiträge der transportierten Produkte. Selbst bei hochtechnischen Gütern wie beispielsweise Monitoren oder Notebook-Computern haben schwankende Frachtraten einen signifikanten Einfluss auf die Profit-Marge des verkauften Gutes.

2. Durch welche Maßnahmen könnte man das Risiko verringern?

HP schließt Vereinbarungen über Seefrachtraten stets über einen Zeitraum von mindestens einem Jahr ab. In den vergangenen Monaten, in denen die Raten auf einem sehr niedrigen Niveau lagen, hat HP diese Chance „opportunistisch" genutzt.

Der Abschluss von Ratenvereinbarungen über einen längeren Zeitraum kann also als Instrument genutzt werden, um das Risiko aus der Volatilität zu senken.

Dabei ist bewusst, dass in Phasen steigender Raten die abzuschließende Rate über der aktuellen Spot-Rate liegt, da hier eine Prämie bereits inkludiert ist.

Eine weitere Alternative stellt die Vereinbarungen über einen Anpassungsmodus dar. Hier wird beispielweise eine Ober- und Untergrenze festgelegt, in der bei Schwankungen der Basisrate der vereinbarte Preis nicht verändert wird. Erst mit Durchbrechen dieser Grenzen werden die Preise in einem festgelegten Verhältnis angepasst.

3. Optionen als Absicherung

Ist Preisniveau im Modell auf einem tragbaren Niveau?

Generell sind solche Modelle in Zeiten volatiler Frachtraten interessant. Allerdings scheint das Preisniveau gegebenenfalls zu hoch zu sein.

Bekannt aus der Absicherung gegen Schwankungen in der Fuel Surcharge, muss allerdings auch ein Index gebildet werden, der für alle Parteien transparent ist und dessen Veränderungen fair und verständlich abgebildet werden. Ein publizierender Index müsste aus Einkaufspreisen der Verlader bestehen. Allein der Index gibt eine gewisse Vorhersagekraft, mit der alle Parteien arbeiten können, wenn auch nur für einen kurzen Zeitraum. Damit wird zumindest ein „Überraschungseffekt“ abgefedert.

4. Zukünftige Entwicklung
   a. Wenn Sie sich gegen Schwankungen der Seefrachtraten absichern könnten, welche Effekte hätte dies auf Ihre Finanzplanung/ strategische Planung?

Durch die Absicherung des wirtschaftlichen Risikos hat der Einsatz von Optionsscheinen zumindest einen Einfluss auf die Finanzplanung. Deckungsbeiträge können genauer kalkuliert werden.

Da die Absicherung mittels Optionsscheinen wenig strategische Auswirkungen hat, ist der Einfluss auf die Planung ebenso gering. Besonders durch die Langfristigkeit von strategischen Entscheidungen steht der Zeitrahmen im Gegensatz zur Absicherung von kurzfristigen Schwankungen.

   b. Würde sich durch eine abgesicherte Kostenseite die Logistikstrategie/ Standortstrategie Ihres Unternehmens verändern?

Entscheidungen mit langfristiger Wirkung würden sich durch den Einsatz von Optionsscheinen nicht ändern (s.o.). Allerdings würde sich die Strategie zum Einkauf von Ad-hoc-Raten ändern, da Raten über einen gewissen Zeitraum gesichert sind. Jedoch würde sich der jährliche Frachteneinkauf nicht verändern.

Zum Einkauf von Optionsscheinen werden zusätzliche Kenntnisse benötigt, die ein „durchschnittlicher" Einkäufer von Frachtraten ggf. heute nicht besitzt. Der Einsatz dieser Modelle gestaltet die Zusammenarbeit also komplexer.

Durch die geringe Innovationskraft der Logistikindustrie sind daher Einführungen neuer Modelle sehr langfristig zu sehen.

c. Würden die Banken eine dominantere Rolle einnehmen und direkt in den Markt eingreifen?

In den operativen und kaufmännischen Prozessen der Logistik, werden auch in Zukunft Banken eine untergeordnete Rolle spielen.

Experten-Interview mit

Dr. Frank Öhne, Bankabteilungsdirektor Verkehrsfinanzierung

Norddeutsche Landesbank -Girozentrale- (NORD/LB) a.ö.R.

Datum: 06.02.2009

1. Rollenverständnisse in einer Welt mit Optionsscheinen
   a. Welche Rolle übernehmen Speditionsunternehmen und welchen Einfluss haben Sie auf die Entwicklung von Seefrachtraten?

Spediteure haben eine stabilisierende Wirkung in der Wertschöpfungskette durch ihr z.T. antizyklisches Verhalten. Gleichzeitig können sie aber auch durch die Antizipation von größeren Marktbewegungen einen Peitscheneffekt auslösen und somit eine gegenteilige Wirkung auslösen.

Die Erwartung der Spediteure ist eventuell abweichend von anderen Direktverladern. Reedereien betrachten Spediteure aufgrund des Peitscheneffektes als „Störenfried“ und antizipieren tlw. die Markterwartungen der Reedereien.

   b. Welche Rolle übernehmen die Banken in einer Welt mit Optionsscheinen?

Die Rolle der Banken in einem Optionsscheinmodell kann in zwei Phasen unterteilt werden:

Vor der Bankkrise, als der Handel mit Derivaten im Trend lag und große Märkte existierten, waren Entscheidungen zwar spezialistengeprägt, häufig aber nicht ökonomisch geprägt. In einer solchen Phase ist starkes Sektorwissen gefragt, da viele handelnde Personen nicht in der Lage sind, die Situation ökonomisch einzuschätzen.

Nach der Bankkrise (Phase zwei) sind somit der Bedarf und das Interesse an Derivaten gesunken, weil sich Banken stärker auf das Kreditgeschäft bzw. das Kerngeschäft konzentrieren. Banken werden daher die eher exotischen Optionsscheine auf Frachtraten nicht verfolgen bzw. nicht aktiv nach einer Lösung suchen.

   c. Welche Partei könnte sonst ein Optionsscheinmodell auf Frachtraten emittieren?

Es wäre es zeitgemäß, wenn die Reedereien ein solches Modell entwickeln. Reedereien sind bereit, das Risiko zu tragen, bei hier bereits mit Margen gearbeitet und das Risiko ausgeglichen wird. Hier ist die Zusammenarbeit mit Verladern z.B. in Form eines Swaps auf kaufmännischer Basis gefragt.

d. Reedereien könnten aber kein Bankprodukt anbieten – wo liegt die Lösung?

Die Lösung liegt nicht in einem Bankprodukt, sondern in einem individuellen Instrument, das von den Reedereien angeboten wird. Das Instrument könnte ein Produkt mit „Vernunfts-Marge“ sein . Reedereien würden dabei dem Kunden erklären, dass höhere Marktraten angeboten werden und im Gegenzug dazu eine feste Rate über einen längeren Zeitraum besteht. Das Modell würde wie Incentive Agreement funktionieren, bei dem nicht mit Bargeld gehandelt wird, sondern gleich von vornherein mit gegenseitig akzeptierten Frachtraten, bei dem auf Frachtratenspitzen oder Frachtratensenken verzichtet wird.

e. Bedeutet das, dass ein Markt für Optionsscheine nicht entstehen würde?

Ja, ein Optionsscheinmodell ist nicht notwendig, da es einfach ist, wenn die Reedereien noch stärker auf bestehende Incentive Agreements aufbauen. Dies würde den Trend hin zur Stabilität des Marktes mit langfristiger Zusammenarbeit und weniger Cherry Picking stärken.

f. Würden Banken denn eine andere Rolle einnehmen?

Unter den genannten Umständen gäbe es keine Instrumente, mit denen sich Banken beschäftigen würden. Wären jedoch Derivate für den Seeverkehr auf dem Markt, würden Banken als Makler fungieren.

Eine Clearingstelle würden sie zurzeit nicht anbieten.

Expert interview with

Maxwell Rounds, Morgan Stanley, Inc.

Date: July 14, 2011

1. Does a fluctuating interest rate have any influence on the commodity market? If yes, in which time frame?

The Black-Scholes risk neutral equilibrium determines that an investment into a risk-neutral certificate of deposit with a given interest rate should have the same value after a given timeline than an investment into an underlying and its hedging derivative. But, as changes in public interest rates appear far less often than changes in derivatives prices, this factor can be neglected.

2. Except the theoretical limits an option has, what are the limits when it becomes "unattractive" to the market?

Market participants rather like to invest into the "known unknown" than into the "unknown unknown". In other words an investment into a derivate with known impacts and effects is more interesting. This can be compared to casinos, where the likelihoods are known to the players, although they take into account that they are losing, as they are low. Unknown effects are earthquakes or similar happenings that have an effect on the capital market. Thus as higher risk leads into higher prices.

The limits at which a derivative becomes unattractive to the market are in general when they rank 60% below or 50% above the strike. The farer the options price from the strike, the higher the volatility, the higher is the price.

Except of the higher price the risen risk results into higher Bid-Ask spread, which create an additional unattractiveness to trade this instrument.

3. How could seasonalities in the underlying market or an increasing market concentration be built into a model?

Seasonalities have an impact on the options price but not the change of it. As seasonalities are usually known in upfront their underlying prices rise or fall during that time and with it the derivative. The fluctuations within the seasons have then the same effect as outside of those.

4. How do surcharges to the underlying price effect the option price (e.g. fuel surcharge, currency surcharge)

Surcharges only have an effect on the derivative if they cannot be hedged by another product. As today many exotic financial instruments exist that hedge diverse risks, it is unlikely that surcharges have a direct effect on the options price.

5. How does the liquidity in the market effect the model?

The liquidity is an important factor for the derivative. Bid-Ask Spreads become larger and to a certain extend create an untradeable product if the product has little underlying liquidity. Especially in the first days of a new product, which has no comparable history, the prices are wide, as the liquidity has to be built up. Thus the hedge performance is important for the liquidity of the derivative.

Vice versa to increase the liquidity of the instrument the hedge performance needs to be maximized. One way to do that is to re-balance the weighing of input factors, also this should be done as a short term reaction. A well balanced derivate has at least 15 different input factors. Thus cross-trades can be performed to keep the hedge performance high.

6. or a new market, without historical volatility records, how is volatility calculated and built into the model? How is the volatility assessed before launching the product?

Option markets are very wide in the first days. The implied volatility is high. They react to movements of the underlying more heavily than other products as no experience is built up with that product. Thus the interest to invest into new products is low. The prices of a new product will probably fall in the first few days.

7. Do the limitations of thc Black-Scholes model have any influence in the "reality"?

The Black-Scholes model is used as a filter. It responds an indication of a price range in the real world. The market participants receive a feedback if the instrument is over or underpriced. Also the Black-Scholes model has some unusual assumptions. The volatility is never constant in time and space. This will effect in a higher price than probably anticipated. Thus the Black-Scholes model can be easily applied for risk neutral products or those with little risk.

8. Is there something like an optimal time frame of an option?

Usually products with a timeline of two years and under are traded. The uncertainty afterwards becomes too high, which results into a higher price, no one wants to pay.

Index

Maritime Logistik / Maritime Logistics

Herausgegeben von Prof. Dr. Hans Dietrich Haasis, Prof. Dr. Burkhard Lemper und Prof. Dr. Frank Arendt

Ziel dieser Schriftenreihe des *Instituts für Seeverkehrswirtschaft und Logistik (ISL)* ist es, Aspekte und Entwicklungen aus den verschiedenen Bereichen der maritimen Logistikbranchen aufzugreifen und aktuelle Trends und Perspektiven zu diskutieren. Dabei meint Maritime Logistik – Maritime Logistics nicht nur die klassischen Bereiche wie Schifffahrt, Häfen, Schiffbau oder Verkehrspolitik, sondern schließt auch die Betrachtung der vielen weiteren Akteure in den globalen Transportketten ein, die direkt oder indirekt an den Logistikprozessen der maritimen Wirtschaft beteiligt sind.

Aufgegriffen werden logistische Fragestellungen zu Themen wie z.B. Hinterlandverkehr und intermodale Verkehre, Mesologistik und regionale Netzwerke wie GVZ und Logistikzentren, nachhaltige Geschäftsmodelle und Ressourceneffizienz oder Supply Chain Controlling. Im Mittelpunkt der Reihe *Maritime Logistik – Maritime Logistics* stehen aber auch informationslogistische Themen wie die Planung und Überwachung intermodaler Transportketten durch ein aktives Supply Chain Event Management, die Sicherheit und Transparenz im internationalen Containerverkehr oder die Planungsunterstützung und Optimierung logistischer Prozesse in Häfen und Terminals mit Hilfe quantitativer Methoden.

Band 1 Burkhard Lemper / Manfred Zachcial (eds.): Trends in Container Shipping. Proceedings of the ISL Maritime Conference 2008. 9th and 10th of December, World Trade Center Bremen. 2009.

Band 2 Hans-Dietrich Haasis / Holger Kramer / Burkhard Lemper (Hrsg.): Maritime Wirtschaft – Theorie, Empirie und Politik. Festschrift zum 65. Geburtstag von Manfred Zachcial. 2010.

Band 3 Kerstin Lange: Engpassorientierte Analyse der Ver- und Entsorgungslogistik von Steinkohlekraftwerken. Unter besonderer Beachtung der maritimen Logistik. 2011.

Band 4 Torben Möller: Finanzierung von Seehafeninfrastrukturen. 2012.

Band 5 Burkhard Lemper / Thomas Pawlik / Susanne Neumann (eds.): The Human Element in Container Shipping. 2012.

Band 6 Manuel Kühn / Karsten Seidel / Jochen Tholen / Günter Warsewa: Dryports - Local Solutions for Global Transport Challenges. A Study by the Institute Labour and Economy (IAW) of the University of Bremen. 2012.

Band 7 Philip M. Blumenthal: Optionsscheine auf Frachtraten. Modellierung und empirische Überprüfung für den Container-Seeverkehr. 2013.

www.peterlang.de

